55	**Uptown Manhattan**
55	㉞ Central Park ★★★ [C10]
57	㉟ Metropolitan Museum of Art (The Met Fifth Avenue) ★★★ [C11]
58	㊱ Solomon R. Guggenheim Museum ★★★ [D10]
59	㊲ Columbus Circle ★ [B13]
59	㊳ Lincoln Center for the Performing Arts ★ [B13]
60	㊴ Dakota Building ★ [B12]
61	㊵ American Museum of Natural History ★★ [B11]
62	**Upper Manhattan**
62	㊶ Harlem ★ [C6]
63	㊷ Cathedral of St. John the Divine ★ [B7]
64	**Entdeckungen außerhalb Manhattans**
64	㊸ Brooklyn Bridge und Brooklyn Heights Promenade ★★★ [F23]
66	㊹ Brooklyn Bridge Park ★★ [F23]
67	㊺ Downtown Brooklyn/New York Transit Museum ★★ [G24]
67	*Brooklyns Neighborhoods*
68	㊻ Brooklyn Museum ★★ [ck]
69	㊼ Coney Island ★★ [S. 1]
70	㊽ Staten Island ★ [S. 1]
70	㊾ Yankee Stadium ★★ [C2]
71	**New York erleben**
72	New York für Kunst- und Museumsfreunde
76	New York für Genießer
83	New York am Abend
89	New York zum Stöbern und Shoppen
93	*Turnschuhe als Sammlerstück*
94	New York zum Durchatmen
96	Zur richtigen Zeit am richtigen Ort

New York auf einen Blick

Inhalt

Cleveres Nummernsystem
Die Sehenswürdigkeiten sind im Text und im Kartenmaterial mit derselben **magentafarbenen ovalen Nummer** ❶ markiert. Alle anderen Lokalitäten wie Geschäfte, Restaurants usw. tragen ein **Symbol und eine fortlaufende rote Nummer** (🛍1). Die Liste aller Orte und die Zeichenerklärung befinden sich im Anhang.

❀ Der Schmetterling ...
... zeigt an, wo man Angebote im Bereich des nachhaltigen Tourismus findet.

Bewertung der Sehenswürdigkeiten
★★★ nicht verpassen
★★ besonders sehenswert
★ wichtig für speziell interessierte Besucher

Planquadrat im Kartenmaterial
[A1] Orte ohne diese Angabe liegen außerhalb unserer Karten. Ihre Lage kann aber wie die aller Ortsmarken mithilfe der begleitenden Web-App angezeigt werden (s. Anhang).

Updates zum Buch
www.reise-know-how.de/citytrip/newyork24

99	**New York verstehen**
100	New York – ein Porträt
101	Von den Anfängen bis zur Gegenwart
104	Leben in der Stadt
108	*Das Streben zum Himmel*
110	Going Green – New York wird „grün"
113	**Praktische Reisetipps**
114	An- und Rückreise
116	Autofahren
116	Barrierefreies Reisen
117	Diplomatische Vertretungen
117	Ein- und Ausreisebestimmungen
118	Elektrizität
119	Geldfragen
120	*New York City preiswert*
121	Informationsquellen
122	*Unsere Literaturtipps*
123	LGBT+
124	Maße und Gewichte
125	Medizinische Versorgung
125	Mit Kindern unterwegs
126	Notfälle
127	Öffnungszeiten
127	Post
128	Sicherheit
128	Sport und Erholung
130	Sprache
130	Stadttouren
131	Telefonieren und Internet
132	Uhrzeit und Datum
132	Unterkunft
137	Verhaltenstipps und Umgangsformen
138	Verkehrsmittel
140	Versicherungen
140	Wetter und Reisezeit
141	**Anhang**
142	Kleine Sprachhilfe Amerikanisch
145	Register
149	Impressum
150	Liste der Karteneinträge
154	Zeichenerklärung
155	*New York mit PC, Smartphone & Co.*
156	Übersicht und Subway-Plan

> (MEIN TIPP)
>
> **Vor der Reise erledigen**
> Es empfiehlt sich, für die großen Museen, Theater, Musicalbühnen etc., die man unbedingt besuchen will, Karten im Vorfeld online zu reservieren.
>
> Tickets zur Besteigung des Sockels oder der Krone der Freiheitsstatue  ❺ müssen Wochen bis Monate im Voraus bestellt werden.

Love it or leave it!

1982, bei unserem ersten New-York-Besuch, saßen wir eingeschüchtert in der U-Bahn, überwältigt von Menschenmengen, Hochhäusern, Lärm und Schmutz. Schon damals wurde uns klar: New York stößt ab und zieht an, ist eine Metropole ohne Maßstäbe, eine Stadt, die niemals schläft. Einzige Konstanten sind der Wandel und das Extreme. New York ist eine „wunderbare Katastrophe" – so der Architekt Le Corbusier. Es ist bunt, schrill und pluralistisch.

„**Do Your Own Thing**", so lautet das Motto der New Yorker, ein Bekenntnis zur radikalen Ellbogenmentalität. Doch dahinter verbirgt sich auch ein ungeheuer kreatives Potential. Selbst zu Pandemiezeiten wurden neue Attraktionen wie **Little Island** s. S. 44), **SUMMIT One Vanderbilt** ㉗ oder die **Moynihan Train Hall** (s. S. 47) eröffnet und **Museumserweiterungen** in Angriff genommen (American Museum of Natural History ㊵, New Museum ⑬, Studio Museum of Harlem, s. S. 75). Man darf gespannt sein, was sich in Sachen **Verkehrsberuhigung der 5th Ave.** ㉝ tut. Auch lohnt es sich, den **Hudson River Park** (s. S. 44) im Auge zu behalten, der ständig erweitert wird, z. B. den in Bau befindlichen Pier 97 [A13].

Im „Labyrinth von endlosen Schritten" (Paul Auster, New-York-Trilogie) wollen wir Sie mit diesem CityTrip durch Wolkenkratzer-Canyons, Parks, historische Viertel und *boroughs* begleiten und Ihnen unsere Lieblingsorte präsentieren – z. B. die Staten Island Promenade (s. S. 70), Sugar Hill (s. S. 63) oder den Rooftop von Pier 57 (s. S. 44) – und Sie idealerweise mit dem Entdeckervirus infizieren, der uns Jahr für Jahr in diese Stadt zurückholt.

Die Autoren

Margit Brinke und **Peter Kränzle** sind promovierte Klassische Archäologen, die es früh in die Ferne trieb. Regelmäßig in den USA unterwegs, meist mehrmals im Jahr, konnten sie sich als freie Journalisten und Autoren einen Namen im Sport- und vor allem Reisejournalismus machen.

Inzwischen liegen über 100 Publikationen im Reise-, Kultur- und Sportbereich bei verschiedenen Verlagen vor, darunter viele USA-, aber auch Europa-Titel im REISE KNOW-HOW Verlag. Ihre Artikel erscheinen regelmäßig in diversen Zeitungen, Magazinen und auf Websites. Auf dem eigenen Blog http://travelingtramps.blogspot.com berichten sie von unterwegs. 2018 erhielten sie auf der größten US Travel Show den „IPW Travel Writer Award".

309 Abb.: mb

Inhalt

1 Love it or leave it!
1 Die Autoren

7 New York entdecken

8 Willkommen in New York
9 Das gibt es nur in New York
12 Kurztrip nach New York
15 Stadtspaziergänge

28 Downtown Manhattan
28 ❶ 9/11 Memorial and Museum ★★★ [C22]
29 ❷ One World Observatory und die WTC Site ★★ [C22]
30 ❸ Brookfield Place ★ [C22]
31 ❹ Battery Park und Castle Clinton ★ [D23]
32 ❺ Statue of Liberty ★★★ [B27]
33 ❻ Ellis Island ★★ [B25]
34 ❼ Governors Island ★★ [D25]
35 ❽ Trinity Church ★★ [D23]
35 ❾ Wall Street mit Federal Hall National Monument ★ [D23]
36 ❿ South Street Seaport ★ [E22]
37 ⓫ City Hall Park ★ [D22]
38 ⓬ Lower East Side (LES) ★★ [E20]
39 „Shalom!" – das jüdische New York
40 ⓭ New Museum ★ [E20]
40 ⓮ Lower East Side Tenement Museum ★★ [E20]
41 ⓯ SoHo (Cast Iron District) ★★ [D20]
42 ⓰ The Village ★★★ [B19/E19]
43 ⓱ Union Square ★ [D18]
43 ⓲ Whitney Museum of American Art ★★ [B18]
43 ⓳ High Line Park ★★★ [B17]
45 ⓴ Hudson Yards ★★ [A16]
46 ㉑ Flatiron Building ★★ [D17]

46 Midtown Manhattan
46 ㉒ Empire State Building ★★★ [C16]
47 ㉓ Madison Square Garden/Penn Station ★ [B16]
48 ㉔ The Morgan Library and Museum ★ [D16]
48 ㉕ Times Square – Theater District ★★★ [C15]
49 ㉖ Intrepid Sea, Air & Space Museum ★ [A15]
49 ㉗ SUMMIT One Vanderbilt ★★ [D15]
50 ㉘ Grand Central Terminal ★★ [D15]
50 ㉙ Chrysler Building ★★ [D15]
51 ㉚ Rockefeller Center ★★ [C14]
53 ㉛ Museum of Modern Art (MoMA) ★★★ [C14]
54 ㉜ St. Patrick's Cathedral ★★ [D14]
54 ㉝ Fifth Avenue ★★ [C14]

NICHT VERPASSEN!

❶ 9/11 Memorial and Museum [C22]
Das Herz der Stadt ist eine grüne Oase im Freien und zugleich ein höchst emotionaler Ort (s. S. 28).

❺ Statue of Liberty [B27]
Das Geschenk Frankreichs gilt seit seiner Einweihung 1886 als das Symbol für Demokratie und Freiheit. Sehenswert ist auch das Museum (s. S. 32).

⓴ High Line Park [B17]
Die ungewöhnliche Promenade auf einer ehemaligen Hochbahntrasse beginnt im Meatpacking District und endet an den Hudson Yards (s. S. 43).

㉒ Empire State Building [C16]
Das Empire State Building – eines der Wahrzeichen New Yorks – ist ein architektonisches Juwel mit Ausstellungen und Aussichtsplattform (s. S. 46).

㉕ Times Square [C15]
Am Times Square pulsiert das Leben. Hier beginnt der Theater District, Leuchtreklamen blinken und eine Fußgängerzone lädt zum Schlendern ein (s. S. 48).

㉛ Museum of Modern Art (MoMA) [C14]
Eine der umfassendsten und sehenswertesten Sammlungen moderner Kunst (s. S. 53).

㉞ Central Park [C10]
Besonders an Sonntagen scheint hier ganz New York unterwegs zu sein. Von Kutschfahrten über Konzerte und Theater bis hin zu Spielplätzen und Zoo wird in der grünen Lunge New Yorks viel geboten (s. S. 55).

㉟ Metropolitan Museum of Art [C11]
Angesichts der Vielfalt der größten Kunstsammlung der westlichen Welt finden sogar „Museumsmuffel" Interessantes (s. S. 57).

㊸ ㊹ Brooklyn Bridge und Brooklyn Bridge Park [F23]
Ein Spaziergang über die Brücke ist ein Muss, ebenso der Blick vom Brooklyn Bridge Park (s. S. 64 u. 66).

NEW YORK ENTDECKEN

Willkommen in New York

„New York war ein unerschöpflicher Raum, ein Labyrinth von endlosen Schritten ..." Diese Zeile aus Paul Austers berühmter „New York Trilogy" kann als Leitfaden für die Erkundung der riesigen Metropole dienen. New York ist in der Tat ein Labyrinth aus Wolkenkratzerschluchten, die je nach Wetterlage bedrohlich oder faszinierend wirken, bietet aber gleichzeitig pulsierend-bunte Viertel, stille Ecken und grüne Oasen.

New York besteht nicht allein aus Manhattan. Zusammen mit den vier anderen Stadtbezirken (boroughs) – **Bronx, Brooklyn, Queens** und **Staten Island** – zählt die Stadt über acht Millionen Einwohner. Zwar spiegelt Manhattan, das Herz der Stadt, die ganze Metropole „en miniature" wider, aber dennoch gilt es, angesichts der Größe und des Angebots auszuwählen.

An der Südspitze Manhattans (**Lower Manhattan**) befinden sich – mit der Wall Street und dem World Fi-

◁ Vorseite: Manhattan here we come!

△ *Das Areal um den Times Square* 25 *ist nicht nur zum Shoppen, sondern auch zum Ausruhen ideal*

Willkommen in New York

Das gibt es nur in New York

> **Pushcarts:** Sie sind ganzjährig an fast jeder Straßenecke zu finden und bieten auf kleinstem Raum eine Vielfalt an preiswerten und oft auch kulinarisch interessanten Gerichten aus aller Welt. Kreative Kost bieten die größeren Gourmet Food Trucks oder die Stände in den weit verbreiteten Foodhalls.
> **Delis:** Eine Mischung aus Lebensmittelgeschäft, Feinkostladen und Imbiss, oft 24 Stunden geöffnet
> **Unvergessliche Ereignisse** sind die Times Square New Year's Eve Celebration & Ball Drop, die Macy's Thanksgiving Parade und das gigantische Feuerwerk am Unabhängigkeitstag (4. Juli).
> Zwei **Fähren** bieten kostenlos bzw. sehr preiswert einen Superausblick: die Governors Island Ferry (s. S. 34) und – sogar rund um die Uhr – die Staten Island Ferry (s. S. 13).
> New Yorks **Museumsmeile** ist ein einmaliges Konglomerat weltbekannter Museen wie dem Metropolitan Museum of Art ㉟ oder dem Guggenheim Museum ㊱.
> Der **Madison Square Garden** ㉓, die legendäre Sport- und Veranstaltungshalle, beherbergt zugleich einen Bahnhof im Untergeschoss, der kürzlich um die Moynihan Train Hall erweitert wurde.
> New Yorks Straßen dominieren **gelbe Taxis** (s. S. 139), in den „boroughs" apfelgrüne.
> Auf Weltreise im „**International Express**": Mit der Subway Nr. 7 lernt man viele ethnische Facetten der Weltstadt kennen (s. S. 10).
> Ein riesiger Park mitten im Stadtzentrum: Der **Central Park** ㉞ fungiert als grüne Lunge, Spielwiese und „gute Stube".
> **Hinwendung zum Wasser:** Grünanlagen an East und Hudson River und Promenaden öffnen die Stadt verstärkt zum Wasser und bieten neuen Erholungsraum (s. S. 110).
> **Baseball:** In keiner anderen Stadt der USA spielt der Nationalsport eine derart wichtige Rolle wie hier. Sehenswert: die Stadien der Yankees ㊾ und der Mets (s. S. 129).

nancial Center ❸ – eines der Finanzzentren der Welt, die World Trade Center Site mit dem 9/11 Memorial and Museum ❶ und dem One World Observatory ❷ sowie touristische Highlights wie die Statue of Liberty ❺ und Ellis Island ❻. Angesichts des Andrangs bedarf der Besuch der Freiheitsstatue jedoch genauer Vorausplanung und genügend Zeit. Inmitten der alten und neuen Wolkenkratzer an der Südspitze – Architekturfreunde kommen hier voll auf ihre Kosten – sind auch Überbleibsel des „alten" New York wie Castle Clinton ❹, Fraunces Tavern (eine historische Kneipe), Trinity Church ❽, das alte Rathaus – die Federal Hall ❾ – oder Reste des alten Hafens im Umkreis des South Street Seaport ❿ erhalten geblieben.

Ein zweites touristisches Zentrum und mit einer Konzentration von Wolkenkratzern zugleich die zweite „Skyline" ist **Midtown**. Hier befindet sich mit dem Times Square ㉕ die angeblich meistbesuchte Touristenattraktion der Welt. Weitere vielbesuchte Sights sind das Empire State Building ㉒, der Grand Central Termi-

Willkommen in New York

> **MEINE TIPPS**
>
> ### Die New Yorker Subway
>
> Die **Subway** – von den Einheimischen „train" genannt – gehört, was die Größe des Netzes (ca. 400 km Strecken und 472 Bahnhöfe) und die Zahl der Fahrgäste (ca. 1,8 Mrd./Jahr) angeht, zu den größten der Welt. Am 27. Oktober 1904 wurde die erste Linie zwischen Brooklyn und Manhattan eröffnet, es folgten weitere. 1940 wurden die privaten Linien von der Stadt übernommen. Heute betreibt die staatliche **New York City Transit Authority (MTA)** U-Bahnen, Busse und die Staten Island Railway. Die längste Strecke der 36 Linien befährt der **„A" Train** auf über 52 km zwischen Inwood/Manhattan und Far Rockaway mit ca. 600.000 Fahrgästen am Tag. Die Stationen **„Atlantic Ave."** und **„Times Square"** gelten als die geschäftigsten. Duke Ellington setzte mit dem Jazzstandard **„Take the A-Train"** dieser Linie ein Denkmal.
>
> Der **„7 Train"** bietet ein besonderes Erlebnis: Nachdem er den Manhattan-Tunnel verlassen hat, verkehrt er als EL-Train („elevated train", also Hochbahn) durch eine der ethnisch buntesten Regionen der Welt. Nach dem Zusammenschluss der fünf „boroughs" 1898 wurde die Nr. 7 als Verbindung in das damals ländliche Queens gebaut, was Immigranten dorthin zog. Die „Weltreise" mit dem „International" oder **Immigration Express** führt an Stopps wie „46th St./Queens Blvd.", „52nd St./Roosevelt Ave." oder „Woodside/61st St." nach Lateinamerika, an „74th St./Broadway" nach Indien und an „111st St./Roosevelt Ave." nach Italien. Oder man taucht an der Endstation „Flushing-Main Street" in den „Fernen Osten" ein.
>
> 2017 wurde ein Teilstück der Second Avenue Line („**Q Train**") in der Upper East Side als erste neue Linie seit den 1980er-Jahren eröffnet. Die drei neuen Stationen und die Umsteigestation an der Lexington Ave. haben **renommierte Künstler** mit ihren Werken ausgestattet: „Elevated" von Jean Shin („Lexington-63rd St."), „Perfect Strangers" von Vik Muniz („72nd St."), „Subway Portraits" von Chuck Close („86th St.") und „Blueprint for a Landscape" von Sarah Sze („96th St."). Und auch in anderen Stationen finden sich **Kunstwerke**, z. B. in „14th St.-8th Ave." (A/C/E Trains) „Life Underground" von Tom Otterness mit kleinen Bronzefiguren.
>
> › New York Transit Museum ❹❺
> › https://new.mta.info, www.straphangers.org, www.nycsubway.org

283ny Abb.: mb

nal ❷❽ mit SUMMIT One Vanderbilt ❷❼ und Aussichtsplattform, das Rockefeller Center ❸⓿ mit Top of the Rock, der Madison Square Garden ❷❸, das weltgrößte Kaufhaus Macy's und die St. Patrick's Cathedral ❸❷. Dazu kommt eine Reihe sehenswerter historischer und moderner Bauten wie die NY Public Library (5th Ave./42nd St.), das Chrysler Building ❷❾, das Bank of America Building (42nd/6th Ave.), das Lipstick Building (53rd St./3rd Ave.) oder das MoMA ❸❶.

Der Central Park ❸❹ in **Uptown**, dem dritten Besucherzentrum, wird zu beiden Seiten von zahlreichen Museen gerahmt – mehr als man während eines Kurztrips würdigen könnte. Hauptanziehungspunkte sind auf jeden Fall das American Museum of Natural History ㊵, das Metropolitan Museum of Art ㉟ und das Guggenheim ㊱.

Einkaufsareale gibt es viele, konzentriert finden sie sich um den Broadway und die Fifth Avenue ㉝. Während Letztere ein eher schickes Flair hat, ist der Broadway etwas für Schnäppchenjäger. Besonders der Lower Broadway zwischen Canal Street und Union Square (14th St.) lohnt, denn hier überwiegen die preiswerten Läden, vor allem im Umkreis der Canal Street. Ungewöhnliche Boutiquen finden sich vor allem in Teilen von SoHo ⑮ und dem Village ⑯.

Viertel wie **Chelsea, SoHo** oder das **Village** sind nicht wegen einzelner Sehenswürdigkeiten bekannt, hier spielt sich vielmehr das Alltagsleben ab. Dieses „andere" New York lässt sich bei einem Spaziergang oder bei nächtlichem *bar hopping* kennenlernen. Das Village – Greenwich und East Village zwischen Houston und 14th Street – ist das bekannteste „alternative" New Yorker Viertel, aber auch das sich im Süden anschließende SoHo lohnt einen Besuch.

Wie das **East Village** erlebt die **Lower East Side** ⑫ derzeit ein Revival. Beide *neighborhoods* sind besonders abends und nachts ein Anziehungspunkt und **Treff der Partyszene**. Tagsüber lohnt die „LES" wegen ihrer interessanten Geschichte als einstiges Immigrantenzentrum und als jüdisches Viertel. Ebenfalls hoch im Kurs stehen die **Bowery** und **Nolita**. Beide sind wegen der Kneipen und Bars besonders abends ein Treff der Partyszene. Zwischen Lower Manhattan und Midtown, nördlich der 14th Street,

blühen **Chelsea** und der **Meatpacking District** auf. Einst industriell geprägt, laden mehr und mehr Geschäfte, Galerien, Cafés und Lokale entlang der 14th und 23rd Street sowie zwischen 5th und 9th Ave. zum Entdecken ein.

Eine ungewöhnliche grüne Oase in der Stadt stellt der **High Line Park** ⑲ – mit dem Whitney Museum ⑱ am Anfang und den Hudson Yards ⑳ am Ende – dar, doch es gibt in jedem Viertel der Stadt **Parks** und Plätze zum Erholen (s. S. 94). Speziell an der *waterfront* – vor allem entlang des Hudson, aber auch im Süden des East River – sorgen **umfunk-**

◸ *Die Weltkugel vor dem Trump International Hotel and Tower am Columbus Circle* ㊲

Kurztrip nach New York

In New York könnte man mühelos eine, zwei oder sogar mehrere Wochen verbringen, ohne dass es einem langweilig würde. Die meisten Besucher kommen jedoch zu einem Kurzbesuch hierher. Dank der guten Flugverbindungen bietet sich die Stadt auch als günstiger Zwischenstopp und Ausgangspunkt für eine Reise entlang der Ostküste der USA an.

Drei Tage sind für eine Erkundung New Yorks das absolute Minimum. Ein Muss sind die Viertel zwischen Central Park und Lower Manhattan, aber auch ein Abstecher aus Manhattan heraus sollte auf dem Plan stehen, um das „andere New York" kennenzulernen. Besonders Brooklyn wäre dafür geeignet.

Fünf Tage wären für einen New-York-Besuch optimal, denn dann hat man genügend Zeit für Museumsbe-

tionierte alte **Piers** und Promenaden für mehr Attraktivität. **Governors Island** ❼ ist ein weiteres grünes Idyll fernab der Hektik Manhattans.

Einige **Attraktionen** in Upper Manhattan oder in anderen Stadtvierteln sollte man ebenfalls einplanen: einen Spaziergang über die Brooklyn Bridge ㊸, den abendlichen Sonnenuntergang an der nahen Brooklyn Heights Promenade oder im Brooklyn Bridge Park ㊹, gefolgt von einem Bummel entlang den Piers zur Atlantic Ave. und Smith Street nach Downtown Brooklyn. Oder man besucht eines der angesagten Viertel in Brooklyn (s. S. 67), stürzt sich in Coney Island ㊼ ins Strandvergnügen, vergnügt sich in Harlem ㊶ oder besucht das Yankee Stadium ㊾ in der Bronx.

△ *Blick vom SUMMIT One Vanderbilt* ㉑ *nach Westen*

suche, Shopping und Ausflüge in die anderen „boroughs", Brooklyn (Coney Island), Staten Island, die Bronx oder Queens.

Über eines sollte man sich von Anfang an klar sein: Es ist unmöglich, alle Attraktionen auf einmal „mitzunehmen". Es müssen abhängig von Interessen, Konstitution, Finanzen oder Jahreszeit bzw. Wetter **Schwerpunkte gesetzt** werden. Auch das unten zusammengestellte 5-Tages-Programm ist nur als Anregung zu verstehen, auch hier müssen schon allein aus Zeitgründen Präferenzen gesetzt werden.

Es empfiehlt sich, den **öffentlichen Nahverkehr** ausgiebig zu nutzen und sich eine MetroCard zuzulegen (s. S. 139), denn vor allem mit der Subway (dem „train") – ist es einfach, von einem Punkt zum nächsten zu gelangen.

MEIN TIPP
Schifffahrten mit Ausblick

Wer New York erst einmal in aller Ruhe auf sich wirken lassen möchte, dem sei die Fahrt auf einer von zwei Fähren empfohlen: Eine Möglichkeit ist die kostenlose **Staten Island Ferry** (vom Whitehall Ferry Terminal nach Staten Island). Vom Schiff wie von der Promenade bei St. George aus bieten sich spektakuläre Ausblicke auf Manhattan, den Hudson River, New Jersey, die Statue of Liberty und Ellis Island. Zum anderen könnte man per **Governors Island Ferry** (s. S. 34) für $ 4 den kürzeren Weg zur gleichnamigen Insel wählen und dort von der umlaufenden Promenade den Ausblick auf Skyline, Statue of Liberty und Ellis Island genießen.

●**10** [D24] **Staten Island Ferry**, Whitehall St., www.siferry.com, Abfahrt rund um die Uhr

1. Tag: Downtown Manhattan

Es gibt verschiedene Möglichkeiten, um das Besichtigungsprogramm „stilecht" zu beginnen: z. B. am Times Square ㉕, im Metropolitan Museum of Art ㉟, bei einer Fahrt mit der Staten Island Ferry (s. S. 13), im Angesicht der Statue of Liberty ❺, auf Ellis Island ❻ oder mit einem Bummel entlang der Fifth Avenue ㉝.

Gut geeignet ist auf alle Fälle die **Südspitze Manhattans**. Zum einen bietet sich der **Battery Park** ❹ mit der Festung Castle Clinton an. Von hier aus verkehren die Fähren zur Statue of Liberty und nach Ellis Island. Da dieser Ausflug jedoch wegen des Andrangs zeitaufwendig sein kann, empfiehlt sich als Alternative der Besuch des **9/11 Memorial & Museum** ❶ und/oder des Aussichtsdecks von 1 WTC (**One World Obervatory** ❷). Helle, modern gestaltete unterirdische Gänge mit Shops und Imbissmöglichkeiten verbinden 1 WTC, Oculus, Fulton Center und Brookfield Place.

Auf der anschließenden Erkundungstour durch Lower Manhattan könnten **Wall Street, Federal Hall** ❾, **Trinity Church** ❽ und **South Street Seaport** ❿ mit dem Pier 17 auf dem Programm stehen.

Von der **City Hall** ⓫ ist es nicht weit zur **Brooklyn Bridge** ㊸ und ein abendlicher Spaziergang hinüber

MEIN TIPP
Aussichtsplattformen

NYC hat nicht nur eine Aussichtsplattform, sondern gleich fünf:
› OWO (WTC) ❷ : 386 m
› Empire State Building ㉒: 381 m, 102nd Floor
› SUMMIT One Vanderbilt ㉗: 369 m
› The Edge (s. S. 45): 345 m
› Top of the Rock (s. S. 52): 260 m

zum **Brooklyn Bridge Park** ❹ und zur **Brooklyn Heights Promenade** ❹ könnte die Krönung eines spannenden Tages darstellen.

2. Tag: Midtown Manhattan

Zunächst geht es hinein nach **Chinatown** und **Little Italy** mit Mott und Canal Street bzw. Mulberry Street als Hauptachsen und bunten Geschäften und Lokalen. Weiter in der **Lower East Side (LES)** ⓬, dem ehemaligen jüdischen Viertel, lohnen besonders das **Lower East Side Tenement Museum** ⓮ und der Essex Market (s. S. 92). Anschließend böte sich ein Spaziergang durch **SoHo** ⓯ und das **Village** ⓰ (Greenwich und East Village) an. Abgesehen vom Union Square (mit Markt) wären der Washington Square Park oder der Bryant Park ideal für eine Pause. Nicht versäumen sollte man einen Bummel über den **High Line Park** ⓳ am Hudson River und falls Zeit ist, könnte man zuvor einen Blick ins **Whitney Museum** ⓲ werfen und hinterher, nach einem Päuschen auf dem Rooftop-Park des **Pier 57** (s. S. 44), der **Gansevoort Peninsula** (s. S. 44) oder auf **Little Island** (s. S. 44), die Aussicht von **The Edge** (s. S. 45) genießen. Nachmittags und abends steht der **Times Square** ㉕, das pulsierende Herz der Stadt, auf dem Programm. Ringsum breitet sich der Theater District aus.

Weitere zur Auswahl stehende Highlights sind z. B. die **Morgan Library** ㉔ (für Bibliophile und Kunstbeflissene), der **Grand Central Terminal** ㉘ mit der benachbarten Aussichtsplattform **SUMMIT One Vanderbilt** ㉗, der **UN-Komplex** (s. S. 51) oder der **Madison Square Garden** ㉓ mit der sehenswerten Moynihan Train Hall.

3. Tag: Uptown Manhattan

Museen stehen im Mittelpunkt des dritten Tages, vor allem jene an der **Museum Mile**: Je nach Interesse bieten sich z. B. das Metropolitan Museum ㉟, das Guggenheim ㊱, das Museum of the City of New York (s. S. 74) oder das American Museum of Natural History ㊵ mit dem neuen Gilder Center an. Bei schönem Wetter und besonders an einem Sonntag lohnt sich zudem ein Spaziergang durch den Südteil des **Central Park** ㉞ bzw. quer hindurch vom Metropolitan zum Museum of Natural History.

Direkt an der Südostecke des Parks beginnt mit der **Fifth Avenue** ㉝ eine der berühmtesten Flanier- und Shoppingmeilen der Welt. Allerdings ist Einkaufen hier nicht alles: Attraktionen wie das **Museum of Arts & Design** (s. S. 73), das **MoMA** ㉛, das **Rockefeller Center** ㉚ (mit der Aussichtsplattform Top of the Rock), die **Radio City Music Hall** (s. S. 87, Touren), die **St. Patrick's Cathedral** ㉜ oder die **Carnegie Hall** (s. S. 87) sorgen architektonisch und kulturell für Abwechslung.

4. Tag: Brooklyn, Harlem oder die Bronx

Den vierten Besuchstag könnte man einem der anderen Boroughs widmen. Im Sommer bietet sich die Fahrt nach **Coney Island** ㊼ (Brooklyn) mit seinem berühmten Boardwalk entlang dem Strand und Brighton Beach an.

Kunstfreunde sollten sich das **Brooklyn Museum of Art** ㊻ und Gartenfreunde den **Botanischen Garten** (s. S. 68) nicht entgehen lassen. Auf alle Fälle lohnend sind auch der Spaziergang über die **Brooklyn Bridge** ㊸

Stadtspaziergänge

(siehe Spaziergang 4, S. 25) und ein Bummel durch das geschäftige **Downtown Brooklyn** (Fulton St., Atlantic Ave. [G/H24]) sowie ein Besuch des **New York Transit Museum** ㊺.

In eine „andere Welt" entführt auch ein Abstecher nach **Harlem** ㊶, besonders in sein pulsierendes Zentrum um die 125th Street mit dem legendären Apollo Theater (s. S. 86), oder in den **Sugar Hill Historic District** (s. S. 63). Von dort ist es nur ein Katzensprung in die South Bronx und zum legendären **Yankee Stadium** ㊾.

5. Tag Ausflüge

Eine Fahrt mit der Fähre nach **Governors Island** ❼ oder nach **Staten Island** (s. S. 139, ganzjährig) ermöglicht zum Abschluss der Reise noch einmal einen grandiosen Ausblick auf die Skyline Manhattans. Auf Governors Island kann man New York zugleich von einer beschaulicheren Seite kennenlernen, auf Staten Island ㊽ gibt es in St. George außer dem Shoppingcenter Empire Outlets (s. S. 90) einige interessante Sehenswürdigkeiten.

Ebenfalls in Parks eingebettet und fernab von Trubel und Hektik würde am nördlichen Ende Manhattans **The Cloisters** (s. S. 75), ein nachgebautes mittelalterliches Kloster und Filiale des Metropolitan Museum ㉟, einen Besuch lohnen.

In ein anderes *borough* entführt eine Fahrt mit dem „7 Train" durch Queens. Die U-Bahn steuert den Flushing Meadows-Corona Park mit dem Citi Field (Baseballstadion der Mets) und dem National Tennis Center an und quert auf dem Weg dorthin die unterschiedlichsten ethnischen Viertel (s. S. 10).

Stadtspaziergänge

Spaziergang 1: Bummel durch Lower Manhattan

> **Dauer:** ca. 4 Stunden
> **Tages-/Jahreszeit:** tagsüber/ganzjährig
> **Startpunkt:** 9/11 Memorial & Museum ❶ [C22]
> **Endpunkt:** Subway Fulton Street bzw. WTC Transportation Hub [D22]

Das Herz von New York City schlägt in Lower Manhattan, hier wurde die Stadt 1624 von niederländischen Händlern gegründet. Zudem befindet sich an der Südspitze Manhattans seit den Anschlägen am 11. September 2001 das emotionale Zentrum der Stadt: Das **9/11 Memorial and Museum** ❶ ist ein idealer Ausgangspunkt für einen Spaziergang. Hat man das Memorial und die Ausstel-

△ *Das 9/11 Memorial* ❶ *erinnert an die Opfer des Attentats von 2001*

Spaziergang 1

lungen auf sich wirken lassen, sollte man noch einen Augenblick im Eichenhain verbringen, ehe man wieder in das pulsierende Leben im Areal um die Hochhäuser der WTC Site und den dominierenden Hauptbau 1 WTC eintaucht und eventuell das **One World Observatory** ❷ besucht.

Unterirdisch erreicht man vom Oculus auf dem WTC-Areal aus das **World Financial Center** – jetzt **Brookfield Place** ❸ genannt – und damit den Hudson River. Brookfield Place ist mit seinen zwei Imbissarealen ideal zum Verschnaufen. Nordwärts schließt sich der Hudson River Park mit seinen umfunktionierten Piers an (s. S. 44), doch der Bummel führt jetzt zunächst Richtung Süden, vorbei an Grün- und Spielflächen, Kunstwerken und Promenaden vor der Kulisse der **Battery Park City**. Sie galt als eines der wegweisenden Großbauprojekte der Stadt und entstand größtenteils auf künstlich aufgeschüttetem Land, dem Aushub vom World Trade Center, das zwischen 1967 und 1976 gebaut wurde. Kurz bevor man den Battery Park erreicht, fällt einem im Wagner Park, direkt am

Hudson River, ein sechseckiger pyramidenförmiger Bau ins Auge: Das **Museum of Jewish Heritage** (s. S. 73) informiert hier über die Geschichte der Juden von etwa 1880 bis in die Gegenwart.

Der **Battery Park** ❹ mit dem historischen **Castle Clinton**, Teil einer alten New Yorker Hafenbefestigung, bietet nicht nur einen traumhaften Ausblick, von hier gehen auch die Fähren zur **Statue of Liberty** ❺ und nach **Ellis Island** ❻ ab. Die 1886 in der Hafenzufahrt aufgestellte Freiheitsstatue, Wahrzeichen New Yorks bzw. der USA und zugleich der Demokratie im Allgemeinen, war ein Geschenk der französischen Nation als Zeichen der Freundschaft und aus Dankbarkeit für die Schaffung des ersten modernen demokratischen Systems. Um die Freiheitsstatue und das benachbarte Ellis Island, wo zwischen 1892 und 1954 rund zwölf Millionen Einwanderer erstmals nordamerikanischen Boden betraten, zu besuchen, muss man Zeit und Geduld mitbringen, denn die Warteschlangen sind oft lang. Zudem sollte man sich die Tickets vorher besorgen (s. S. 33).

Kostenlos ist die Fahrt mit der orangefarbenen **Staten Island Ferry** (s. S. 13). Während der zwanzig Minuten auf dem Schiff und auf der Promenade von Staten Island bieten sich ebenfalls jede Menge Möglichkeiten, Fotos von Manhattan und der Upper New York Bay, der Freiheitsstatue und von Ellis Island zu schießen.

Vom historischen Fährhafen gleich nebenan fahren Fähren hinüber nach **Governors Island** ❼. Dort lohnt sich

△ *Die Freiheitsstatue* ❺, *Symbol der Demokratie und Wahrzeichen der Stadt New York*

nicht nur ein Spaziergang auf der rundum führenden Promenade, die einen tollen Ausblick auf Manhattan bietet, sondern auch die Insel selbst. Im 18. Jh. in Privatbesitz des britischen Gouverneurs, diente sie seit der Unabhängigkeit der USA zunächst als Festung zum Schutz der Hafeneinfahrt. Heute unterhält die Küstenwache eine Station, Teile der Insel – mit historischen Bauten – wurden als Nationalpark unter Schutz gestellt und andere Areale zum Naherholungsgebiet mit Spiel-, Sport- und Erholungs- sowie Eventflächen umgestaltet.

Zurück auf dem Festland fällt an der Nordspitze des Battery Park das **U.S. Custom House** mit Wandbildern und dem interessanten **National Museum of the American Indian** (s. S. 74) ins Auge. Hier beginnt zugleich der **Broadway,** New Yorks berühmteste Straße, und hier duckt sich auch die **Trinity Church** ❽, eine der ältesten anglikanischen Kirchen Nordamerikas, zwischen den Hochhäusern und behält anscheinend die weltberühmte **Wall Street** im Auge.

Vorbei an der (für Besucher geschlossenen) Börse, der **NYSE (New York Stock Exchange),** und der **Federal Hall** führt die Wall Street zur Ostseite der Insel Manhattan, zum **East River.** Wie am Hudson River wurde auch hier der Uferstreifen begrünt und zur **East River Waterfront Esplanade** umgestaltet. Pier 11 fungiert als Fährhafen für die NYC Ferries (s. S. 140). Das nahegelegene ehemalige Hafenviertel um den **South Street Seaport** ❿, den **Pier 17** und die **Fulton Street** mit historischen Bauten und Schiffen präsentiert sich als pulsierender Besuchermagnet. Die Fulton Street führt den Spaziergänger – mit Blick auf das 1 WTC – wieder zurück zum Broadway.

Wie so häufig in New York treffen hier Alt und Neu aufeinander: Historische Bauten wie die **St. Paul's Chapel,** das **Woolworth Building** (s. S. 38) oder die **City Hall** ⓫ stehen in spannendem Kontrast zu modernen Skyscrapern wie dem nahen, architektonisch auffälligen Apartmenthochhaus **8 Spruce Street** von Frank Gehry.

Endpunkt des Bummels könnte die moderne Subway-Station „Fulton Center" mit Shops und Imbissmöglichkeiten sein oder der ebenfalls architektonisch auffällige PATH-Bahnhof von Santiago Calatrava (Oculus). Er ist durch das Einkaufszentrum Westfield World Trade Center unterirdisch mit Brookfield Place ❸ verbunden.

Spaziergang 2: Chinatown, Lower East Side, SoHo und das Village

> **Dauer:** ca. 4 Stunden
> **Tages-/Jahreszeit:** tagsüber/ganzjährig
> **Startpunkt:** Columbus Park [D21]
> **Endpunkt:** Union Square ⓱ [D18]

Zwar erinnert der nördlich der **City Hall** ⓫ gelegene Columbus Park an den „Entdecker" Amerikas, doch in Wahrheit bildet der kleine Park das Zentrum des umtriebigen **Chinatown.** Die nahe Mott Street sowie die querende Canal Street mit ihren zahllosen bunten Geschäften und Lokalen sind die pulsierenden Lebensadern von Chinatown. Tieferen Einblick in diese fremde Welt gibt das **Museum of Chinese in America** (s. S. 73).

Stadtspaziergänge

In der parallel zur Mott verlaufenden Mulberry Street haben sich Überbleibsel von **Little Italy** in Form von einigen typischen Restaurants und Läden erhalten.

Über eine andere Hauptachse des Areals, die Grant Street, geht es ostwärts zur **Bowery** und damit in die **Lower East Side (LES)**. Die liebevoll renovierte **Eldridge Street Synagogue** und ganz besonders die Touren, die vom **Lower East Side Tenement Museum** ⓮ durch einen der restaurierten historischen Apartmentblöcke und durch das Viertel veranstaltet werden, geben einen guten Einblick in das armselige einstige Leben der frühen Zuwanderer, zumeist Juden aus Osteuropa, Deutsche, Iren und Italiener. Man spürt beim Bummel durch die Hauptachsen wie Orchard oder Delancey Street aber auch, dass die LES inzwischen zu einem angesagten Viertel geworden ist und schicke Läden und Lokale (u. a. im Essex Market, s. S. 92) entstanden sind.

Das gerade um einen modernen Anbau erweiterte **New Museum** ⓭ mit seiner ungewöhnlichen Architektur und den Ausstellungen zu zeitgenössischer Kunst hat der Bowery zu mehr Beliebtheit verholfen. Gegenüber dem Museum beginnt die abwechslungsreiche Prince Street, die zunächst durchs trendige **NoLIta** („North of Little Italy") mitten hinein nach **SoHo** ⓯ („South of Houston") führt. Abgesehen von architektonisch sehenswerten historischen Bauten in Cast-Iron-Bauweise laden hier eklektische kleine und größere Läden, Boutiquen, Galerien, Lokale und Ca-

fés zu Unterbrechungen ein. Egal, ob man die Prince oder die Spring Street wählt, im Westen stößt man unweigerlich auf die Avenue of the Americas, wie die 6th Ave. auch genannt wird.

Jenseits dieser Nord-Süd-Achse durch Manhattan breitet sich das **West Village**, Teil des **Greenwich Village**, aus. Zu den für Besucher interessantesten Straßen im West Village gehört die **Bleecker Street** mit ihrer Fülle an kleinen Shops, Boutiquen, Cafés und Kneipen. Wer an der Christopher Street nach rechts abbiegt, gelangt zum geschichtsträchtigen **Sheridan Square**, dem Zentrum des West Village. Das eigentliche Herz des „Village" schlägt jedoch auf dem nur wenige Schritte östlich gelegenen

◁ *Der Bronzebulle an der Wall Street [D23] symbolisiert steigende Kurse an der Börse*

△ *SoHo* ⓯ *wird wegen der speziellen Bauweise auch Cast Iron District genannt*

20 Stadtspaziergänge

Washington Square. Gerade an Wochenenden scheint sich hier das ganze Viertel zu treffen. Der Platz ist ideal für ein Päuschen, zumal hier auch oft Konzerte oder sonstige Vorführungen stattfinden.

Vorbei an Gebäuden der New York University passiert der Spaziergänger dann wieder den Broadway und erreicht am Astor Place den Zugang zum **East Village** und dessen Hauptachse St. Marks Place. Ringsum pulsiert das Leben in Restaurants, Cafés und Shops sowie auf einigen Avantgardebühnen. Was der Washington Square fürs Greenwich Village ist, ist der **Tompkins Square** für das East Village. Im Umfeld gibt es neben Läden und Lokalen auch zahllose Bars. **St. Mark's in-the-Bowery**, die zentrale Kirche im Viertel, ist das zweitälteste Gotteshaus der Stadt und auf ihrem Friedhof liegt Peter Stuyvesant begraben.

Schlendert man von St. Mark's wieder westwärts zum Broadway, empfiehlt es sich, einer weiteren bekannten Kirche einen Besuch abzustatten: der **Grace Church.** 1843 bis 1846 im neogotischen Stil errichtet, gilt die Kirche als Meisterwerk von James Renwick, der auch die berühmte St. Patrick's Cathedral erbaut hat. Die Grace Church war einst die Lieblingskirche der New Yorker High Society.

Buchfreunde sollten einen Block nördlich **Strand Books** (s. S. 92) am Broadway, Ecke E 12th St. nicht versäumen. Der 1927 gegründete und noch immer unabhängige Buchladen birgt auf mehreren Stockwerken und im Freien prall gefüllte Bücherregale – vieles gibt es zu Sonderpreisen!

Von hier ist es nicht mehr weit zum **Union Square** ❶, einem der umtriebigsten Plätze der Stadt und zudem von historischer Bedeutung. 1839 angelegt und von einem Reiterstandbild George Washingtons dominiert, galt er schon immer als beliebter Demonstrations- und Versammlungsort. Weitere Statuen auf bzw. um den Platz ehren Mahatma Gandhi und den Künstler Andy Warhol, der einst in der Nähe sein Atelier hatte. Auch heute trifft man sich auf dem Union Square, um dann in die umliegenden Stadtviertel **Chelsea** und **Gramercy** zum Einkaufen oder zum Essen auszuströmen. Auf der Westseite des Platzes findet mehrmals wöchentlich der wohl beste **Markt** der Stadt statt (s. S. 90), sodass man den Spaziergang mit einem Picknick oder dem Einkauf von Spezialitäten vom Markt ausklingen lassen könnte.

Auf dem Washington Square [C/D19] wird für Jung und Alt viel geboten

Stadtspaziergänge

Spaziergang 3:
Entdeckungstour durch Midtown

Dauer: ca. 3–4 Stunden
Tages-/Jahreszeit: tagsüber/ganzjährig
Startpunkt: Times Square ❷❺ [C15]
Endpunkt: Columbus Circle ❸❼ [B13]

Für Jack Kerouac war der **Times Square** ❷❺ die „Summe und Krönung aller Marktplätze und Tingeltangelstraßen in Amerika". Daran hat sich bis heute wenig geändert: Der Platz zählt zu den meistbesuchten Attraktionen der Welt. Dank der hier eingerichteten Fußgängerzone ist das Areal zwischen Times Square an der 42nd Street und seinem Pendant, dem Duffy Square an der 47th Street, bei Einheimischen und Besuchern zur beliebten Ruheoase und zum Treffpunkt im pulsierenden Herz der Stadt geworden.

Das Areal um den Times Square – zwischen 40th und 48th St. sowie 6th und 8th Ave. – bildet als **Theater District** mit zahlreichen, häufig auch architektonisch sehenswerten Theatern das Zentrum von Entertainment und Showbusiness. Das neue **Broadway-Museum** (s. S. 73) erzählt dessen Geschichte. Die 42nd Street ist eine Shopping- und Vergnügungsmeile und folgt man ihr ostwärts, bietet sich der **Bryant Park** (s. S. 48) zur Pause an. Überragt von teils spektakulären Wolkenkratzern, finden dort vielerlei Veranstaltungen und Events statt: im Sommer beispielsweise Konzerte und Filme, Kurse und Wettbewerbe, im Winter u. a. ein Weihnachtsmarkt mit Eisbahn. Das östliche Kopfende des Parks dominiert die **New York Public Library,** untergebracht in einem 1911 errichteten tempelartigen Repräsentationsbau.

Von hier aus lässt sich gut ein Abstecher zu einem berühmten Gebäude absolvieren: Über die 5th Ave. erreicht man das **Empire State Building** ❷❷, von dessen Aussichtsplattform sich ein grandioser Blick über die Stadt bietet. Zurück zur 42nd Street geht es

◁ *Alles nur Theater – darum geht es im Museum of Broadway (s. S. 73)*

Stadtspaziergänge 23

über die Madison Avenue, wo Kunstfreunde **The Morgan Library and Museum** ㉔ nicht auslassen sollten.

Ein paar Blocks nördlich fällt ein weiterer prächtiger Bau ins Auge: der **Grand Central Terminal** ㉘, 1913 als wichtiger Überlandbahnhof errichtet. Er wurde kürzlich um den Gebäudeteil **Grand Central Madison** erweitert, der als Haltestelle der Long Island Railroad (LIRR) dient (https://new.mta.info/grandcentralmadison). Auch wenn der prächtig renovierte Bau heute nurmehr dem Nahverkehr dient, wimmelt es – auch wegen der Ladenpassagen und des Speiseangebots – rund um die Uhr von Menschen. **One Vanderbilt**, ein schlanker Wolkenkratzer mit dem **SUMMIT** ㉗, einer interaktiven Aussichtsplattform, ist unterirdisch mit dem Bahnhof verbunden. Südöstlich des Bahnhofsgebäudes fällt das **Chrysler Building** ㉙ im Art-déco-Stil auf, ein architektonisches Highlight, das in keinem Architekturführer fehlt.

Wer Zeit und Lust hat, könnte der 42nd Street zum East River folgen und dort das Gelände der **United Nations** (s. S. 51) besichtigen, ansonsten geht es über die Lexington Avenue und die 46th Street nach Norden zur feinen **Park Avenue.** Hier findet man neben Boutiquen und Galerien architektonische Schätze wie das Seagram Building (375 Park Ave./53rd St.) oder das Waldorf Astoria (s. S. 52). Von diesem altehrwürdigen Nobelhotel sind es nur zwei Blocks zur **Fifth Avenue** ㉝, der berühmten Einkaufsstraße New Yorks. Es gibt hier auch einige Sights, zum Beispiel der Komplex des **Rockefeller Center** ㉚. Außer den wegweisenden Gebäuden mit der Sunken Plaza, einer vertieft gelegenen Platzanlage mit Eislaufbahn und Christbaum im Winter, lohnt eine Besichtigung der **NBC Studios** oder der **Radio City Music Hall** (s. S. 87). Und wer möchte, kann von der Aussichtsplattform von **Top of the Rock** (s. S. 52) in etwa 260 m Höhe den atemberaubenden Blick auf die Stadt genießen.

Gegenüber dem Rockefeller Center nimmt sich die **St. Patrick's Cathedral** ㉜ mit ihren über 100 m hohen Türmen zwischen modernen Wolkenkratzern recht bescheiden aus. Dennoch handelt es sich um eine der größten katholischen Kathedralen der USA, 1879 eingeweiht. Dahinter (457 Madison Ave.) befinden sich die historischen **Villard Houses.**

Auch wenn das **Museum of Modern Art** ㉛ sich nicht direkt an der Fifth Ave. befindet, ist der Abstecher dorthin ein Muss. Immerhin handelt es sich beim **MoMA** um eines der bedeutendsten Kunstmuseen der Welt. Kreuzt man von dort wieder die Fifth Ave. und biegt einmal links ab, steht man vor einer postmodernen Architektur-Ikone: **550 Madison** („AT&T Building"), von den Architekten Johnson und Burgee erbaut und vom Architekturbüro Snøhetta um eine begrünte *public plaza* aus Glas erweitert.

Weltberühmte Läden wie Tiffany & Co. oder Bergdorf Goodman sind an der Fifth Ave. ebenso zu finden wie der golden strahlende **Trump Tower** oder das ehrwürdige **Plaza Hotel** an der Grand Army Plaza. Dieser Platz liegt an der Südostecke des **Central Park** ❹. Ein Spaziergang durch den Südteil des Parks – evtl. ein Schlenker vorbei an Zoo, Wollman Rink und Infozentrum The Dairy – könnte am **Columbus Circle** ❼ enden. Der verkehrsumtoste Platz wird gerahmt von architektonischen Meilensteinen wie dem **Trump International Hotel & Tower** oder dem **Deutsche Bank Center** mit seinen auffälligen Doppeltürmen. Zu den **Shops at Columbus Circle** (s. S. 91) gehört der Biomarkt Whole Foods, im Center ist auch die Konzerthalle **Jazz at Lincoln Center** (s. S. 87) zu Hause.

Etwas weiter südlich, an der 8th Ave. (56th–57th St.), ragt der **Hearst Tower** empor und nördlich des Platzes befindet sich der Kulturkomplex **Lincoln Center** ❽, u. a. Sitz der Metropolitan Opera. Kunstfreunde könnten den Rundgang mit einem Besuch des **Museum of Arts & Design** (MAD, s. S. 73) – mit dem empfehlenswerten Restaurant Robert – beenden.

Spaziergang 4: Über die Brooklyn Bridge ins Herz von Brooklyn

> **Dauer:** ca. 3-4 Stunden
> **Tages-/Jahreszeit:** tagsüber/ganzjährig
> **Startpunkt:** Brooklyn Bridge ❸ [F23]
> **Endpunkt:** Barclays Center bzw. Borough Hall [G23]

Zu den Highlights eines New-York-Besuchs gehört zweifellos ein Spaziergang über die **Brooklyn Bridge** ❸ (Zugang an der Ostseite der City Hall ⓫) – „die beste und wirkungsvollste Medizin, die meine Seele bisher genossen hat", wie einst Amerikas Nationaldichter Walt Whitman über die 1883 eingeweihte Brücke schwärmte. Am anderen Ende der Brooklyn Bridge steht der Besucher

◿ *Blick von Pier 1 in DUMBO auf die Brooklyn Bridge* ❸ *und Manhattan*

in einem der vielen derzeit angesagten Stadtviertel, nämlich in Brooklyns **DUMBO** („Down under the Manhattan Bridge Overpass") – die Kreuzung Washington und Water Street mitten im Viertel bietet einen beliebten Fotospot mit Blick auf die Manhattan Bridge. Über die Front Street und die Jay Street mit interessanten Läden und kleinen Cafés geht es zurück zum East River (John St.).

Hier in DUMBO beginnt der **Brooklyn Bridge Park** ㊹. Die Parkanlage zieht sich von dort südwärts entlang dem Ostufer des Flusses unter der Manhattan Bridge und der Brooklyn Bridge hindurch, entlang den ehemaligen Hafenpiers, die zu Parkflächen und Sportanlagen umfunktioniert wurden, bis zur Atlantic Ave. Der Park verlieh dem borough ein neues Gesicht, doch auch der Ausblick von hier auf den Hafen und die Kulisse von Manhattan ist atemberaubend, besonders bei Sonnenuntergang und abends.

Von der Brooklyn Bridge (vom dortigen Fulton Ferry State Park verkehren auch Boote zurück nach Manhattan) sind es nur noch wenige Schritte über die Columbia Heights Street bzw. die Squibb Bridge in das berühmte historische Stadtviertel Brooklyn Heights.

Höhepunkt im Brooklyn Heights Historic District ist die **Brooklyn Heights Promenade.** Sie zieht sich oberhalb der ehemaligen Piers und

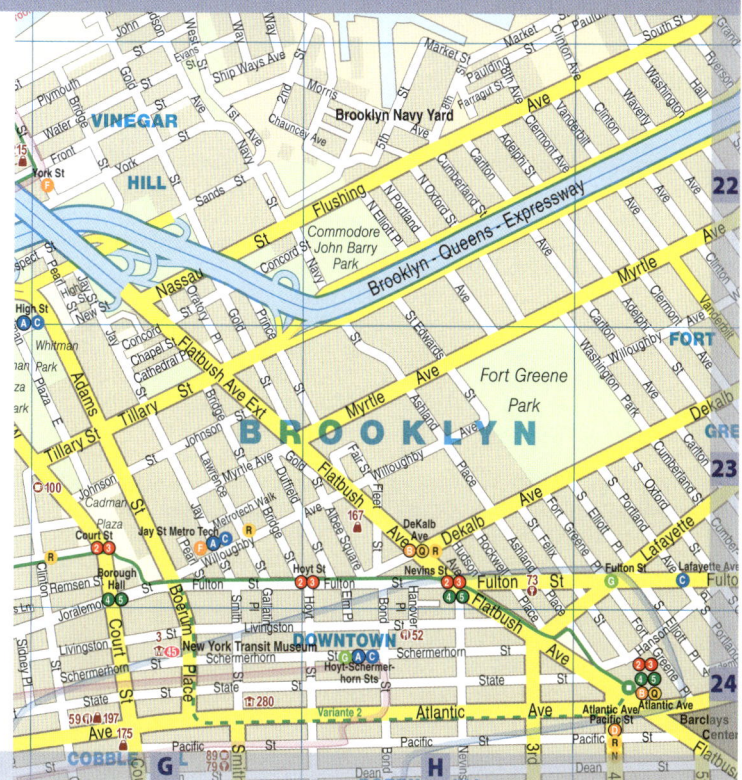

des BQE (Brooklyn-Queens-Expressway) entlang und bietet einen grandiosen Ausblick.

Von der Promenade geht es dann über die lebhafte Montague Street zur **Borough Hall**, dem Rathaus von Brooklyn, das sich an der Cadman Plaza befindet. Von hier aus verkehren Bahnen zurück nach Manhattan, doch wer möchte, kann den Spaziergang noch durch das immer attraktiver werdende **Downtown Brooklyn** fortsetzen.

Die zur Fußgängerzone ausgebaute **Fulton Street** (Variante 1) lädt ebenso wie die parallel verlaufende **Atlantic Avenue** (Variante 2, vorbei am **New York Transit Museum** 45) zum Bummeln und Schlendern ein.

Beide Straßen enden an der Flatbush Avenue mit der **Brooklyn Academy of Music** (BAM, s. S. 87), dem großen Shoppingcenter **Atlantic Terminal** sowie der Veranstaltungs- und Sporthalle **Barclays Center** (siehe Brooklyn Nets, S. 129). Unter dem Einkaufszentrum befindet sich einer der größten Subway-Bahnhöfe der Stadt und man kann mit mehreren U-Bahn-Linien zurück nach Manhattan gelangen.

Lohnend wäre auch ein Bummel über die **Smith Street** [G24–27], die Hauptachse von **BoCoCa** (Boerum Hill, Cobble Hill und Carroll Garden). Von dort käme man von der Subway-Station Bergen St. zurück nach Manhattan.

Downtown Manhattan

Heute fällt es schwer, sich vorzustellen, dass an der Südspitze von Manhattan einmal nur ein von dichtem Wald umgebenes kleines Dorf lag. Die unregelmäßig verlaufenden Straßen erinnern noch an die Frühzeit als Hafen- und Handelsort und auch die berühmte Wall Street geht auf jene Tage zurück, als hier noch eine Stadtmauer, eine „wall", verlief, die die Bewohner vor den „wilden Indianern" schützen sollte. Aufgrund ihrer Geschichte ist die Südspitze Manhattans der ideale Startpunkt, um New York zu entdecken.

Manhattan besteht aus einer Reihe von Stadtteilen, für die zur Vereinfachung folgende geografische Einteilung benutzt wird: **Downtown**, der Südteil der Insel, besteht nach geläufiger Definition aus **Lower Manhattan**, welches das gesamte Areal südlich der 14th Street inklusive Greenwich Village umfasst. Daran schließen sich, quasi als Pufferzone, zwischen 14th und 34th Street, die Viertel Gramercy und Chelsea an. Es folgt **Midtown** (34th bis 59th Street), mit dem legendären Theater District und dem Times Square. Unter **Uptown** sind die Viertel nördlich der 59th Street beidseitig des Central Park zu verstehen und **Upper Manhattan** bezeichnet schließlich die Region jenseits des Central Park bis hinauf zur Nordspitze der Insel.

Idealer Startpunkt für die Besichtigung New Yorks ist die **Südspitze Manhattans** mit dem Battery Park, der Wall Street, und der World Trade Center Site. Hier befindet sich das Finanzzentrum, aber auch die Keimzelle der Metropole und hier erinnert man an die Katastrophe vom 11. September 2001.

❶ 9/11 Memorial and Museum ★★★ [C22]

Das Herz der Stadt schlägt an der ehemaligen **World Trade Center Site**, dem Ort, der 2001 in Schutt und Asche gelegt wurde. Noch immer scheuen viele New Yorker den Besuch, denn der Schock sitzt tief, doch für Besucher sind Memorial und Museum ein „Muss".

Zehn Jahre nach den Anschlägen eröffnete das **9/11 Memorial** – gemeinschaftlich entworfen vom Architekturbüro Davis Brody Bond, Michael Arad und dem Landschaftsarchitekten Peter Walker. Diese Ruheoase im hektischen Manhattan mit der Memorial Plaza, einem Eichenhain mit rund 400 Bäumen, bildet das emotionale Herz der Stadt. In den „footprints" (dem Grundriss) der beiden ehemaligen Türme befinden sich zwei Becken mit Wasserfällen und ringsum sind in Steinplatten die Namen aller 2982 Opfer aus New York, des Anschlags auf das Pentagon in Washington, des abgestürzten United-Airlines-Flugs 93 aus Pennsylvania und des Bombenanschlags von 1993 eingraviert.

Das **9/11 Memorial Museum** mit markantem Glaspavillon als Eingang und Ausstellungen im Untergrund wurde vom norwegischen Architekturbüro Snøhetta geplant und 2014 eröffnet. Kernstück in der großen Halle sind ein Stück der Flutmauer, die dem Wasser des Hudson River stand hielt, und die „Last Column", der letzte Stahlträger der WTC-Türme. Zu sehen sind außerdem ein beschädigter Feuerwehrwagen, Besitztümer der Opfer, die „Fluchttreppe" und die Memory Wall.

Die South Tower Gallery („In Memoriam") unter dem South Pool, wo der südliche Tower stand, erinnert an die Opfer, ihr Leben und ihre Familien. Nicht weniger eindrucksvoll ist die North Tower Gallery („September 11, 2001"), die die kritischen Stunden und Tage Revue passieren lässt.

> 9/11 Memorial & Museum, 180 Greenwich St., Subway: Rector St., www.911memorial.org, Memorial: tgl. 8-20 Uhr, gratis zugänglich, Museum: Mi.-Mo. 9-19 (letzter Einlass 17.30 Uhr), $33, Mo. 17.30-19 Uhr freier Eintritt. Vorbuchung im Internet mit festgelegter Eintrittszeit notwendig, 60- bzw. 90-min. Führungen zubuchbar, auch im CityPass und anderen Pässen enthalten.

> 9/11 Museum Workshop (s. S. 72). Zu sehen sind Fotos des offiziellen Ground-Zero-Fotografen und Museumsgründers Marlon Suson sowie Erinnerungsstücke.

❷ One World Observatory und die WTC Site ★★ [C22]

Das von Minoru Yamasaki zwischen 1966 und 1977 erbaute und am 4. April 1973 als höchster Bau der Welt eingeweihte **World Trade Center (WTC)** galt mit seinen zwei markanten Türmen lange als Wahrzeichen New Yorks. „9/11", der Terroranschlag am 11. September 2001, hinterließ ein gigantisches Trümmerfeld, den „Ground Zero", eine Lücke in der Skyline und ein Trauma in der Bevölkerung.

Im Mai 2003 wurden die Aufräumarbeiten für beendet erklärt und die Neubebauung in Angriff genommen – verbunden mit endlosen Diskussionen und Planänderungen. Der ursprünglich für das Hauptgebäude ausgewählte spektakuläre Wettbewerbsentwurf von Daniel Libeskind wurde durch einen schlichteren, angeblich „bombensicheren" Bau nach Plänen von David Childs von SOM ersetzt. Lediglich die Höhe von 1776 Fuß (das Jahr der Unabhängigkeitserklärung) wurde übernommen.

Bereits im April 2012 überragte das **1 WTC** das Empire State Building, eröffnet wurde der Bau im Dezember 2014. Die zugehörige dreistöckige Aussichtsplattform, das **One World Observatory (OWO)**, folgte 2015.

Für den hohen Eintritt, die Sicherheitskontrollen und den Besucherandrang entschädigt der Ausblick vom OWO, der sich wegen der südlichen Lage komplett vom Empire State Building und dem Rockefeller Center unterscheidet. Durch die nachgebildete Felsenbasis des Turms geht es zum Aufzug und in weniger als einer Minute zum **102. Stock**, wo New York City dem Besucher zu Füßen liegt. Im **Main Observatory** im 100. Stock –

Flutmauer und Stahlträger im 9/11 Memorial Museum

komplett verglast und geräumig – kann man den Ausblick in Ruhe genießen und wird dazu noch mit „City Pulse" (multimedial aufbereitete, historische Informationen) und „Sky Portal" (eine Glasplattform) unterhalten.

In Teilen ist die WTC Site noch immer **Baustelle**: 2006 wurde **7 WTC** (Vesey St./Greenwich St.) fertig. Ende 2021 wurde im vorgelagerten Silverstein Family Park Frank Stellas Skulptur „Jasper's Split Star" aufgestellt. Sein Diptychon im 7 WTC war bei 9/11 zerstört worden.

2013 wurde **4 WTC** eröffnet. **3 WTC**, ein relativ unspektakulärer Bau von Richard Rogers, folgte im Juni 2018. Von **2 WTC** an der Nordostecke des Grundstücks steht bisher nur das Fundament. Dafür wurde 2023 das **Ronald O. Perelman Performing Arts Center** mit drei Bühnen, entworfen von REX, fertiggestellt.

2016 eröffnete am Südende des Geländes der erhöht gelegene **Liberty Park**, 2022 folgte die sehenswerte **St. Nicholas Orthodox Church** nach Plänen von Santiago Calatrava. Im Park wurde auch **„The Sphere"** aufgestellt, das einzige Monument, das die Katastrophe im September 2001 überstand, wenn auch etwas eingedellt. Es war 1971 von dem bayerischen Bildhauer Fritz König (1924–2017) angefertigt und zwischen den Türmen aufgestellt worden.

Calatrava zeichnet für den 2016 eröffneten, architektonisch spektakulären **WTC Transportation Hub** verantwortlich, den Nahverkehrsbahnhof mit seinem flügelartigen Dach, der wegen seiner speziellen Konstruktionsweise auch **Oculus** (latein. „Auge") genannt wird. Im September 2018 wurde dort auch die völlig zerstörte Cortlandt Street Subway Station als „World Trade Center" mit einer Installation von Ann Hamilton mit Texten aus der Unabhängigkeitserklärung wiedereröffnet.

Im Oculus befindet sich die Westfield Mall (mit Eataly, s. S. 92 und Gansevoort Liberty Market, s. S. 81). Der Hub ist unterirdisch mit Brookfield Place und **Fulton Center** (einen Block östlich) verbunden, das als Knotenpunkt von neun Subway-Linien dient.

› **One World Observatory,** 285 Fulton St. (Zugang: West St.), https://oneworldobservatory.com, saisonal variable Öffnungszeiten, mind. tgl. 10–19 Uhr, $ 49 (im Vorverkauf $ 44 fürs Standardticket), zeitgebunden, besser vorab online erwerben

› **WTC Site:** www.panynj.gov/port-authority/en/wtc.html (Baufortschritt), www.wtc.com

❸ Brookfield Place ★   [C22]

Der 1988 eröffnete Komplex geht auf Pläne des Argentiniers Cesar Pelli zurück. Er grenzt westlich an die WTC Site an und wurde 2014 mit dieser und der PATH-Station durch einen unterirdischen Fußgängertunnel mit Shops verbunden.

Die Bauten des früher **World Financial Center** genannten Komplexes entstanden ebenso wie die sich südlich anschließende Battery Park City auf dem aufgeschütteten Aushub vom Bau des ersten World Trade Center. Es handelt sich um ein homogen wirkendes Konglomerat aus vier unterschiedlich bekrönten, zwischen 152 und 225 m hohen Bürotürmen aus Granit und Glas. Der **Brookfield Place Winter Garden Pavilion** nach Plänen von Rafael Pelli fungiert als Erholungszone und gewährt Zugang zum Fußgängertunnel. Er geht in einen 36 m hohen Wintergarten aus Glas und Stahl über, der die Wolkenkratzer verbindet und mit seinen tropischen Palmen und der Stufenkonstruktion ein beliebter Treffpunkt ist.

Hier finden sich auch eine moderne Ladenpassage und die zwei Food Courts **Le District** – ein französisches Marktareal – und im Obergeschoss **Hudson Eats** mit bunt gemischten Lokalen und Imbissstationen. Von den Tischen im Obergeschoss überblickt man nicht nur die Waterfront Plaza am Fluss und den Jacht- und Fährhafen, sondern auch das Palmen-Atrium, wo Veranstaltungen, Konzerte, Shows oder Kunstinstallationen stattfinden.

› **Brookfield Place,** 230 Vesey St., Shops und Imbiss meist 10–20, So. 12–18 Uhr, https://bfplny.com, Subway: Rector St.

❹ Battery Park und Castle Clinton ★ [D23]

Battery Park, ein grünes Areal zwischen Fluss und Hochhäusern, zieht wegen des sich bietenden Ausblicks, aber auch wegen der von hier ablegenden Fähren nach Liberty und Ellis Island Menschen an. Benannt ist der Park nach einer Geschützreihe, die ursprünglich zur Sicherung des Hafens hier stand.

Der Battery Park gliedert sich in verschiedene Abschnitte, z. B. **Battery Woodland** (ein Pflanzenlabyrinth), **Bosque Gardens** mit Brunnen oder **Gardens of Remembrance.** Fahrradwege und Spielplätze, eine **Urban Farm** (eine Art Gemeinschaftsgarten) und das **SeaGlass Carousel** in Gestalt einer Meeresschnecke aus Glas und Stahl mit 30 beleuchteten Meerestierfiguren zum „Reiten" sind Teile davon. Der historische **Pier A** von 1886 wurde ebenfalls reno-

viert, steht jedoch derzeit leer (Stand Anfang 2024).

Das im Park gelegene **Castle Clinton National Monument** ist Teil der Hafenbefestigung, die im Vorfeld des War of 1812, einer Auseinandersetzung mit den Briten, gebaut wurde. Gleichzeitig mit den Festungen auf Liberty und Governors Island ❼ wurde 1811 die South-West Battery errichtet, die später nach De Witt Clinton, einem früheren Bürgermeister und Gouverneur, umbenannt wurde. Die Artilleriestellung lag einst *im* Hudson River und war nur durch eine Zugbrücke mit Manhattan verbunden.

Als 1821 das Militär abzog, fiel die Festung an die Stadt und erfüllte fortan unterschiedliche Aufgaben: Unter dem Namen Castle Garden wurde sie ein Vergnügungs-, Ausstellungs- und Veranstaltungszentrum mit Theater- und Konzertbühne, Park, Brunnen und Promenade. Nachdem die Bastion mittels Aufschüttung mit dem Festland verbunden worden war, baute man sie 1855 zur Immigrationsstation um. Bis 1889 wurden hier mehr als 8 Mio. Einwanderer „durchgeschleust", 1892 übernahm dann Ellis Island diese Funktion. Zwischen 1898 und 1941 war das New York Aquarium in der Festung einquartiert und dann rückten die Abrissbirnen an. Der drohende Abbruch konnte gerade noch abgewendet werden und 1975 wurde der Komplex als Castle Clinton National Monument neu eröffnet. Heute fungiert die Festung als Ticketverkaufs- und Anlegestelle für die Ausflugsboote zu Liberty und Ellis Island, zeigt jedoch auch historische Ausstellungen.

› **Castle Clinton National Monument,** Battery Park, tgl. 7.45–17 Uhr, Eintritt frei, www.nps.gov/cacl, Subway: Bowling Green oder South Ferry

› Infos Battery Park: www.thebattery.org

Downtown Manhattan

❺ Statue of Liberty ★★★ [B27]

„Gebt mir eure Müden, eure Armen, eure niedergedrückten Massen, die sich danach sehnen, frei zu atmen." Diese Inschrift am Sockel der Freiheitsstatue untermauert die Bedeutung des Monuments als Symbol für Freiheit und Demokratie. Die fast 34 m hohe Statue vor der Hafeneinfahrt New Yorks war ein Geschenk der französischen Nation an die USA in Anerkennung der Vorreiterrolle Amerikas beim Aufbau eines modernen demokratischen Systems.

Bereits um 1865 lagen erste Pläne vor, doch erst zur Hundertjahrfeier der Vereinigten Staaten im Jahr 1876 wurde ernsthaft mit der Realisierung der Statue begonnen. 1878 präsentierte man Teile der von Frédéric-Auguste Bartholdi (1834–1904) unter Mithilfe des Ingenieurs Gustave Eiffel (1832–1923) nach dem Vorbild antiker Monumentalfiguren geschaffenen Freiheitsstatue erstmals auf der Weltausstellung in Paris, dann wurde sie zerlegt und auf einem Dampfer nach New York gebracht. Als Standort wurde das kleine Bedloe's Island – 1956 in „Liberty Island" umbenannt – gewählt und am 28. Oktober 1886 wurde „Lady Liberty" offiziell von Präsident Grover Cleveland enthüllt.

Hundert Jahre später erhielt die Freiheitsstatue ein komplettes Facelifting und dabei wurde ein Museum im Sockel eingerichtet. Vom 11. September 2001 bis zum 4. Juli 2009 und noch einmal nach Hurricane Sandy von Oktober 2012 bis zum 4. Juli 2013 war die obere Aussichtsplattform in der Krone gesperrt, seither ist die enge Wendeltreppe mit ihren 377 Stufen durchgehend, aber in limitierter Besucherzahl, begehbar.

Seit 2019 ersetzt ein **Museum an der Nordwestspitze** der Insel die bis dahin im Sockel der Statue befindliche Ausstellung. In einem umweltfreundlichen, energieeffizienten Bau befinden sich drei Galerien: ein Multimedia-Erlebnis zu Geschichte und Bedeutung der Statue, ein Blick in

Downtown Manhattan

KURZ & KNAPP

Die Statue of Liberty in Zahlen
› Gesamthöhe: 92,99 m, Statue (Sockel bis Fackel): 46,50 m, Figur (Ferse bis Scheitel): 33,86 m
› Länge der Hand: 5 m
› Länge rechter Arm: 12,80 m
› Kopfhöhe: 5,26 m
› Kopfbreite (von Ohr zu Ohr): 3,05 m
› Nasenlänge: 1,48 m
› Höhe der Basis/des Fundaments: 19,81 m
› Höhe des Granitsockels: 27,13 m

die Werkstatt von Frédéric Auguste Bartholdi (zum Herstellungsprozess, Design etc.), und eine „Inspiration Gallery" mit der Original-Fackel, die 1986 durch eine Replik ersetzt und ins Museum gebracht wurde. Dazu wird ein interessanter Einführungsfilm in drei Teilen gezeigt.

› **Statue of Liberty & Statue of Liberty Museum,** Liberty Island, Infos zu Fähren (inklusive Audiotour) und Tickets s. rechts, Tel. 212 3633200, www.nps.gov/stli, kostenlose Rangertouren über die Insel

❻ Ellis Island ★★ [B25]

Zwischen 1892 und 1954 befand sich auf Ellis Island die wichtigste Einwanderungsstation der USA. Rund 12 Mio. Immigranten aus aller Welt betraten hier erstmals amerikanischen Boden, wurden registriert, befragt, medizinisch untersucht und dann zugelassen oder abgewiesen.

Nach der Schließung war der Gebäudekomplex vom Verfall bedroht, wurde zum Spielball zwischen den Bundesstaaten New York und New

‹ *„Lady Liberty" gilt als Symbol für Freiheit und Demokratie*

Fähre und Tickets
Von Castle Clinton/Battery Park ❹ aus verkehren je nach Jahreszeit unterschiedlich häufig (mindestens 9–15 Uhr und mindestens alle 30 Min.) **Fähren von Statue City Cruises** nach Liberty und Ellis Island ($ 24,50 inkl. Audiotour). Um lange Wartezeit zu vermeiden, sollte man Tickets online vorbestellen, denn es bilden sich oft schon um 8 Uhr morgens lange Schlangen vor den Ticketschaltern und bei der anschließenden Sicherheitskontrolle („Priority Entry" mit vorreserviertem, zeitgebundenem Ticket).

Ellis Island ist im „Fähr-Paket" enthalten, doch ab 14 Uhr lohnt es sich nicht mehr, an beiden Inseln auszusteigen. Für die Gesamttour mit Besichtigungen sind mind. 4 Std. einzuplanen.

Es gibt drei Ticketvarianten, wobei das **Statue of Liberty Museum** und **Ellis Island** mit Museum immer enthalten sind.

› **General Admission** ($ 24,50): Fährticket, Zugang zu beiden Inseln und zum Statue of Liberty Museum. Diese Tickets sind nicht limitiert.
› **Pedestal Reserve Ticket** ($ 24,80): wie General Admission, zusätzl. Zugang zum Observation Deck im Sockel der Freiheitsstatue. Diese Tickets sind limitiert und sollten unbedingt im Voraus reserviert werden.
› **Crown Reserve Ticket** ($ 24,80): zusätzlich Zugang (über eine enge Wendeltreppe) in die Krone der Statue. Das Ticket muss Wochen bis Monate im Voraus bestellt werden.
› **Infos/Reservierung:** www.cityexperiences.com/new-york/city-cruises/statue
› Im **CityPASS** ist die Überfahrt inkludiert, nicht aber der Zugang zur Statue.

Jersey, ehe er 1965 in ein Museum umgewandelt wurde und sich zur Haupttouristenattraktion entwickelte.

Besonders sehenswert ist der Hauptbau mit der **Great Hall**, der Ankunftshalle. Im eindrucksvollen **Baggage Room** im Erdgeschoss werden Ausstellungen mit dem Titel „Journeys" zur Einwanderung von 1550 bis 1890 und ab 1945 gezeigt. Im ersten Stock sind der **Registry** und der **Hearing Room** originalgetreu rekonstruiert und gibt es **Galerien**, die die Blütejahre der Einwanderung auf Ellis Island thematisieren. Im zweiten Stock sind die ehemaligen Schlafsäle und Gegenstände der Einwanderer zu sehen („Treasures from Home"), außerdem geht es hier um die Geschichte der Insel selbst. Die Abteilung **The Journey: New Eras of Immigration** beschäftigt sich mit den jüngsten Einwanderungswellen des 20. und 21. Jh. Immer umringt ist die **Wall of Honor** hinter dem Hauptgebäude, wo die Namen aller Zugewanderten aufgelistet sind und sich ein fotogener Ausblick bietet.

› **Ellis Island Immigration Museum,** www.nps.gov/elis, www.saveellisisland.org, tgl. 9–17 Uhr, Eintritt frei, Fähre s. S. 33, „Hard Hat"-Touren (mit Schutzhelm) durch den sonst unzugänglichen Hospital Complex: $ 74,50 (inkl. Fährticket)

❼ Governors Island ★★ [D25]

Neben dem modernen Gebäude der Staten Island Ferry (s. S. 13) fällt das alte **Battery Maritime Building** von 1905 ins Auge, das als Anlegestelle der Fähre nach Governors Island fungiert. Innerhalb weniger Minuten gelangt man auf diese alte Festungsinsel (Soissons Landing) – und lässt alle Hektik der Stadt zurück. Von der Uferpromenade der Insel bietet sich ein ungewöhnlicher Ausblick auf Stadt, Freiheitsstatue, Ellis Island, den Hafen und den East River bis hinüber nach Brooklyn.

Während der Kolonialzeit im 18. Jh. Privatbesitz des britischen Gouverneurs, diente die Insel seit der Unabhängigkeit der USA als **Festung zum Schutz der Hafeneinfahrt.** Zuletzt war hier die **Küstenwache** stationiert, die vor Ort noch immer eine Station unterhält. Der alte Teil um die beiden Anfang des 19. Jh. entstandenen Festungen Fort Jay und Castle Williams, Colonel's Rowe und Parade Grounds sind als National Park ausgewiesen.

Der Südteil der Insel ist ein **Erholungsareal** mit viel Naturland in Bereichen wie Liggett Terrace, Hammock Grove (mit Hängematten und Abenteuerspielplatz), Play Lawn und The Hills, einer mehrteiligen, hügeligen Naturlandschaft mit atemberaubendem Blick auf die **Statue of Liberty** ❺. Im äußersten Süden befindet sich Picnic Point und im Südwesten werden Ufer- und Marschlandschaften renaturiert. Außerdem soll die Promenade einmal ringsum führen.

In einem der historischen Gebäude hat die New York Harbor School ihren Sitz, in andere sind u. a. Galerien und Werkstätten eingezogen. Das **LMCC's Arts Center at Governors Island** betreibt ein Artists-in-Residence-Programm mit Kunstausstellungen. Das **Billion Oyster Project** setzt sich für die Wiederansiedlung von Austern ein und das **QC Terme Spas & Resorts** (www.qcny.com) bietet sich als Wohlfühloase zum Entspannen an. Dazu finden das ganze Jahr über verschiedene Veranstaltungen statt.

› **Historic Governors Island,** www.nps.gov/gois bzw. www.govisland.com, Fähren ab Battery Maritime Building, 10 South/

Whitehall St., tgl. 7–18 Uhr, Fähren alle 30 Min., hin und zurück $ 4, samstag-/sonntagvormittags (vor 12 Uhr) gratis. Infos zu Angebot, weiteren saisonalen Brooklyn-Fährverbindungen und Events s. Website.

❽ Trinity Church ★★ [D23]

Die Trinity Church, von der aus Gott angeblich die Wall Street überblicken kann, gilt als eine der **ältesten anglikanischen Kirchen Nordamerikas**. 1697 wurde sie vom englischen König William III. gestiftet und ein Jahr später geweiht. 1776 während des Unabhängigkeitskriegs durch einen Brand zerstört, kam es 1790 zum Neubau. Heute steht hier der dritte Kirchenbau aus dem Jahr 1846 im neogotischen Stil. Dank des über 100 m hohen Turms galt die Kirche bis um 1860 als höchstes Gebäude New Yorks!

Besonders sehenswert sind die Bronzetüren mit biblischen Szenen von Richard Morris Hunt nach Lorenzo Ghibertis bekannter Paradiestür am Baptisterium in Florenz. Rings um die Kirche breitet sich der **Trinity Churchyard** aus, ein Friedhof, auf dem viele Prominente, darunter der erste US-Finanzminister Alexander Hamilton, bestattet sind.

› Trinity Church, Broadway/Wall St., https://trinitywallstreet.org, tgl. 8.30–18 Uhr, Subway: Wall St., Konzerte, Gottesdienste, und Ausstellung im Südflügel, im durch eine Brücke mit dem Churchyard verbundenen Trinity-Commons-Gebäude befindet sich das Trinity Café.

› *Die Trinity Church ist eine der ältesten anglikanischen Kirchen Nordamerikas*

❾ Wall Street mit Federal Hall National Monument ★ [D23]

Im Zentrum der **Wall Street**, benannt nach der Stadtmauer, die die ersten Siedler schützen sollte, befindet sich die **New York Stock Exchange**. Seit „9/11" ist die 1903 erbaute Börse für Besucher nicht mehr zugänglich.

Die **Federal Hall** (derzeit, Anf. 2024, wegen Bauschäden eingerüstet) gilt als schönstes klassizistisches Bauwerk New Yorks. Lediglich ihre Lage erinnert noch an den 1703 erbauten Vorgängerbau, der als Rathaus und kurz auch als US-Parlamentssitz diente. Am 30. April 1789 wurde hier **George Washington** zum ersten US-Präsidenten vereidigt, seine Bronzestatue ragt über den Stufen auf. Nach dem Bau des neuen Rathauses wurde die alte Federal Hall abgerissen

Downtown Manhattan

und zwischen 1834 und 1842 entstand das heute hier aufragende, ehemalige **U.S. Custom House** (Zollhaus), dessen Front sich mit 16 dorischen Säulen am Parthenon auf der Athener Akropolis, der Innenraum mit 16 korinthischen Säulen hingegen am Pantheon in Rom orientiert. 1862 zog die Zollbehörde um, doch erst 1939 wurde der tempelartige Bau zum „Denkmal" erklärt. Seither gibt es im Inneren die **Washington Inaugural Gallery** mit Informationen zum Unabhängigkeitskampf und zu den Anfängen der Nation.

› **Federal Hall,** 26 Wall St., www.nps.gov/feha, Mo.–Fr. 10–17 Uhr, mit Federal Hall Visitor Center, Eintritt frei, wegen Renovierungsarbeiten **Zugang derzeit 15 Pine St.** (Stand Anf. 2024), Subway: Broad St.

◿ *Blick auf die Skyline Manhattans mit dem South Street Seaport*

❿ South Street Seaport ★ [E22]

Der South Street Seaport markiert den Kern des Hafenviertels aus dem 19. Jh. Viel Flair ist nicht mehr zu spüren, aber es gibt sehenswerte historische Bauten und Attraktionen wie vier historische Schiffe an Pier 16. Dazu gehören das Feuerschiff „Ambrose" (1908), der Schlepper „W.O. Decker" (1930) und der Großsegler „Wavertree" (1885). „Wavertree" und „Ambrose" können besichtigt werden und mit dem Schooner „Pioneer" kann man sogar auf Segeltörn gehen.

Auf Pier 17 befindet sich ein **Einkaufs- und Vergnügungskomplex** mit Lokalen, Bars und der Dachterrasse „The Greens" für Konzerte, Open-Air-Kino, Eislaufbahn u.a. Events. Dem Pier vorgelagert wurde 2022 das **Tin Building** (https://tinbuilding.com) eröffnet. Wo sich von 1822 bis 2005 der Fulton Fish Market befand, betreibt jetzt Starkoch Jean-Georges Vongerichten eine französisch geprägte **Markthalle** mit Imbissstationen, Lokalen, Bars und Verkaufsständen.

Landeinwärts, jenseits des FDR Drive, befindet sich das historische **Fulton Market Building** (11 Fulton St.), das u. a. den **Kinokomplex IPIC** beherbergt.

Auf Pier 15 gibt es eine Bar mit Biergarten (und jährlichem Oktoberfest), davor (am Greenway) lädt das Lokal **Industry Kitchen** ein.

Die Piers sind durch die **East River Waterfront Esplanade** miteinander verbunden. An vielen Stellen wurden kleine Grünanlagen mit Sitzgelegenheiten geschaffen, die einen tollen Ausblick auf den East River und Brooklyn bieten. Die Esplanade ist Teil des **Manhattan Waterfront Greenway** und zieht sich auf etwa 15 km als Fuß- und Radweg entlang des East River vom Battery Park an Manhattans Südspitze bis hinauf nach East Harlem zur 120th St. Derzeit gilt es nur noch die Lücke zwischen 46th und 63rd St. zu schließen, dann wäre der seit 1993 in Bau befindliche „32-mile loop" fertig.

An **Pier 11/Wall Street** legen die **Fähren** vom Hudson River und nach New Jersey sowie die NYC Ferries Richtung Brooklyn, Midtown (E 34th St.), Queens und Bronx ab.

An der South Street befinden sich die **Historic Front Street** und die **Schermerhorn Row** (12 Fulton St.) mit ihren zwischen 1811 und 1813 errichteten Lagerhäusern und Kontoren, in die ebenfalls durch Lokale und Läden etwas von der früheren Betriebsamkeit zurückgekehrt ist. Wenn man durch die alten Gassen (Water, Front, Beekman und Fulton St., Peck Slip) schlendert, entdeckt man immer wieder Interessantes. In das ehemalige Rogers Hotel, eine Seefahrerherberge, ist das **South Street Seaport Museum** eingezogen, in dem Wechselausstellungen zu sehen sind.

An der Ecke Fulton/Water St. befindet sich der **Titanic Park** mit **Titanic Memorial** und bei 211 Water St. **Bowne & Co.**, eine rekonstruierte Druckwerkstatt (mit Shop, Eintritt frei, www.bowne.co).

› **South Street Seaport,** https://seaportdistrict.nyc, Subway: Fulton St.
› **South Street Seaport Museum,** 12 Fulton/South St. (Pier 17), https://southstreetseaportmuseum.org, Sa., So. 11–17 Uhr, Eintritt frei wählbar (Normalpreis $ 18), inkl. der Schiffe Wavertree und Ambrose (hierfür jedoch Reservierung notwendig)

⓫ City Hall Park ★ [D22]

Der **City Hall Park** ist ein Platz mit Tradition. Um das heutige Rathaus herum befand sich im frühen 17. Jh. nur freies Feld, genannt „De Vlackte", die Viehweide. Als sich die Stadt weiter nach Norden ausdehnte, sprach man von „The Commons" oder „The Fields", einer Art Park und Versammlungsplatz. Hier trafen sich ab 1760 die **Sons of Liberty**, die nach Unabhängigkeit strebenden Kolonisten, und stellten einen Fahnenmast, den „Flagpole of Liberty", auf. 1776 las General George Washington den versammelten amerikanischen Truppen die Unabhängigkeitserklärung vor.

Die **City Hall** wurde zwischen 1803 und 1812 mitten in den Park hineingebaut. Das Rathaus mit seinem von einem Turm gekrönten Kernbau und symmetrischen Seitenflügeln ist ein Beispiel für Neorenaissance und den Georgian Style. Ursprünglich war aus Sparsamkeit nur die Schauseite marmorverkleidet gewesen, da das Gebäude zu seiner Erbauungszeit noch die Nordgrenze der Stadt markierte. Mit der City Hall entstanden nach und nach weitere Wohn- und Geschäftshäuser rund um den Park.

Die Park Row an der Ostseite des Parks ist als „Newspaper Row" berühmt geworden, weil hier im späten 19. Jh. zahlreiche Tageszeitungen ihren Standort hatten. Im Westen begrenzt der Broadway den Park und jenseits davon breitet sich das Viertel **TriBeCa** (Triangle Below Canal Street) aus, wo in viele der alten Lagerhäuser Läden, Restaurants und Wohnungen eingezogen sind.

Das **Woolworth Building** (233 Broadway/Barclay St.) markiert die Südwestspitze des City Hall Park. 1913 hatte sich der Kaufmann Frank W. Woolworth diesen „Wolkenkratzer" vom damals führenden Architekten Cass Gilbert als Sitz seines Handelsimperiums errichten lassen. Bis in die 1930er-Jahre blieb es mit 242 m das höchste Gebäude New Yorks. Kuriose Fassadendetails wie Fledermäuse und anderes Getier, Zinnen und Pfeiler sowie vier Türme und ein pyramidales Dach ziehen Blicke auf sich. In den oberen Stockwerken befinden sich Wohnungen und Büros.

› City Hall, Touren ab Infokiosk City Hall, Broadway/Park Row, Gratistouren Mi. 12, Do. 10 Uhr (Reservierung unter www1.nyc.gov/site/designcommission/public-programs/tours/city-hall.page), Wochenmarkt (Di. 8–15 Uhr) und Konzerte im City Hall Park, Subway: City Hall

⓬ Lower East Side (LES) ★★ [E20]

Little Italy, **Chinatown** und die **Bowery** sind Teile der Lower East Side und diese erstreckt sich etwa zwischen Broadway und East River sowie Canal und 14th Street.

Eine Hauptachse der LES besteht aus der Delancey Street und ihrem Umfeld – besonders der Orchard Street – mit zahlreichen Billigshops und Lokalen. Schicke Läden, Lokale und Bars haben sich dazwischengemogelt. Zudem entstanden in den letzten Jahren mehr und mehr neue Apartmentbauten rings um die **Essex Crossing** und entlang der Houston Street. Weitere beherrschende Achsen sind Broadway und Canal Street – beide gleichen bunten Straßenmärkten mit viel Ramsch.

Der 1888 gegründete **Essex Market** (s. S. 92) ist 2019 in ein modernes Gebäude an der Essex Crossing umgezogen. Die hohe, luftige Halle beherbergt Verkaufsstände (u. a. viel Käse), Läden und Imbisslokalen. Es gibt eine Show-Küche, einen Event Space und Sitzgelegenheiten mit WLAN und Überblick. Ein paar Schritte weiter (79 Essex St.) lädt das **International Center of Photography** (s. S. 72) ein.

Von den 1880er-Jahren an war die LES Anlaufpunkt für viele arme jüdische Einwanderer aus Osteuropa. Erst mit der Einweihung der Williamsburg Bridge im Jahr 1903 zogen viele über den „Jewish Highway" aus den beengten und schmutzigen Verhältnissen nach Brooklyn um.

Ehe sich gehäuft jüdische Familien in der LES ansiedelten, war das Viertel zweigeteilt: Einerseits gab es bis Anfang des 20. Jh., als ein Ausflugsschiffsunglück zahlreichen deutschstämmigen Bewohnern das Leben kostete, im Umfeld der Bowery „Klein Deutschland", zum anderen war der Bereich westlich davon das Siedlungszentrum irischer Einwanderer, die ein Vergnügungsviertel mit Tanzhallen, Schießbuden, Lotterieständen und der „Säufermeile" – Skid Row – aus dem Boden gestampft hatten.

Den Deutschen, Iren und Juden folgten die Asiaten. Der Kern des seit dem späten 19. Jh. entstandenen **Chinatown** befindet sich am Südzipfel der LES, zwischen Canal Street, Broadway und Bowery, mit Mott und Grand Street als Lebensadern und dem Columbus Park als Zentrum. Hier fühlt man sich nach China versetzt, Nachtigallenkäfige hängen in Parkbäumen, es wird chinesisch gesprochen und asiatische Schriftzeichen weisen auf Angebote in den Läden und die Spezialitäten in den Lokalen hin. Es handelt sich mit geschätzt rund 100.000 Menschen um

„Shalom!" – das jüdische New York

In der „Diamond Row", der 47th Street, dominieren Bärte, Kippas, hohe Hüte und schwarze Mäntel und längst hat die **jiddische Sprache** mit Begriffen wie „mazel tov" (viel Glück), „meshugeh" (verrückt), „Schlamassel", „Mischpoche" (Verwandschaft), „chutzpah" (Nerven haben), „malochen" oder „zocken" Einzug in den allgemeinen Wortschatz, auch den New Yorker Dialekt, gehalten. **Klezmermusik** ist weltweit beliebt und ebenso bekannt wie die jüdisch-amerikanischen Autoren Isaac Bashevis Singer, J. D. Salinger oder Jonathan Safran Foer.

Auch die berühmten New Yorker **„delis"** sind eine „Erfindung" jüdischer Stadtbewohner, die koschere Lebensmittel nach **jüdischen Speisegesetzen** zubereiten und **typische Gerichte** wie Bagels, Pastrami (geräuchertes mariniertes Rindfleisch in dünnen Scheiben), Hering und Pickles (Essiggurken), gehackte Leber oder Kreplach (gefüllte Teigtaschen), Kosher Franks und Knockwurst (Würste) anbieten. Ebenfalls typisch sind Knish (Kartoffelpüreetaschen, mit Senf, Ketchup und/oder Honig gegessen), Gefilte Fish, Blintzes (Crêpes), Latkes (Kartoffelpuffer) oder Matzeknödel (aus Crackerbröseln, matzo). An Backwerk gibt es neben Bagels auch Bialys (Hefebrötchen mit Zwiebel- oder Knoblauchfüllung), Rugelach (süß gefülltes Gebäck), Challah (Hefezopf), verschiedene Strudel sowie Halvah (Sesammasse mit Honig).

Mit rund 1,6 Millionen Mitgliedern lebt in New York City die **größte jüdische Gemeinde außerhalb Israels**. Die ersten (sephardischen) Juden betraten bereits im September 1654 New Yorker (bzw. New Amsterdamer) Boden, eine große Welle schwappte dann um 1880 über: osteuropäische Juden (Aschkenasim), die v. a. aus dem zaristischen Russland, aus der Ukraine und Polen geflohen waren. Diese „Frommen" (hebr. „Chassidim") waren es auch, die marxistische Ideen in Amerika einführten. Der nächste große Zustrom aus dem Osten Europas folgte nach dem Ersten Weltkrieg bzw. der Oktoberrevolution in Russland, weitere kamen nach der nationalsozialistischen Machtergreifung in Deutschland 1933. Viele siedelten damals in Washington Heights in Upper Manhattan, das auch das „Vierte Reich" hieß.

Heute gibt es in New York etwa zehn chassidische (streng-orthodoxe) Gemeinden, als bekannteste die der Lubawitscher (Crown Heights/Brooklyn), deren Gemeinde um 1750 in der weißrussischen Stadt Lubawitsch gegründet wurde, und die Satmar (Williamsburg/Brooklyn), die aus einer Region an der ungarisch-rumänischen Grenze kommen. Die meisten ultra-orthodoxen Juden leben in Brooklyn.

eine der größten chinesischstämmigen Gemeinden Nordamerikas.

Die kleinste, zunehmend im Schwinden begriffene Enklave in der LES bildet **Little Italy** mit seinem Kern um die touristische Mulberry Street. Ein **Italian American Museum** steht kurz vor der Fertigstellung (geplante Eröffnung im Frühjahr 2024, www.italianamericanmuseum.org). Ab dem späten 19. Jahrhundert hatten sich hier v. a. Süditaliener niedergelassen und einst verteilten sich rund 40.000 Menschen auf nur 17 Straßenblöcke. Hier von den Asiaten verdrängt, sind mittlerweile große Italienerviertel in der Bronx (Arthur Ave.) und in Brooklyn (Bensonhurst, Carroll Gardens) entstanden. Das Dolce Vita kulminiert in Manhattan immerhin noch einmal jährlich – Mitte September – während des „Feast of San Gennaro" (s. S. 98).
› Subway: Canal Street (Linien J, M, N, Q, 5, R, 6)

⓭ New Museum ★ [E20]

Initiator für den Wandel in der LES, speziell in der **Bowery**, wo einst Obdachlosenasyle und Suppenküchen das Bild prägten, ist das New Museum. Zu ihrem 30-jährigen Jubiläum zog diese Institution 2007 aus SoHo in die Bowery um und konnte sich als eines der führenden Museen für zeitgenössische Kunst etablieren. Das zeigt allein schon der ungewöhnliche Bau der japanischen Architekturfirma SANAA: fensterlose, kistenartig aufeinandergeschachtelte, blendend weiße Kuben lassen ihn aus dem Umfeld der alten Backsteinbauten herausstechen. Abgesehen von den Wechselausstellungen lohnt der Blick von der Dachterrasse und dem „Sky Room". Kurz vor der Fertigstellung (Stand Anfang 2024) steht ein **Erweiterungsbau** nebenan, der die Ausstellungsfläche verdoppeln wird. Der prismenartige, achtstöckige Bau mit Glas und Metallnetz stammt vom Architekturbüro OMA.
› **New Museum (of Contemporary Art),** 235 Bowery, www.newmuseum.org, Di., Mi., Fr.-So. 11-18, Do. 11-21 Uhr, $ 22, Do. 19-21 Uhr gegen Spende (zeitgebundene Tickets vorher reservieren), Subway: Bowery

⓮ Lower East Side Tenement Museum ★★ [E20]

In den vom Lower East Side Tenement Museum geleiteten Führungen durch rekonstruierte Wohnungen verschiedener Einwanderer erhält man einen guten Eindruck von der **Wohnsituation im späten 19. Jh.**, von den horrenden hygienischen Zuständen und der drückenden Enge, die einst in den Mietskasernen dieses armen Stadtteils herrschten. Zwei Miethäuser („tenements") aus dem späten 19. Jh. (97 und 103 Orchard St.) wurden renoviert und einzelne Wohnungen zum Museum umgestaltet. Sie sind im Rahmen der Führungen zu besichtigen und legen eindrucksvoll Zeugnis von der Geschichte und Lebensweise der Einwanderer – deutsche und osteuropäische Juden sowie Iren und Italiener – in New York um 1879 ab.

Die neuste Ausstellung „**A Union of Hope: 1869**" beschäftigt sich mit der Geschichte der Afroamerikaner Joseph und Rachel Moore im 19. Jh. Passend dazu gibt es die interessante Neighborhood Walking Tour „Reclaiming Black Spaces". Touren beginnen im Visitor Center, wo es vielerlei Informationen, einen Film und einen Shop gibt.

> Lower East Side Tenement Museum, Visitor Center, 103 Orchard/Delancey St., www.tenement.org, tgl. 10–18 Uhr, Ausgangspunkt und Ticketshop für Haus-Führungen und Walking-Touren durchs Viertel ($ 30), gut sortierter Shop, Info-Film und Veranstaltungen, Subway: Essex St./Delancey St.

⓯ SoHo (Cast Iron District) ★★ [D20]

SoHo bedeutet „**So**uth of **Ho**uston" und bezeichnet die geografische Ausdehnung des Viertels zwischen Houston (N) – gesprochen „Hauston" – und Canal Street (S) sowie Broadway (O) und Hudson River (W). In der zweiten Hälfte des 19. Jh. expandierte hier die Textilindustrie mit *sweat shops,* großen Nähsälen, in denen im Akkord gearbeitet wurde.

Für diese Zwecke bot sich die um 1850 entwickelte Eisenbauweise an und so entstanden die bis heute prägenden **Cast Iron Buildings** in Gusseisenskelettbauweise. Nachdem man in den 1960er-Jahren den Abriss vieler der teils aufgelassenen, teils zu Lagern und Werkstätten umfunktionierten Hallen verhindern konnte, schaffte SoHo als denkmalgeschützter **Cast Iron District** die Kurve zum Vorzeigeviertel. Ateliers, Werkstätten und Galerien siedelten sich an und das **Loft** als neue Form des Wohnens ohne feste Raumgrenzen war geboren. SoHo entwickelte sich zum Stadtteil der Künstler und Aussteiger und gehört inzwischen zu den **In-Vierteln** New Yorks mit ausgefallenen Shops und Lokalen. Besonders der Abschnitt zwischen Broadway und West Broadway sowie Broome und Prince Street ist ideal zum Bummeln, allein wegen der rund 50 Cast Iron Buildings aus der Zeit zwischen 1869 und 1895, aber auch wegen der Shops. Als Ausgangs- und Endpunkt eines Rundgangs empfiehlt sich die Subway-Station Prince Street/Ecke Broadway (Linien N, R).

Ein für Viertel und Entstehungszeit typischer Bau ist das **Singer Building** (561–563 Broadway), 1904 als Büro- und Lagerhaus des gleichnamigen Nähmaschinenfabrikanten erbaut. Hierbei handelt es sich nur um das „kleine" Singer Building, der 40-stöckige Hauptbau am unteren Broadway wurde 1967 abgerissen.

Ein paar Schritte südwärts schließen sich, architektonisch gleichermaßen sehenswert, das **New Era Building** (495 Broadway) und das **Haughwout Building** (488–492 Broadway) an. Letzteres sorgte im Jahre 1857 wegen des ersten dampfbetriebenen Fahrstuhls für Schlagzeilen.

Ideal zum Bummeln: der Broadway in SoHo

⓰ The Village ★★★ [B19/E19]

„Greenwich Village ist wie Schwabing plus Montmartre im Quadrat", meinte der deutschstämmige Schriftsteller Hermann Kesten. In der Tat hat sich das Village, wie das Areal zwischen Houston und 14th Street genannt wird, vom Dorf über ein Künstler- und Aussteiger- zum Trendviertel entwickelt. Es steht für die „Nouveaux Riches" und die Boheme, für Künstler, aber auch für junge Leute, Studenten und Nonkonformisten aller Art.

Die Hauptachsen des **Greenwich Village** (gesprochen „Gränntitsch") heißen **Bleecker** und **Christopher Street**, wobei letztere als Zentrum der New Yorker Homosexuellenszene gilt. Östlich des Broadway schließt sich in Richtung East River das **East Village** an, das heute die Avantgarderolle übernommen hat. Beide Teile des Village bieten eine vielseitige Kneipen- und Clubszene, aber auch sehenswerte Architektur, vorwiegend aus der Zeit zwischen 1871 und 1890, und konzentriert im **St. Mark's Historic District.**

Vor der Skyline Manhattans hat sich das Village die Atmosphäre einer Kleinstadt bewahrt – ohne dass Weltstadtflair fehlen würde. Der **Astor Place** an der Subway-Station „8th Street" am Broadway (Linien N, R) ist idealer Ausgangspunkt für einen Spaziergang. Hier verschmelzen Greenwich und East Village miteinander, hier ballen sich Läden, Cafés, *delis* und Lokale jeglicher Couleur.

Der geschichtsträchtige **Washington Square** wird durch ein mächtiges, 1895 nach dem Vorbild römischer Triumphbögen erbautes Tor markiert. Aus dem Friedhof, Duell- und Hinrichtungs- sowie Drogenumschlagplatz früherer Zeiten, ist mittlerweile ein schöner Platz und beliebter Treff der Studenten der nahen New York University (NYU) geworden. Am Wochenende und bei Festen wie Halloween ist für allerlei Unterhaltung gesorgt.

Der **Sheridan Square** ist das Herz von Greenwich Village. Er markiert den Kreuzpunkt von sieben Straßen und wurde nach dem Bürgerkriegsgeneral Philip Sheridan (1831–1888) benannt. Rings um den Sheridan Square reihen sich Kneipen, Restaurants, Bars und Clubs auf, darunter das Stonewall Inn (s. S. 124) oder The Monster (s. S. 124). In die Schlagzeilen geriet der Platz 1969 durch die **„Stonewall Riots".** Damals verteidigten sich Gäste der Homosexuellenbar Stonewall Inn zum ersten Mal gegen die schon seit Längerem brutal gegen die Homosexuellenszene vorgehende Polizei, die sich während der handgreiflichen Auseinandersetzung in der Bar verschanzte. In der Folge kam es zu zahlreichen Demonstrationen und Protestmärschen, die die Position der Homosexuellen in New York und damit in ganz Amerika stärkten und aus denen sich der jeden Sommer weltweit gefeierte **Christopher Street Day** entwickelte (PrideWeek, s. S. 97). Das Stonewall Inn, der gegenüberliegende Park und ein Teil der umliegenden Straßen wurden 2016 zum National Monument erklärt. 2024 soll neben dem Inn das **Stonewall NM Visitor Center** eröffnen, das sich dem Aufstand und der Geschichte der LGBT-Bewegung im Allgemeinen widmet.

Im **East Village** sollte man sich treiben lassen, vorbei an teils kuriosen Shops, an einladenden Straßencafés und ausgefallenen Galerien und Boutiquen, die sich zwischen 6th/7th Street und 2nd/3rd Avenue konzentrieren. Noch immer ist das East Village die beste Adresse für avantgardistisches Theater und für *bar-hopping*

bei Nacht. Zwischen Astor Place und Tompkins Square, entlang St. Mark's Place, pulsiert das Leben.
› Möglicher Ausgangspunkt für Greenwich und East Village ist die Subway-Station W 4th Street/Washington Sq. (Linien A, C, E, B, D)

❶ Union Square ★ [D18]

Die 14th Street trennt das Village von **Chelsea**, dem Wohnviertel der weißen Mittelschicht, und vom exklusiveren **Gramercy**. Die 5th Avenue bildet die Trennlinie zwischen Gramercy im Osten und Chelsea im Westen. Am Schnittpunkt beider Viertel liegt der **Union Square**, der von den Reiterstandbildern George Washingtons und General Lafayettes dominiert wird. Der Platz bzw. Park war 1839 angelegt worden und gilt seither als beliebter Demonstrationsort und Treff. Heute ist der Union Square vor allem wegen des größten und wohl auch bestsortierten **Wochenmarkts** in NYC überaus beliebt (s. S. 90).
› Subway: Union Sq./14th St., www.unionsquarenyc.org

❽ Whitney Museum of American Art ★★ [B18]

Das Museum widmet sich der **Kunst der Moderne** und geht auf den Whitney Studio Club in Greenwich Village zurück, der 1918 von Gertrude Vanderbilt Whitney ins Leben gerufen worden war. Sie gab amerikanischen Künstlern erstmals Gelegenheit, ihre Werke zu präsentieren, und rief 1931 ein Museum ins Leben, nachdem das Metropolitan Museum ❺ ihre Sammlung abgelehnt hatte. Ab 1966 befand sich die Sammlung in einem architektonisch wegweisenden Gebäude von Marcel Breuer und Hamilton Smith in der Upper East Side. 2015 zog man in einen **Neubau** nach Plänen von Renzo Piano im Meatpacking District, der durch die verschiedenen Aussichtsterrassen auffällt, von denen sich ein grandioser Ausblick auf Manhattan, den Hudson River und die High Line ❾ bietet. Die Innenraumgestaltung ist funktional und schlicht.

Die **Sammlung** widmet sich der amerikanischen Kunst des 20. und 21. Jh.: Gemälde, Skulpturen, Drucke, Fotos, Videos und neue Medien von bedeutenden Künstlern wie Jackson Pollock, Jasper Johns, Franz Kline, Roy Lichtenstein, Andy Warhol, Georgia O'Keeffe, Edward Hopper oder Alexander Calder. Berühmt sind auch das „Film and Video program" des Museums und die Fotosammlung. Im Rahmen des Whitney Biennial werden alle zwei Jahre den Sommer über junge Künstler eingeladen.
› **Whitney Museum of American Art**, 99 Gansevoort St., https://whitney.org, Mi., Do., Sa.–Mo. 10.30–18, Fr. 10.30–22 Uhr, Eintritt: $ 30 (Fr. 19–22 Uhr beliebiger Eintritt), Subway-Station: 14th St./ 8th Ave., mit Shop

❾ High Line Park ★★★ [B17]

Im Meatpacking District, dem einstigen Schlachthofviertel zwischen Chelsea und Village, am Hudson River, beginnt der High Line Park. Dabei handelt es sich um eine ungewöhnliche Promenade auf einer 1929–1934 als Stahlviadukt erbauten Hochbahntrasse, die seit ihrer Vollendung 2014 auf rund 2,5 km mehrere Stadtviertel quert und bis zur 34th Street (Hudson Yards) reicht. Bänke und Liegen, Aussichtspunkte, Kunstinstallationen und eine von Piet Oudolf geplante Bepflanzung mit Stauden und Gräsern machen das Projekt einmalig.

Hudson River Park

Der Park (bzw. die mehr als ein Dutzend Piers, an denen seit 1999 gebaut wird) zieht sich Manhattans Hudson-River-Ufer hinauf. Er schließt sich – beginnend mit Pier 25 in Tribeca (Volleyballfelder, „Beach") – nördlich an Brookfield Place ❸ an und soll einmal als Grünanlage, Freizeit- und Erholungsareal bis Pier 99 an der 59th St. reichen. Mit über 7 km Länge wird er nach dem Central Park der zweitgrößte Park Manhattans sein. **Pier 40** in Greenwich Village war eines der ersten Projekte. Ein Stück weiter nördlich lädt der **Christopher Street Pier** mit ausgedehnten Grünflächen zum Sonnenbaden ein. **Pier 57,** 1952 als Anleger für Linienschiffe erbaut, wurde zu einer Gastro-Halle mit Weingeschäft umgewandelt – schön zum Sitzen und um die Aussicht zu genießen. Besonders spektakulär ist der Blick vom begrünten **Rooftop Park.** Hier findet sich auch eine Filiale der Bier-Bar Harlem Hops (s. S. 85).

Die Piers 59 bis 62 sind Sitz des **Chelsea Piers Sports & Entertainment Complex** und auch die folgenden Piers dienen der Erholung und Freizeitgestaltung. An Pier 97 (Hell's Kitchen) wird zurzeit noch gebaut, dort soll u. a. eine Rutschbahn für alle Altersklassen entstehen. An den Piers 79, 81, 83 und 84 legen Ausflugsboote und Fähren an und ab, während die Piers 88 bis 92 als New York Passenger Ship Terminal dienen.

› **Infos:** https://hudsonriverpark.org/the-park/piers-and-places, versch. Subway-Stationen entlang dem Ufer

Little Island

Auf Pier 55 befindet sich der Inselpark **Little Island.** Die begrünte Konstruktion scheint über dem Wasser zu schweben und ist über zwei Brücken von der Hudson River Park Esplanade zugänglich. Teil des Parks sind z. B. das Open-Air-Theater The Amph, The Playground (Spiel-/Sportflächen), der Main Lawn (Rasen und Picknickfläche) und verschiedene Aussichtspunkte.

Südlich von Little Island liegt seit 2023 die **Gansevoort Peninsula,** eine grüne Oase mit Sandstrand, Marschland und Bootsanleger (https://hudsonriverpark.org/locations/gansevoort-peninsula).

★11 [A18] **Little Island,** https://littleisland.org, zugänglich von der Hudson River Park Esplanade zwischen Whitney Museum und Chelsea Market

263ny Abb.: mb

In dem trendigen Viertel um Gansevoort und Washington Street haben Boutiquen und Galerien, Lokale, Cafés und Bars sowie Boutiquehotels wie das Gansevoort Hotel oder das **Standard Hotel** (s. S. 134) eröffnet und entlang der Trasse entstand und entsteht sehenswerte Architektur. Am Beginn der High Line befindet sich das **Whitney Museum** ⑱ und ein Stückchen weiter nördlich lädt der Chelsea Market (s. S. 92) in einer ehemaligen Keksfabrik der National Biscuit Company zum Imbiss ein. Der **Moynihan Connector**, eine Fußgängertrasse, verbindet die High Line an der 30th St. über zwei Brücken mit der Moynihan Train Hall (Penn Station).

❯ High Line Park, www.thehighline.org, Subway: 14th St./8th Ave. oder 34th St.–Hudson Yards, mehrere Zugänge (Treppen und Aufzüge), Dez.–März 7–20, April–Nov. 7–22 Uhr, Events und Verkaufsstände. Lesetipp: Piet Oudolf, Rick Darke, „The High Line", Ulmer Verlag, 2018.

⓴ Hudson Yards ★★ [A16]

An der 34th Street ist ein architektonisch spannendes Viertel entstanden, eine „Stadt in der Stadt" mit eigener Skyline: die Hudson Yards. Großteils geplant von dem Architekturbüro Diller, Scofidio + Renfro, wurde 2019 der **Eastern Yard** mit mehreren Skyscrapern, Kunstwerken und Grünflächen fertig, der **Western Yard** (v. a. Wohnbebauung) wird noch folgen. Unlängst vollendet wurden **50 Hudson Yards** (Foster + Partners, 308 m) und **The Spiral** (66 Hudson Blvd. E, 314 m) von BIG mit auffällig spiralförmigem Design und Aussichtsplattform auf jeder Etage.

Ein Blickfang ist der „**Vessel**" („das Gefäß"), ein eigenwilliges Kunstwerk des britischen Künstlers Thomas Heatherwick. Die auch *stairway to nowhere* genannte Konstruktion darf seit einiger Zeit nicht mehr bestiegen werden. Dafür werden auf dem begrünten Platz davor im Sommer Kinofilme und Sportübertragungen unter freiem Himmel gezeigt. In unmittelbarer Nachbarschaft des bienenstockartigen Gebildes fällt in zeltartiger Konstruktion **The Shed** (https://theshed.org) als Kulturzentrum mit Ausstellungs- und Veranstaltungsflächen, Konzertbühne (1250 Plätze), Proberäumen und Event Space ins Auge. Drittes Highlight ist **The Edge** auf dem Wolkenkratzer **30 Hudson Yards** (10th Ave/W 33rd St.), geplant von Kohn Pedersen Fox Associates. Diese Aussichtsplattform mit Glasboden und Glaswänden sowie Cocktail Lounge bietet vom 100. Stockwerk auf 335 m (innen und im Freien) einen 360°-Ausblick. Ein besonderes Erlebnis ist **City Climb**, bei dem Besucher angeseilt außen um die Plattform „schweben" können.

The Shops & Restaurants at Hudson Yards (zwischen 30 und 10 Hudson Yards) bietet Shoppingmöglichkeiten auf sieben Etagen (mit Food Hall Mercado Little Spain).

❯ www.hudsonyardsnewyork.com, Mo.–Sa. 10–20, So. 11–19 Uhr, Subway: 34th St.-Hudson Yards

❯ **The Edge,** Zugang über The Shops & Restaurants at Hudson Yards, Level 4, www.edgenyc.com, tgl. mind. 10–22 Uhr, $ 36 (Onlinepreis), inkl. Eislaufbahn SkySkate im Winter $ 53, inkl. City Climb (ab 13 Jahre) $ 185, zeitgebundene Tickets

◁ *Blüten aus Beton: Little Island*

㉑ Flatiron Building ★★ [D17]

Entlang der **Ladies' Mile** (5th St./Broadway zw. Union und Madison Sq.) promenieren heute wie früher die „Damen der Gesellschaft". Die Hauptattraktion des Viertels steht an der Südwestecke des Madison Square, im Dreieck zwischen 5th Ave., Broadway und 23rd St.: das **Flatiron Building**, so genannt wegen seines dreieckigen, der Form eines Bügeleisens ähnelnden Grundrisses. Es entstand nach Plänen des Chicagoer Architekten Daniel H. Burnham, der mit seiner neuen Stahlgerüstkonstruktion die moderne Hochhausarchitektur entscheidend vorangetrieben hatte.

1902 eröffnet, zählte es mit 87 m zu den damals höchsten Gebäuden, war ein Meilenstein in Sachen Hochhausbau und ein Wahrzeichen der Stadt. Die New Yorker nannten das an seinem spitzen Ende enorm schmale Gebäude auch „Burnham's Folly", da sie den Baumeister anfangs für ziemlich verrückt hielten. Dabei war der Bau durchaus kein Unikum: Schon 1892 war in Toronto mit dem Gooderham Building ein Bau selben Grundrisses entstanden, ein etwas kleineres „Flatiron Building" entstand 1897 in Atlanta. Im Mai 2023 wurde das New Yorker „Bügeleisen" für $ 161 Mio. verkauft. Auf einem kleinen, verkehrsberuhigten Platz am Broadway sitzend kann man das Hochhaus in Ruhe betrachten.

› **Flatiron Building**, 175 5th Ave., Subway: 23rd St.
› **Madison Square Park:** https://madisonsquarepark.org
› **Historic Flatiron District Walking Tour**, https://flatironnomad.nyc/things-to-do/free-tours, Gratistouren So. 11 Uhr ab Spitze des Gebäudes (E 23rd St./5th Ave.)

Midtown Manhattan

㉒ Empire State Building ★★★ [C16]

Das Empire State Building wurde nach seiner Eröffnung scherzhaft „Empty State Building" genannt – kein Wunder, war es doch zwischen 1929 und 1931, mitten in der Weltwirtschaftskrise, erbaut worden und stand deshalb lange leer. Andere Beinamen wie „Achtes Weltwunder" oder „Cathedral of the Skies" bezogen sich vor allem auf die imposanten Ausmaße.

Von 1931 bis 1973 galt der 110-stöckige Bau mit 448 m (ohne Antennen 381 m) als höchstes Gebäude der Welt. Im *86th floor*, auf 320 m, befindet sich das erste Aussichtsdeck mit Snackbar, im *102nd floor* ein weiteres, überragt von einem Anlegemast für Zeppeline und einer Antenne. Vom Empire State Building, das über eine **eigene Postleitzahl** verfügt, reicht der Blick bei optimalen Bedingungen über 100 km weit!

Das einst welthöchste Gebäude spielte in vielen **Filmen** eine Rolle, z. B. im berühmten „King Kong" von 1933. Die oberen 30 Etagen sind nachts je nach Event, Feiertag oder Ereignis in verschiedenen Farben **beleuchtet**: grün am St. Patrick's Day oder schwarz-rot-gold am 3. Oktober, dem „German Reunification Day".

In der marmornen Lobby, die erst 1963 gebaut wurde, befinden sich die „Wonders of the World" – Wandbilder der sieben klassischen Weltwunder und des Empire State Building als achtem. Durch einen neu gestalteten Lobbybereich mit Ticketautomaten und Sicherheitscheck geht es zu einer Ausstellung im **2nd Floor Museum**, in der es u. a. um die Baugeschichte, um die Arbeiter, berühmte Filme und prominente Besucher geht. **73 Hochgeschwindigkeitsaufzüge** bringen Besucher in den 79th Floor mit Ausstellungen und dem ersten **Observation Deck**. Über Treppen oder per Aufzug geht es zum 86th Floor mit Aussichtsplattform im Freien und weiter zum 102nd Floor.

Das eigentliche **Treppenhaus** mit seinen insgesamt 1860 Stufen benutzen ausschließlich Langstreckenläufer und zwar beim **Empire State Building Run-Up** (s. S. 97). Dann erklimmen sie die 1576 Stufen bis zum 86th Floor – und das in gut 10 Minuten.

> **Empire State Building,** 350 5th Ave./34th St., www.esbnyc.com, wechselnde Öffnungszeiten, oft tgl. 10–22 Uhr, Reservierung von Tickets obligatorisch, z.B. $ 44 (Aussichtsplateau 86th floor) bzw. $ 79 (86th und 102nd floor), 86th floor im CityPass enthalten, Subway: 34th St.-Herald Sq.

㉓ Madison Square Garden/Penn Station ★ [B16]

Der **Madison Square Garden** ist ein legendärer Sportpalast. 1968 wurde die Halle, die einem verglasten Betonzylinder gleicht, über der Pennsylvania Station errichtet. Die „World's Most Famous Arena" fasst bis zu 20.000 Zuschauer und ist Heimat zweier Profisportteams: der Rangers (Eishockey) und der Knicks (Basketball). Doch es finden hier auch große Konzerte, Boxkämpfe, Zirkus (Ringling Bros., Barnum & Bailey Circus), Eisshows, Rodeo und Bull Riding statt.

Die historische, oberirdische **Penn Station,** 1910 als Meisterwerk des Beaux-Arts-Stils eröffnet, war 1963 für den Neubau des „Gardens" abgerissen worden und in den Untergrund, direkt unter die Halle, verlegt worden. Die mittlerweile infrastrukturell veraltete Station wurde 2020 um die moderne **Moynihan Train Hall** (https://moynihantrainhall.nyc) erweitert. Der neue, luftige Bau von Skidmore, Owings & Merrill entstand im Innenhof des benachbarten Hauptpostamts, dem **James A. Farley Building**. Die Eisenbahnunternehmen Amtrak und Long Island Railroad nutzen diesen Bau, der unterirdisch mit dem alten Bahnhof verbunden ist.

> **Madison Square Garden,** 4 Pennsylvania Plaza (33rd St./7th Ave.), Tel. 212 4656000, www.msg.com/madison-square-garden, Touren s. Website, Subway: 34th St.-Penn Station

△ *Weltbekannt: das Empire State Building*

㉔ The Morgan Library and Museum ★ [D16]

Die Morgan Library basiert auf der Privatsammlung des **Bankiers J. Pierpont Morgan** (1837–1913). Er sammelte u.a. Gutenberg-Bibeln, Manuskripte aus Mittelalter und Renaissance sowie Zeichnungen und Drucke von Blake, Degas, Dürer oder Rubens. Aufzeichnungen von Thomas Jefferson, Jane Austen, Albert Einstein, Abraham Lincoln, John Steinbeck oder Voltaire sind hier ebenso zu finden wie Originalnotenblätter großer Komponisten.

1902 bis 1906 war angrenzend an die Privatwohnung Morgans ein Bibliotheksbau im Stil eines Renaissancepalasts errichtet worden, den Morgans Sohn 1924 öffentlich zugänglich machte. Weitere Anbauten kamen hinzu, zuletzt 2006 von Renzo Piano. 2010 wurden die historischen McKim Rooms restauriert und 2023 der alte Morgan Garden an der 36th St. rekonstruiert wiedereröffnet.

> **The Morgan Library and Museum,** 225 Madison Ave., www.themorgan.org, Di.–So. 10.30–17, Fr. 10.30–19 Uhr, Garten Anf. Mai–Ende Okt., $ 22, McKim Rooms Di., So. 15–17 Uhr frei, Free-Friday-Programm Fr. 17–19 Uhr (Gratiseintritt, aber Reservierung nötig), mit Lokal und Shop, Subway: 33rd St.

MEIN TIPP
Verschnaufen im Bryant Park
Zu den schönsten Plätzen in Midtown gehört der **Bryant Park** [C15], der sich hinter der **New York Public Library** erstreckt. Im Sommer finden Veranstaltungen, Lesungen und Kurse statt und im Winter gibt es einen Weihnachtsmarkt und eine Eisbahn (https://bryantpark.org). Gerahmt wird der Park von spektakulären Wolkenkratzern wie dem **Bank of America Building** (42nd St./6th Ave.) oder dem **Grace Building** (42nd St.) mit markant schräger Sockelzone. Einen guten Ausblick hat man von der Rooftop-Terrasse der **Stavros Niarchos Foundation Library** (455 5th Ave.). Ein Café gibt es dort auch.

㉕ Times Square – Theater District ★★★ [C15]

Als „Summe und Krönung aller Marktplätze und Tingeltangelstraßen in Amerika" beschrieb einmal Jack Kerouac, Schriftsteller und Mitbegründer der Beat Generation, den Times Square. Genau genommen handelt es sich um einen Doppel-Platz: Im Zwickel zwischen 7th Ave. und Broadway, zwischen 43rd und 47th Street, liegt eine lang gestreckte Platzanlage. Der Südteil heißt Times Square, der im Norden Duffy Square.

Mit zu Hochzeiten bis zu 50 Mio. Besuchern jährlich zählt der Platz zu den meistbesuchten Attraktionen der Welt und ist rund um die Uhr belebt. Seinen Namen erhielt er 1904, als hier die New York Times ihr Büro eröffnete, zuvor nannte man ihn „Longacre Square". Inzwischen ist die Zeitung in einen spektakulären, umweltfreundlichen Bau von Renzo Piano an der Ecke 42nd St./8th Ave. umgezogen, das **New York Times Building.**

Richtig bekannt wurde der Platz erst 1928, als die Zeitung ein großes Nachrichtendisplay am Hochhaus installierte. Zudem fällt hier seit 1907 pünktlich zum Jahreswechsel ein Leuchtball aus 43 m Höhe an einem Seil herab. Gegenwärtig handelt es sich um einen Aluminiumball von 3,70 m Durchmesser, der computergesteuert illuminiert und mit über 2600 Waterford-Kristallen bestückt ist.

Seit dem Jahr 1883, als an der Ecke Broadway/40th Street die Metropolitan Opera eröffnete, erstreckt sich der **Theater District** um den Times Square. Am **Broadway** und im Bereich zwischen 7th und 9th Avenue sowie 42nd und 57th Street folgte Theater auf Theater und es entstand ein Vergnügungsviertel mit Shows und Varietés. Auch die ersten überdimensionalen Leuchtreklamen, die den Broadway zum „Great White Way" machten, stammen aus jener Zeit. Der Bereich zwischen 42nd und 47th Street ist eine **Fußgängerzone,** die mit Stühlen, Liegen, Pflanzkübeln und dem auffällig roten, bühnenartigen Bau des Ticketoffice TKTS (s. S. 88) am Duffy Square ausgestaltet ist.

Wer mehr über die Geschichte und das Auf und Ab am Broadway erfahren möchte, kann das **Museum of Broadway** (s. S. 73) besuchen, in dem Broadway und Theater in vielen Aspekten beleuchtet werden.

› Subway: Times Sq./42nd St.

㉖ Intrepid Sea, Air & Space Museum ★ [A15]

An Pier 86 liegt ein monumentaler, 280 m langer Flugzeugträger aus dem Zweiten Weltkrieg vor Anker, die **USS Intrepid**. Sie ist Kernstück des Sea, Air & Space Museum, zu dem außerdem ein **U-Boot**, der **Zerstörer Edison**, an die 30 **Flugzeuge** (darunter eine ausgemusterte, zu besichtigende Concorde der British Airways), und diverse Ausstellungen an Bord der Intrepid gehören. Im **Space Shuttle Pavilion** steht das Space Shuttle „Enterprise", es geht aber auch allgemein um die NASA und ihre Raumfahrtprogramme.

› Intrepid Sea, Air & Space Museum, Pier 86, W 46th St./12th Ave., www.intrepidmuseum.org, tgl. 10–17 Uhr, $ 36, Subway: 42nd St.-Port Authority Bus Terminal)

㉗ SUMMIT One Vanderbilt ★★ [D15]

Nahe dem Grand Central Terminal ㉘ findet sich der hochmoderne **Aussichtspunkt** SUMMIT One Vanderbilt, der vom Reißbrett von Kohn Pedersen Fox stammt, sich vom 91. bis zum 93. Stock des Hochhauses One Vanderbilt erstreckt und als **höchster Punkt in Midtown** gilt. Er vereint Attraktionen wie den Glasaufzug **Ascent** außen am Gebäude, der Besucher vom unteren Aussichtsdeck bis auf 364 m Höhe bringt, und die komplett transparenten **Skyboxes** hoch über der Madison Ave. Ungewöhnlich ist die in-

Hier pulsiert das Leben: der Times Square

teraktive **Kunstinstallation „AIR"** von Kenzo Digital, die den „Gipfel" *(summit)* zu einem begehbaren Kunstwerk aus Glas, Spiegeln und Licht macht – ein Erlebnis für alle Sinne. Auf der Dachterrasse **SUMMIT Terrace** befindet sich eine Café-Bar.

› SUMMIT One Vanderbilt, 45 E 42nd St. (via Main Concourse des Grand Central Terminal), https://summitov.com, tgl. 9–mind. 22.30 Uhr, $ 42. Achtung: Es kann zu langen Wartezeiten kommen, unbedingt Tickets vorreservieren.

❷⓼ Grand Central Terminal ★★ [D15]

Eines der sehenswertesten Bahnhofsgebäude der Welt ist der Grand Central Terminal, der 1913 als repräsentativer Überlandbahnhof gebaut wurde. Heute dient er zwar nur noch als Nahverkehrsknotenpunkt, dennoch wird er täglich von rund einer halben Million Pendler frequentiert. Im Bahnhofsgebäude fühlt man sich fast an die Blütezeit der Eisenbahn in den 1920er- und 1930er-Jahren erinnert.

Außer der altehrwürdigen **Oyster Bar** im Untergeschoss laden auf den Balkonen weitere Lokale sowie an der Ostseite des Bahnhofs der **Grand Central Market**, eine Ladenstraße mit Imbisslokalen, zum Bummeln und Einkaufen ein. Im Westteil befindet sich zudem ein Ausstellungssaal des **New York Transit Museum** (s. S. 74).

Direkt hinter dem Bahnhof erhebt sich das **MetLife Building**, das einst der Fluggesellschaft PanAm als Zentrale diente. Der 1963 fertiggestellte Wolkenkratzer stammt vom Reißbrett des großen Bauhausarchitekten Walter Gropius und gilt längst als Architekturdenkmal. Benachbart lädt **Urbanspace Vanderbilt** (s. S. 81) mit Imbissstationen zur Pause ein.

› Grand Central Terminal, 89 E. 42nd St./Park Ave., www.grandcentralterminal.com, Infos am GCT-Tour-Schalter im Main Concourse (9–18 Uhr), Touren $ 35, Subway: Grand Central/42nd St.

❷⓽ Chrysler Building ★★ [D15]

Das Chrysler Building zählt zu den schönsten Wolkenkratzern der Stadt und gilt zugleich als Musterbeispiel für den **Art-déco-Stil**. Bei genauerer Betrachtung fallen zahlreiche Details ins Auge, die mit Autos zu tun ha-

▱ Begehbares Kunstwerk aus Glas und Spiegeln im One Vanderbilt ❷⓻

ben – kein Wunder, war doch der Auftraggeber Walter P. Chrysler (1875–1940). Er erteilte 1928 William van Alen den Auftrag, ein Gebäude zu planen, das das „Golden Age" des Autos symbolisieren sollte. Der Turm wurde aus dem gleichen rostfreien Stahl wie ein **Autokühler** gebaut, die Mauervorsprünge als **Kühlerhauben** konzipiert und **stilisierte Autos und Räder** sowie Wasserspeier in Gestalt von **Kühlerfiguren** an den Wänden angebracht.

Bei seiner Eröffnung 1930 war das Chrysler Building mit seinen 76 Stockwerken und 319 m kurzzeitig das höchste Gebäude der Welt, ein Jahr später wurde es vom Empire State Building ㉒ überholt.

› **Chrysler Building**, 405 Lexington Ave., Subway: Grand Central/42nd St.

㉚ Rockefeller Center ★★ [C14]

1928 hatte John D. Rockefeller Jr. den hier gelegenen Botanischen Garten der Columbia University mit der Absicht erworben, ein Opernhaus bauen zu lassen. Doch während der Weltwirtschaftskrise wurde eine Arbeitsbeschaffungsmaßnahme daraus und der Multimillionär finanzierte aus eigener Tasche einen bis dato einmaligen **Vielzweckkomplex mit eigener Postleitzahl**. Allein bis 1940 entstanden 14 Einzelbauten, weitere folgten.

Eine der Attraktionen des Rockefeller Center in den Wintermonaten ist der **Eislaufplatz** auf der **Sunken Plaza**. Er macht im Sommer einem Café Platz. Die angrenzende Ladenpromenade führt zur 5th Avenue, wo die viel fotografierte, überdimensionierte **Atlas-Figur** – das Wahrzeichen des Rockefeller Center – den Globus schultert. Ein wahrer *eyecatcher,* allein wegen der rund 26.000 elektrischen Kerzen, ist in der Vorweihnachtszeit der hinter dem Eislaufplatz aufgestellte über 20 m hohe **Christbaum**.

Viele amerikanische Besucher pilgern auch zum General Electric Building, um sich vor den Fenstern der **NBC Studios** (an der 49th St./Rockefeller Plaza) die Nasen platt zu drücken und während der „NBC Today Show" am Morgen ihre Transparente medienwirksam zu schwenken. Oben in diesem Bau befindet sich der legendäre **Rainbow Room**, der 1934 ursprünglich als *supper club* (Restaurant/Nightclub) mit rotierendem

---

UN-Komplex

Das Areal der Vereinten Nationen besteht aus Gebäuden und Plätzen entlang der 1st Avenue (42nd–48th St.). Es gehört formal nicht zu New York, sondern befindet sich im **Besitz der Staatengemeinschaft**.

1945 war die UNO in San Francisco gegründet worden, vier Jahre später begannen in New York auf dem von John D. Rockefeller gestifteten Gelände die Bauarbeiten. Der Komplex besteht aus Bauten wie dem hohen, verspiegelten Sekretariatsgebäude und dem General Assembly Building. Entlang einer Längsseite dieses Gebäudes sind die Flaggen der Mitgliedsstaaten aufgereiht. Der Komplex ist von Gärten umgeben, in denen, wie im Innenbereich, Kunstwerke stehen – Geschenke verschiedener Mitgliedsstaaten oder einzelner Stifter.

› **UNO – General Assembly Building**, 1st Ave./46th St., Visitors-Check-in: 801 1st Ave./45th St., www.un.org/en/visit, Touren Mo.–Fr. 9.30–16.45 Uhr, $26, auch auf Deutsch. Onlinetickets im Voraus bestellen, Einlass 1 Std. vor Tourbeginn, bei Einlass Ausweiskontrolle, Subway: Grand Central/42nd St.

Tanzboden eröffnete (https://rainbowroom.com).

Die 1933 eröffnete, offene Aussichtsplattform im 70. Stock des **General Electric Building** (30 Rockefeller Plaza) trägt den Namen **Top of the Rock**. Sie ist dem Oberdeck eines Kreuzfahrtschiffs im Art-déco-Stil nachempfunden. Aber auch der verglaste Grand Viewing Room in rund 260 m Höhe, der schnell mit dem „Sky Shuttle" erreicht ist, bietet einen spektakulären Ausblick. Die neuste Attraktion heißt „The Beam", bei dem Besucher auf einem Stahlträger sitzend wenige Meter hochgehoben und Richtung Skyline gedreht werden. Dabei wird das berühmte Foto der Stahlarbeiter von 1932, „Lunch Atop a Skyscraper", nachgestellt. Nach 90 Sekunden ist der teure Spaß vorbei.

An der Nordwestecke des Centers steht die berühmte, 1999 komplett renovierte **Radio City Music Hall** (s. S. 87). Sie wurde 1932 als größte Bühne der Welt mit fast 6000 Plätzen eröffnet, 1979 geschlossen und eröffnete nach wechselvoller Geschichte 1999 aufwendig renoviert in altem Art-déco-Glanz und mit denkmalgeschützter hydraulischer Bühne neu. Legendär ist die hier seit 1925 aufgeführte 90-minütige Weihnachtsrevue „Christmas Spectacular" mit den Rockettes, einer 80-köpfigen Tanztruppe, deren „Slow Motion Fall" während der Show berühmt ist.

› **Rockefeller Center/NBC Studios,** 30 Rockefeller Plaza, www.rockefellercenter.com, Subway: 47th–50th St./Rockefeller Center, z. B. Rockefeller-Center-Tour, tgl. 10–19 Uhr, $ 40, NBC Studio-Touren siehe www.thetouratnbcstudios.com. Ende Mai–Anf. Sept. freitagmorgens Citi Concert Series on TODAY (48th St., 5th–6th Ave., vor Studio 1A).

› **Top of the Rock,** Zugang: W 50th St., 5th–6th Ave., www.rockefellercenter.com/de-de/attraktionen/top-of-the-rock-aussichtsplattform, tgl. 9–23 Uhr, ab $ 40, The Beam extra $ 25. Auch im CityPass enthalten, Kombinationen mit Rockefeller-Center-Tour möglich.

KURZ & KNAPP

Waldorf Astoria

Das Waldorf Astoria in der 301 Park Ave. [D14] ist eines der legendären Hotels New Yorks. 1893 war an der Stelle des heutigen Empire State Building ❷ unter William Waldorf Astor, dem Sohn des schwerreichen Händlers Johann Jacob Astor, das Waldorf Hotel eröffnet worden. Daneben errichtete später sein Vetter John Jacob Astor IV. sein Astoria Hotel. Verbunden durch die berühmte Peacock Alley, eine Einkaufspassage, schlossen sich beide Hotels zusammen – der doppelte Bindestrich, den man einst im Namen trug, sollte die Passage verkörpern. 1929 mussten beide Gebäude dem Empire State Building weichen. 1931 entstand an der Park Avenue der Art-déco-Bau, in dem das Hotel von da an residierte. Es galt als das größte und höchste Hotel der Stadt, mit 24-stündigem Zimmerservice und täglicher Zimmerreinigung, und wurde v. a. während der 1950er- und 1960er-Jahre von Prominenten frequentiert, auch von US-Präsidenten wie J. F. Kennedy. Grace Kelly, Frank Sinatra, Marilyn Monroe oder Tina Turner traten in den prunkvollen Ballsälen auf oder wohnten hier. Auch zahlreichen Filmen diente das Haus als Kulisse. 2017 schloss das Waldorf Astoria seine Pforten, 2025 soll es als Mix von Privatwohnungen und Hotel wiedereröffnen.

› www.waldorftowers.nyc

Midtown Manhattan 53

㉛ Museum of Modern Art (MoMA) ★★★ [C14]

Das MoMA ist weltberühmt und einzigartig. Es widmet sich in modernen Räumlichkeiten und mit attraktiver Präsentation der Kunst von den 1880er-Jahren bis zur Gegenwart.

Seine Wurzeln reichen zurück ins Jahr 1929, als zehn Tage nach dem Börsenkrach die erste Ausstellung stattfand. 1939 zog die Sammlung in einen Neubau um, den Philip Johnson 1953 erweiterte und um den **Skulpturengarten** bereicherte. 1984 verdoppelte der Architekt Cesar Pelli die Ausstellungsfläche. Als 2004 **Yoshio Taniguchis Anbau** aus tiefschwarzem Granit, Alu und Glas eröffnet wurde, fiel er durch Zweckmäßigkeit und vornehme Zurückhaltung auf. 2007 legte der Franzose Jean Nouvel einen Entwurf für einen Erweiterungsbau vor. Aus diesem wurde das Projekt **53W53**, ein Apartmentgebäude auf dem Gelände des dafür abgerissenen American Folk Art Museum. In seinen unteren Etagen und in einem Glasbau, dem **David Geffen Wing**, befinden sich die Ausstellungsflächen des **New MoMA**, gestaltet von Diller, Scofidio & Renfro und Büro Gensler.

Die frei zugängliche Lobby mit Atrium und Skulpturengarten wirkt einladend. Mehr als 60 Galerien verteilen sich auf sechs Stockwerke, wobei die Exponate weniger chronologisch oder nach Genres als vielmehr **thematisch angeordnet** sind. Beginnend im obersten Stock, machen die Gegenüberstellungen von Kunst aus verschiedenen Ländern bzw. Zeiten und Genres den Rundgang spannend.

Zum Bestand gehören insgesamt **etwa 200.000 Kunstwerke.** Die Palette reicht von Malerei, Skulpturen, Zeichnungen, Grafiken und Illustrationen über Architektur und Design

> KURZ & KNAPP
> **Carnegie Hall**
> Die Carnegie Hall (s. S. 87) wurde ab 1887 auf Anregung des Dirigenten **Walter Damrosch** gebaut, dessen Freund **Andrew Carnegie** Geld zur Verfügung stellte. Damals sprach noch niemand vom Theater District, das Viertel hieß schlicht **Goat Hill** („Ziegenhügel"). Das sollte sich ändern, als die Carnegie Hall nach Plänen von William Burnet Tuthill 1891 fertiggestellt war. Seither finden regelmäßig Auftritte großer Stars statt, u. a. gastierten hier schon Liza Minelli, Luciano Pavarotti, Woody Guthrie, Pete Seeger, Bob Dylan und die Beatles.

▽ Spannend und immer wieder neu: die Abteilung Artist's Choice im MoMA

> **MEIN TIPP**
>
> **Architektur auf engstem Raum**
> Sehenswert ist auch das sich in nächster Nähe zum MoMa ❸❶ befindende **Austrian Cultural Forum** (11 E 52nd St., 5th–Madison Ave., https://acfny.org, Ausstellungen tgl. 10–18 Uhr), wo Raimund Abraham auf einem nur 7,5 m breiten Grundstück ein architektonischer Geniestreich mit 24 Stockwerken gelang.

bis hin zu Fotografie, Film und Theater. Neben Werken Picassos gehören auch solche von Impressionisten, Kubisten, Avantgardisten und Surrealisten zum Bestand, ebenso wie moderne Werke von Bacon, Pollock, Rothko, Lichtenstein und Warhol.

Es gibt **Shops**, zwei **Cafés** und eine **Espressobar** sowie das **Zweisternelokal The Modern**. Es stehen bequeme Sitzgelegenheiten zur Verfügung und im **People's Studio/Art Lab** kann man selbst künstlerisch tätig werden. Eine Besonderheit sind das **Marie-Josée & Henry Kravis Studio** mit experimenteller Kunst – z. B. elektronische Musik und Installationen – und **Artist's Choice**, eine Abteilung, die eingeladene Künstler frei gestalten.

> **Museum of Modern Art (MoMA)**, 11 W 53rd St., 5th–6th Ave., www.moma.org, So.–Fr. 10.30–17.30, Sa. 10.30–19 Uhr, $ 30 (online $ 28), inkl. MoMA PS1 (s. S. 73), Subway: 5th Ave./53rd St.

❸❷ St. Patrick's Cathedral ★★ [D14]

Die St. Patrick's Cathedral wirkt zwischen all den modernen Wolkenkratzern fast wie ein Zwerg, und dabei handelt es sich doch um die **größte katholische Kathedrale der USA** mit rund 2500 Sitzplätzen. 1850 hatte Erzbischof John Hughes James Renwick den Bauauftrag erteilt, die Kirche konnte aufgrund des Bürgerkriegs jedoch erst 1879 eingeweiht werden. Im Laufe der Jahre kamen die 101 m hohen Türme (1885–1888) mit 19 Glocken und die Lady Chapel (1906) dazu. Der Bau wurde kostbar ausgestattet, u. a. mit einer Fassade aus weißem Marmor, massiven Bronzetüren, einer Pietà in der Lady Chapel, einem Baldachin über dem Hochaltar aus Bronze und Kreuzwegstationen mit holländischen Reliefs.

> **St. Patrick's Cathedral**, 5th Ave./50th St., www.saintpatrickscathedral.org, tgl. 9–18 Uhr, Subway: 5th Ave/53rd St. Täglich Gottesdienste, außerdem Konzerte und Audiotour, Shop: 15 E. 51st St.

❸❸ Fifth Avenue ★★ [C14]

Upper Midtown, das Areal zwischen Rockefeller Center ❸⓿ und Central Park ❸❹, ist das viel bevölkerte Touristenzentrum der Stadt. Hier konzentrieren sich die meisten und exklusivsten Geschäfte, dazu einige Restaurants und Cafés. Gerade die Fifth Avenue genießt seit Langem den Ruf, die **Luxusmeile** der Welt und der Treffpunkt der Reichen und Schönen zu sein. Schon Ende des 19. Jh. residierte hier der schwerreiche **William Henry Vanderbilt** (5th/51st St.) und man sprach von der „Millionaire's Row".

Auf Höhe der St. Patrick's Cathedral ❸❷ beginnt der luxuriöseste und meist gefilmte Abschnitt der Fifth Avenue mit exklusiven Läden à la Gucci, Rodier, Saks Fifth Avenue oder **Tiffany & Co.** Letztgenannter Schmuckladen wurde 1837 gegründet und durch Truman Capotes „Frühstück bei Tiffany" weltberühmt.

> https://visit5thavenue.com, Subway: 5th Ave. (Linien E, V)

Uptown Manhattan

❸❹ Central Park ★★★ [C10]

Nicht nur an Sonntagen, wenn die meisten Straßen durch den Central Park gesperrt sind, fungiert diese Grünanlage als die „gute Stube" der Stadt. Im Sommer lockt der 340 ha große Stadtpark als kühle Oase im brodelnd-heißen Wolkenkratzerdschungel, im Winter, in weiße Schneepracht getaucht, fühlt man sich hier meilenweit von der hektischen Stadt entfernt.

Bereits 1844 hatte William Cullen Bryant, der Herausgeber der New York Post, einen öffentlichen Park gefordert. In Angriff genommen wurde das Projekt dann Ende der 1850er-Jahre nach Plänen der berühmten Landschaftsarchitekten **Frederick Law Olmsted** und **Calvert Vaux**. Viehweiden wurden planiert, Sumpfland musste trockengelegt und ein ganzes afroamerikanisches Dorf namens Seneca Village umgesiedelt werden, ehe **1873** der berühmteste Stadtpark der Welt **eröffnet** werden konnte.

Er ist kaum kleiner als der Englische Garten in München – mit 373 ha die größte innerstädtische Parkanlage – und erstreckt sich über rund 4 km zwischen der 59th und der 110th Street bzw. misst zwischen 5th und 8th Ave. (Central Park West) etwa 1 km. Durch die grüne Insel im Häusermeer schlängeln sich rund 50 km an Fuß-, Jogging- und Radwegen. Mehrere sogenannte transverse roads dienen der verkehrstechnischen Verbindung von Upper East und Upper West Side.

Meistbesuchter Teil ist der Südabschnitt bis etwa auf Höhe des Metropolitan Museum ❸❺. Hier befinden sich wichtige Anlaufpunkte wie **The Dairy** (E 65th St.), wo einst Milch an bedürftige Kinder und heute Infomaterial an Besucher verteilt wird. Eine Sehenswürdigkeit für Familien ist der **Central Park Zoo** (E 64th St., tgl. 10 – mind. 16.30 Uhr, $ 19,95 Standardticket, https://centralparkzoo.com).

Wer sich sportlich betätigen möchte, dem steht im Winter der **Wollman Rink** zum Schlittschuhlaufen oder im Sommer der **Heckscher Playground** mit allerlei Spielfeldern zur Verfügung. Auch Grünflächen wie **Sheep Meadow** (W 65th St.) animieren dazu, sich Bälle, Frisbeescheiben oder Bumerangs

◹ *Blick vom Central Park auf das Dakota Building* ❸❾

zuzuwerfen. Das Lokal **Tavern on the Green** (W 67th St.) lädt als einziges Restaurant im Park zum Essen ein. Zu den **Strawberry Fields** pilgern Tag für Tag Fans der Beatles, um ihrem Idol John Lennon zu gedenken, der 1980 vor dem nahen Dakota Building 39, in dem er wohnte, erschossen wurde.

Das **Hallett Nature Sanctuary** (www.centralparknyc.org/attractions/hallett-nature-sanctuary) war als Vogelschutzgebiet lange unzugänglich. Heute ist das Stück Land ein Beispiel, wie die Insel Manhattan einst ausgesehen hat, und ein Beleg, dass im urbanen Umfeld Wildnis möglich ist.

Nördlich des **Lake**, wo sich Freizeitkapitäne mit Bootsmodellen oder in Ruderbooten vor beeindruckender Kulisse tummeln, kommen Kunstfreunde im **Delacorte Theater** (W 81st St.), im **Shakespeare Garden** oder auf dem nördlich anschließenden **Great Lawn** auf ihre Kosten. Hier und im weiter südlich gelegenen **Naumburg Bandshell** (70th St.) finden während der Sommermonate regelmäßig Freiluftkonzerte oder Theateraufführungen statt. Ebenfalls in diesem Teil befindet sich das viktorianische **Belvedere Castle** mit Aussichtsturm und naturkundlichen Ausstellungen.

Nördlich des Great Lawn schließt sich das große **Jacqueline Kennedy Onassis Reservoir** an, ein Teil der Wasserversorgung Manhattans. Weiter nordwärts folgen dann v. a. Spielfelder und Sporteinrichtungen, **The Great Hill** (W 106th St.) und das **Harlem Meer** (Nordostecke), das besonders den Bewohnern Harlems als „Gemeinschaftsgarten", Spielwiese und Erholungsoase dient. Am Nordufer des Harlem Meer steht das **Charles A. Dana Discovery Center,** wo Sommerkonzerte stattfinden, im Südosten befindet sich der **Conservatory Garden** – drei symmetrisch angelegte Gärten, die man durch ein mächtiges Schmiedeeisentor betritt.

› **Subway:** 59th St./Columbus Circle und 81st St. (mehrere Linien)
› **Infos:** www.centralpark.com, www.centralparknyc.org
› **Dairy Visitor Center & Gift Shop,** Central Park/65th St., tgl. 10–17 Uhr,

---

MEIN TIPP

Veranstaltungen im Central Park

In den Sommermonaten finden Konzerte und Aufführungen – oft gratis – an verschiedenen Punkten im Central Park statt.

› **City Parks Summer Stage,** Rumsey Playfield, Zugang: E 69th oder E 72nd St./5th Ave., https://cityparksfoundation.org/summerstage. Kulturprogramm unterschiedlicher Sparten im Central Park und anderen Parks in NYC von Mitte Juni bis Ende Sept., außerdem **GMA Summer Concert Series,** Mai–Juli 7–9 Uhr auf dem Rumsey Playfield (www.centralpark.com/things-to-do/concerts/gma-summer-concert-series).

› **Harlem Meer Performance Festival,** Central Park Conservancy/Charles A. Dana Discovery Center, 110th St., 5th St.–Lenox Ave., mind. Juli, Aug. So. 14–16 Uhr Gratiskonzerte, www.centralpark.com/things-to-do/concerts/harlem-meer-performance-festivals

› **Naumburg Orchestral Concerts,** Naumburg Bandshell, 66th–72nd St., https://naumburgconcerts.org. Kostenlose Klassikkonzerte im Sommer.

› **Shakespeare In The Park,** Delacorte Theater, auf Höhe 79th St., Infos und Gratistickets: www.centralpark.com/things-to-do/activities/shakespeare-in-the-park

Uptown Manhattan | **57**

www.centralparknyc.org/locations/dairy-visitor-center
- **Touren per Fahrrad,** zu Fuß oder auch in der Pferdekutsche bietet Unlimited Biking (www.unlimitedbiking.com/newyork). Auch Fahrradverleih (s. S. 128).
- **Bootsverleih:** Harlem Meer (E 106th St.), Central Park Boathouse (East Dr./74th St., www.thecentralparkboathouse.com)
- **Kutschfahrten:** ab der Südostecke des Parks (nahe Plaza Hotel), z. B. https://nycarriages.com, ca. $ 65/20 Min.

MEIN TIPP

Abstecher nach Little Germany und Roosevelt Island

Yorkville, begrenzt durch E 79th und 96th St., East River und Lexington Ave., galt Anfang des 20. Jh. als **Little Germany,** die 86th St. als „German Broadway". Vereinzelt stößt man noch auf Relikte dieser Zeit: das Restaurant Heidelberg (1648 2nd Ave., www.heidelberg-nyc.com) oder die Metzgerei Schaller & Weber (1654 2nd Ave., https://schallerweber.com), die deutsche Produkte führt.
- Subway: 86th St. Linien 4, 5, 6

Schon wegen des Ausblicks von der Seilbahn (Tramway) sollte man **Roosevelt Island** besuchen. Die einstige Gefängnis- und Quarantäneinsel ist eine beliebte Wohnadresse. Für Besucher lohnt v. a. der Franklin D. Roosevelt Four Freedoms Park an der Südspitze, von wo der Blick auf das Panorama von Manhattan und Queens grandios ist. Architekturfreunde werden den **Cornell Tech Campus** spannend finden, wo zuletzt etliche interessante Bauten fertiggestellt wurden – in einem befindet sich das coole Graduate Hotel
- Tramway ab 59th St./2nd Ave. bzw. Subway F, Infos zur Architektur auf Roosevelt Island: https://tech.cornell.edu/campus/buildings

㉟ Metropolitan Museum of Art (The Met Fifth Avenue) ★★★ [C11]

Das Metropolitan Museum of Art, offiziell The Met Fifth Avenue genannt, ist ein Museum der Superlativen, ein weltweit einzigartiger Musentempel. Streng symmetrisch gegliedert und mit ausladender Fassade, beherbergt der Komplex, der als einziger innerhalb der Grenzen des Central Park steht, die größte Kunstsammlung der westlichen Welt.

Die Basis für den heute mehrteiligen Komplex wurde 1870 von einer Gruppe amerikanischer Geschäftsleute und Intellektueller gelegt und befindet sich seit 1880 an der jetzigen Stelle. Das „Met" ist derart überwältigend und quillt von Kunstwerken aller Genres, Zeiten und Provenienzen so sehr über, dass man Prioritäten setzen muss. Die Schätze verteilen sich auf **drei Etagen** und auf **mehrere Anbauten** unterschiedlicher Entstehungszeit. Es gibt insgesamt 19 Abteilungen für Dauerausstellungen und eigene Galerien für Sonderschauen.

Ganze Bauten, wie der ägyptische Tempel der Dendur aus augusteischer Zeit, wurden hier komplett rekonstruiert. Sehenswert arrangiert sind beispielsweise die Abteilung „19th Century European Paintings and Sculpture Galleries" und die „Galleries for Oceanic Art and Art of North America".

Für europäische Besucher besonders sehenswert ist der **American Wing** mit einem unvergleichlichen Querschnitt von Meisterwerken amerikanischer Künstler. Daneben gibt es umfangreiche Sammlungen asiatischer, europäischer, afrikanischer, ägyptischer, islamischer und japanischer Kunst.

Uptown Manhattan

Museen an der Museum Mile
An der „Museumsmeile" 5th Ave. finden sich u. a.:
- **Cooper-Hewitt National Design Museum** (s. S. 72). Multimediale Dauerausstellung zu grafischem und industriellem Design, zu Architektur und Designgeschichte.
- **Frick Collection.** Das Gebäude wird noch bis voraussichtlich Ende 2024 renoviert (s. S. 72).
- **Jewish Museum** (s. S. 72). Weltgrößte Sammlung von Judaica.
- **Museo del Barrio** (s. S. 73). Lateinamerikanische, puertorikanische und karibische Kunst und Kultur.
- **Museum of the City of New York** (s. S. 74). Interessantes zu fast vier Jahrhunderten Stadtgeschichte.
- **Neue Galerie, Museum for German and Austrian Art** (s. S. 74). Kunst und Design von 1890 bis 1940.

Berühmt und ebenfalls besonders sehenswert sind die **Sammlung griechischer und römischer Antiken** sowie die **Mittelalterabteilung.** Neben Gemälden, Skulpturen und dekorativer Kunst gehören Waffen, Drucke, Fotos, Musikinstrumente, Möbel, Kostüme oder kuriose Stücke wie mehr als 200.000 Baseball-Sammelkarten zum Bestand.

Am Eingang an der 5th Ave. lädt die **David H. Koch Plaza** mit Brunnen und Beleuchtung, Begrünung und Sitzbereichen zum Päuschen ein. Mehr als 100 Bäume sorgen für Schatten und Düsen, die Wasserspiele erzeugen, für Abkühlung.

- **Metropolitan Museum of Art,** 1000 5th Ave./82nd St., www.metmuseum.org, So.-Di., Do. 10-17, Fr., Sa. 10-21 Uhr, $ 30 (inkl. The Met Cloisters, s. S. 75), Subway: 86th oder 77th St. bzw. Bus M1, 2, 3 oder 4

36 Solomon R. Guggenheim Museum ★★★ [D10]

Das Guggenheim Museum ist insofern ungewöhnlich, als es eine selten erreichte Einheit von Architektur und Kunst darstellt. 1943 begann Frank Lloyd Wright im Auftrag von Salomon R. Guggenheim mit der Planung des „Schneckenhauses", die Bauarbeiten starteten jedoch erst 1956 und die Eröffnung im Jahr 1959 erlebten dann weder der Bauherr noch der berühmte Architekt. Den Kern des Gebäudes bildet eine Art Spirale, die man im Inneren über eine Rampe erkundet.

1937 war die Solomon R. Guggenheim Foundation gegründet worden, wobei die Werke des Millionärs und Privatsammlers Guggenheim (1861–1949) erst in seinem Privatapartment im Plaza Hotel und ab 1939 dann im **Museum of Non-Objective Painting** – in einem ehemaligen Autohaus an der E 54th Street – ausgestellt wurden. 1943 beauftragte Guggenheim mit Frank Lloyd Wright (1867–1959) den damals bedeutendsten amerikanischen Architekten mit einem adäquaten Neubau, 1992 wurde dieser durch Gwathmey Siegel & Ass. Architects um einen Turm erweitert, basierend auf Originalplänen Wrights.

Die wirklich exzellente **Sammlung von moderner und auch zeitgenössischer Kunst** (19./20. Jh.) war ab den späten 1920er-Jahren von Guggenheim zusammengetragen und im Laufe der Jahre durch Stiftungen und Ankäufe vergrößert worden. 1976 kamen mit der Stiftung des Münchner Kunsthändlers Justin K. Thannhauser viele Kunstwerke der Jahrhundertwende und von Picasso dazu, 1990 vergrößerten sich die Bestände des Museums durch den Neuerwerb der Sammlung Panza di Biumo – v. a.

Werke amerikanischer Minimalisten und Konzeptualisten der 1960-/70er-Jahre – und ab 1992 durch eine Schenkung der Robert Mapplethorpe Foundation. Die Ausstellungsstücke werden aufgrund ihrer Menge in Rotation gezeigt und zusätzlich gibt es spektakuläre Wechselausstellungen.

› **Guggenheim Museum**, 1071 5th Ave./ 89th St., www.guggenheim.org, So.–Fr. 11–18, Sa. 11–20 Uhr, es wird geraten, zeitgebundene Onlinetickets zu erwerben, $ 30 (inkl. Audiotour, auch auf Deutsch), Sa. 17–20 Uhr Höhe des Eintritts selbst bestimmbar, mit Restaurant, Subway: 86th oder Bus M1, 2, 3 oder 4

㊲ Columbus Circle ★ [B13]

Der verkehrsumtoste **Columbus Circle**, wo die Wasserspiele der Brunnen den Lärm ringsum übertönen, wird an der Nordostecke durch einen hohlen, versilberten Erdball markiert und von zahlreichen Hochhausbauten gerahmt. Direkt hinter der Kugel ragt das **Trump International Hotel & Tower** von 1997 auf, augenfällig ist auch das vom Architekturbüro SOM geplante zweitürmige Hochhaus **Deutsche Bank Center** – ein Komplex mit **The Shops at Columbus Circle** (z. B. Bio-Supermarkt Whole Foods, www.theshopsatcolumbuscircle.com), Restaurants, dem Mandarin Oriental Hotel, Wohnungen und Büros. **Jazz at Lincoln Center** (s. S. 87) ist ebenfalls hier zu Hause und bespielt drei Bühnen: Rose Theater, Allen Room und die Bar Dizzy's Club Coca-Cola.

Etwas zurückversetzt an der 8th Avenue (56th–57th St.) tritt ein von Sir Norman Foster 2006 vollendeter Wolkenkratzer aus auffälligen Kuben und weißen Verstrebungen ins Blickfeld: der **Hearst Tower**. Das Besondere an dem Bau sind weder Höhe noch Architektur, sondern die Tatsache, dass es sich um das erste „grüne Gebäude" in New York handelt (s. S. 110).

Das **Museum of Arts & Design** (s. S. 73) residiert in einem auffälligen, von Allied Works Architecture komplett umgestalteten Bau an der Südseite des Columbus Circle (W 58th St./Broadway). Auf einer Fläche von 5000 m² und auf sechs Etagen wird in heller, luftiger Atmosphäre die Verbindung von **Handwerk**, **Kunst und Design** höchst attraktiv und anschaulich thematisiert.

Entlang der W 57th St., auch „**Billionaire's Row**" genannt, strecken sich mehrere neue, bleistiftschlanke Wolkenkratzer von bekannten Architekten gen Himmel (z. B. Nr. 111, 157, 217).

› **Columbus Circle**, Subway: 59th St.-Columbus Circle

㊳ Lincoln Center for the Performing Arts ★ [B13]

Im Lincoln Center for the Performing Arts residieren seit seiner Eröffnung im Jahr 1966 mit der berühmten Metropolitan Opera und der New York Philharmony rund ein Dutzend verschiedene Musik- und Kulturinstitutionen.

Die Anlage gruppiert sich um einen Platz (Josie Robertson Plaza) mit einem Brunnen, dem Revson Fountain von Philip Johnson, und der „Reclining Figure" von Henry Moore. Am Kopfende befindet sich das **Metropolitan Opera House**, die berühmte Met, südlich grenzt der Damrosch Park an, wo die Open-Air-Bühne **Guggenheim Bandshell** während der regelmäßig veranstalteten Freiluftkonzerte Besucher anzieht.

Den südlichen Flügel des Platzes nimmt das **David H. Koch Theater** ein, Heimat des New York City Ballet. Die 1962 erbaute **David Geffen Hall** an der Nordflanke ist die Heimat des **New York Philharmonic Orchestra**, 1842 gegründet und damit das älteste Orchester der USA. Nach einer Renovierung 2022 kamen unter anderem das **Wu Tsai Theater**, ein **Besucherzentrum** mit Café-Bar und das **Kenneth C. Griffin Sidewalk Studio** neu dazu. Hier finden verschiedene, meist kostenlose Veranstaltungen statt.

An der Nordwestecke des Komplexes schließt sich das **Lincoln Center Theater** mit dem Vivian Beaumont und dem Mitzi E. Newhouse Theater an. Zwischen diesem und der Met erhebt sich die **New York Public Library for the Performing Arts**, in der auch Ausstellungen gezeigt werden.

An die **Alice Tully Hall** (65th St./Broadway) schließen sich die **Juilliard School** und das **Samuel B. & David Rose Building** mit dem Walter Reade Theater an. Das **David Rubenstein Atrium** jenseits der Grand Promenade und der Columbus Ave. ist neben dem **Welcome Center in der Geffen Hall** ein geeigneter erster Anlaufpunkt für Besucher (Tickets, Infos, Veranstaltungen). In nächster Nähe (Columbus Ave./66th St.) befindet sich das **American Folk Art Museum** (s. S. 72).

> **Lincoln Center for the Performing Arts**, Lincoln Center Plaza, www.lincolncenter.org, Subway: 66th St.-Lincoln Center
> **Welcome Center David Geffen Hall**, 10 Lincoln Center, www.lincolncenter.org/venue/david-geffen-hall, mit Ticketverkauf, Café, Bar und gemütlicher Lobby zum Sitzen.
> **David Rubenstein Atrium**, 61 W. 62nd St., Mo.-Fr. 8-22, Sa., So. 9-22 Uhr, www.lincolncenter.org/venue/atrium. Sitzgelegenheit und Café, Gratis-WLAN, Startpunkt von Lincoln-Center-Touren, Discount-Tickets (Zucker Box Office) sowie regelmäßig Gratiskonzerte, Lesungen u. a. Veranstaltungen.

㊴ Dakota Building ★ [B12]

An der **Central Park West**, der den Central Park flankierenden Avenue, stehen die wohl legendärsten Apartmenthäuser der Stadt. Eines davon ist das **Dakota Building** (1 W 72nd St.), das als erster Luxuswohnblock 1884 in damals noch recht „gewöhnlicher" Umgebung erbaut worden war. Sehenswert ist v. a. der Eingang mit seinen Reliefs, durch den schon Prominente wie Leonard Bernstein, Roberta Flack, Judy Garland oder Kim Basinger schritten, um in eine der 65 Luxussuiten zu gelangen. Bekanntester Mieter war Beatle **John Lennon**, der vor dem Haus ermordet wurde. An den Rockstar erinnert auch die nur wenige Schritte entfernte Strawberry-Fields-Gedenkstätte im Central Park ㉞.

Auch in anderen Luxusresidenzen entlang Central Park West waren bzw. sind Prominente zu Hause: James Dean (19 W 68th St.), Madonna (1 W 64th St.) und in 300 Central Park W, dem **Eldorado**, Marilyn Monroe.

Schön anzusehen ist auch der Art-déco-Klassiker mit der Hausnummer 115, das **Majestic**. Das **San Remo** (Central Park W/74th-75th St.), ein mächtiger Bau mit kathedralartigen Zwillingstürmen, wurde ein Jahr früher (1929-1931) errichtet. Die riesigen Wohnungen sind seit jeher beliebt und wurden schon von Steven Spielberg, Demi Moore, Dustin Hoffman, Steve Martin, Bruce Willis und vielen anderen Stars bewohnt.

> **Dakota Building**, 1 W 72nd St., Subway: 72nd St.

⓴ American Museum of Natural History ★★ [B11]

Das American Museum of Natural History (AMNH) zählt zu den größten Naturkundemuseen weltweit und ist daher nicht nur ein Muss für Familien, sondern für jeden Besucher der Stadt.

Außer über Dinosaurier – die hier in beeindruckender Originalgröße rekonstruiert sind – lernt man viel über Säugetiere, den Menschen (Hall of Human Biology and Evolution), über Meeressäuger und Vögel, Reptilien und Amphibien, aber auch über Meteoriten und Mineralien. Besonders sehenswert ist die Hall of Northwest Coast Indians aus dem Jahr 1888. Ausgestellt ist hier u. a. ein etwa 20 m langes Boot der Nordwestküstenindianer, gefertigt aus einem einzigen Zedernstamm.

Die einzelnen Ausstellungsbereiche sind riesig und es gilt auszuwählen. Um in den rund 40 Ausstellungshallen auf vier Ebenen mit Filmen und Vorführungen den Überblick zu behalten, empfiehlt es sich, schon vorher den Museumsplan bzw. die **Museums-App „Explorer – AMNH NYC"** (kostenlos für iOS und Android) auf das eigene Endgerät zu laden.

Sehenswert sind die **Rekonstruktionen von Dinosauriern und Walen,** vor allem die eines 2014 gefundenen Barosaurus. Als einer der größten je entdeckten Dinosaurier streckt er seinen

Das Gilder Center (s. S. 62), Teil des AMNH, ist innen wie außen sehenswert

MEIN TIPP
New-York Historical Society
Neben dem Museum of Natural History ⓴ bietet das Museum der New-York Historical Society (s. S. 74) ein Kontrastprogramm. Das älteste Museum der Stadt (1803) informiert über die **Geschichte New Yorks.** Besonders sehenswert ist das als Schaubereich angelegte Magazin – das Henry Luce III. Center for the Study of American Culture –, aber auch das Center for the Study of Women's History und das DiMenna Children's History Museum. 2024 soll das **American LGBTQ+ Museum** in einen Anbau einziehen.

Kopf bis in den Flur hinaus. Edelsteine und Mineralien werden in der **Allison and Roberto Mignone Halls of Gems and Minerals** präsentiert.

Das Museum wurde 1877 eröffnet und unter anderem von Calvert Vaux geplant, demselben Architekten, der an der Planung des Central Park ㉞ beteiligt war. Angeschlossen ist neben einem IMAX Theater das **Hayden Planetarium**, untergebracht in dem spektakulären Glaskubus des **Rose Center for Earth & Space**. Rund um die „schwebende" Planetariumskugel wird der Besucher – z. B. in der Hall of the Universe oder auf dem Heilbrunn Cosmic Pathway – multimedial und höchst informativ durch die verschiedenen Phasen der Entstehung und Expansion des Universums geführt.

2023 wurde das **Richard Gilder Center** eröffnet, das vom Studio Gang im Stile Gaudís organisch und höhlenartig gestaltet wurde. Der Neubau schließt an den alten Komplex an und schafft einen Zugang von der Columbus Ave. Neben einer Bibliothek und Gruppenarbeitsräumen finden sich auf den fünf Etagen Ausstellungen, das **Susan & Peter J. Solomon Family Insectarium**, das **Davis Family Butterfly Vivarium** (Schmetterlingshaus) und die **Invisible World**, eine interaktive Projektion.

› **American Museum of Natural History**, Central Park W/79th St., www.amnh.org, tgl. 10–17.30 Uhr, $ 28 (Basisticket) zuzügl. Sonderabteilungen, Filme, Vorführungen etc. (s. Website). Vorbestellung zeitgebundener Tickets obligatorisch. Subway: 81st St.–Museum of Natural History.

Im Apollo Theater (s. S. 86) traten schon ab den 1930er-Jahren afroamerikanische Musiker auf

Upper Manhattan

㊶ Harlem ★ [C6]

Harlem, ein von niederländischen Siedlern um 1658 gegründeter Ort, war lange ein ländliches Idyll, das von den New Yorkern als Ausflugsziel geschätzt wurde.

Da es Arbeit und Wohnungen gab, siedelten sich hier ab den 1920er-Jahren mehr und mehr Afroamerikaner aus den Südstaaten an. Es entstanden Clubs und Kneipen und es formierte sich eine kulturelle Bewegung, die als **Harlem Renaissance** unter den Afroamerikanern ein neues Selbstbewusstsein förderte. Ihr gehörten Literaten wie z. B. Zora Neal Hurston oder Langston Hughes ebenso an wie große Jazzmusiker.

In den legendären „Roaring Twenties" entwickelte sich die **125th Street** zur Amüsiermeile und Duke Ellington machte Harlem mit seinem Song „Take the A-Train" berühmt. Im legendären **Apollo Theater** (s. S. 86) von 1914 traten die Größen des Blues und Jazz auf: Louis Armstrong, Count Basie, Duke Ellington, Josephine Baker, Dizzie Gillespie, Charlie Parker, Miles Davis, Ella Fitzgerald, Ray Charles, James Brown, Aretha Franklin oder Sam Cooke.

Hauptschlagader ist immer noch die 125th Street, der „Martin Luther King Jr. Boulevard". Hier reihen sich inhabergeführte Shops und Imbissbuden, inzwischen jedoch – im Zuge der voranschreitenden Gentrifizierung – auch vermehrt Filialen großer Imbissketten sowie Geschäfte und Boutiquen bekannter Firmen aneinander.

Das **Studio Museum of Harlem** (s. S. 75) soll 2024 in einem Neubau von Adjaye Associates neu eröffnen. Über die Geschichte des Viertels und seine Bevölkerung informiert das **Schomburg Center for Research in Black Culture** (s. S. 75), das größte Forschungszentrum für afroamerikanische und afrikanische Kultur in den USA.

Viele Besucher kommen wegen der Gospelmessen nach Harlem – es gibt sie sogar als Bestandteil organisierter Touren. Wer jedoch das „ungeschminkte" Harlem erleben möchte, sollte auf eigene Faust einen Sonntagsgottesdienst besuchen – von Anfang bis Ende, was gute zwei Stunden dauern kann. Gelegenheit dazu gibt es nicht nur in der berühmt gewordenen **Abyssinian Baptist Church** (138th St.), der ältesten „schwarzen Kirche" New Yorks aus dem Jahr 1908, sondern an jeder Ecke.

Berühmt ist Harlem auch für sein *soul food,* die typisch afroamerikanische Küche, wie sie z. B. noch die Lokale Sylvia's oder Amy Ruth's kredenzen. Wie schon in den 1920er- und 1930er-Jahren gelten inzwischen die Clubs in Harlem wie der Cotton Club (s. S. 84), Bill's Place (s. S. 84) oder SHRINE (s. S. 85) wieder als Geheimtipps für Jazz- und Bluesfans.

Im Norden von Harlem befindet sich der historische Distrikt **Sugar Hill.** Hamilton Heights [A4], wie das Viertel offiziell heißt, liegt an der A Line der Subway. Vom Supermarkt über Imbisse bis zu Lokalen und Unterkünften ist im Umkreis alles geboten (www.cityneighborhoods.nyc/sugar-hill, s. a. Hoteltipp S. 135).

› Subway: 125th St. (mehrere Linien)
🍴1 [C6] **Sylvia's** $$-$$$, 328 Malcolm X Blvd., https://sylviasrestaurant.com, So.–Di. 11–20, Mi.–Sa. 11–22 Uhr
🍴2 [C7] **Amy Ruth's** $$, 113 W 116th St., http://amyruths.com, tgl. 11.30–21.30, Fr., Sa. 11–22.30 Uhr

㊷ Cathedral of St. John the Divine ★ [B7]

Die Kirche gehört zu den **ungewöhnlichsten Baudenkmälern New Yorks.** 1892 war der Grundstein gelegt worden und seither wird – mit Unterbrechungen – konstant an dem riesigen Gotteshaus gebaut. Die Absicht, Monumentalität, Geist und Handwerkskunst der **Gotik** wieder aufleben zu lassen, und die Finanzierung durch Spendengelder erklärt die Bauzeit. Soweit möglich, kommen **mittelalterliche Konstruktionsmethoden** zum Einsatz und Fachleute aus verschiedenen Ländern, die die alten Techniken noch beherrschen, wurden engagiert.

Man sollte sich aber nicht nur den Ausmaßen, sondern auch den kunstvollen **Details** zuwenden, z. B. der 1933 fertiggestellten Fensterrosette, den Nachbildungen mittelalterlicher Skulpturen am Westportal oder kuriosen Einzelheiten wie der New Yorker Skyline an einem Kapitell im Mittelschiff. Die 150 Buntglasfenster befassen sich mit verschie-

268ny Abb.: mb

denen Themen, von der Schaffung der Davidstatue durch Michelangelo bis hin zur Unterzeichnung der Unabhängigkeitserklärung.

Noch fehlen Teile des Südturms, der Nordturm, der Vierungsturm und das Querschiff – man nennt die Kirche daher auch „St. John the Unfinished". Bei Maßen von ca. 200 m Länge und 42 m Höhe würde im Innern selbst die Statue of Liberty Platz finden. Schon heute bietet die Kirche rund 10.000 Besuchern Platz.

› **Cathedral of St. John the Divine,** 1047 Amsterdam Ave./110–112th St., www.stjohndivine.org, Mo.–Sa. 9.30–17, So. 12–17 Uhr, $ 15, verschiedene Touren und Konzerte, Subway: Cathedral Parkway-110th St.

MEIN TIPP
Ausflug ins Mittelalter
The Met Cloisters (s. S. 75), hoch oben im Norden Manhattans im Fort Tryon Park gelegen, ist alles andere als ein „normales" Museum. Hat man den Bau betreten, fühlt man sich in ein altes **Kloster** in Spanien, Italien oder Frankreich versetzt. In der Tat wurde der Bau in den 1930er-Jahren – dank des großzügigen John D. Rockefeller – aus **mittelalterlichen Originalbauteilen** verschiedener Provenienz konstruiert und um Nachbildungen ergänzt. Form und Inhalt verschmelzen dabei derart, dass der Eindruck eines echten mittelalterlichen Klosters entsteht. In dieses Ambiente ist die Abteilung für **Mittelalterkunst** – v. a. Architektur vom 9. bis 15. Jh. – des Metropolitan Museum of Art ㉟ eingezogen. Die Innenhöfe sind grüne Oasen der Ruhe, in denen man Zeit und Raum vergisst. Zudem hat man von der an der Nordostecke angegliederten Terrasse einen traumhaften Blick über den Hudson River und auf die George Washington Bridge.

Entdeckungen außerhalb Manhattans

1898 war ein einschneidendes Jahr für New York: Damals wurden die Bronx, Queens, Brooklyn und Richmond (1975 in Staten Island umbenannt) in die vormals nur aus Manhattan bestehende New York City eingemeindet. Zugegeben, Manhattan sorgt für ein volles Besichtigungsprogramm, doch ohne einen Abstecher in einen der anderen „boroughs" wäre eine New-York-Reise unvollständig.

Brooklyn

❹❸ **Brooklyn Bridge und Brooklyn Heights Promenade** ★★★ [F23]

Ein Muss für jeden New-York-Besucher ist der Sonnenuntergang an der Brooklyn Heights Promenade und ein Spaziergang über die Brooklyn Bridge. Als Letztere im Jahr 1883 eröffnet wurde, war sie die erste Hängebrücke aus Stahl – und ein viel bestauntes technisches Wunderwerk, das die beiden damals noch unabhängigen Städte Manhattan und Brooklyn verband.

Mit der Entstehung von „Greater New York" im Jahr 1898 wuchs die infrastrukturelle Bedeutung der Brücke und in der Folgezeit kamen weitere Brücken hinzu.

Der aus Thüringen stammende Ingenieur und Erfinder des Drahtseils **Johann August Röbling** hatte das Bauwerk konstruiert, sein Sohn **Washington** führte es fort, da der Vater bereits drei Wochen nach Baubeginn

> *Bei ihrer Eröffnung 1883 galt die Brooklyn Bridge als technisches Wunderwerk*

Entdeckungen außerhalb Manhattans

starb – an Wundstarrkrampf in Folge einer Fußquetschung durch ein anlegendes Fährschiff. Doch auch der Sohn konnte das Werk nicht vollenden. Er erkrankte 1872 bei Arbeiten in einem der Senkkästen, die für die Errichtung der Pfeilerfundamente nötig waren, an der Dekompressionskrankheit (Taucherkrankheit) und war daraufhin gelähmt. Seine Frau Emily übernahm fortan die Bauaufsicht.

Bei der Eröffnung am 24. Mai 1883 war das technische Wunderwerk für manchen ein „Werk des Teufels" und es nützte wenig, dass Künstler und Fotografen die Brücke in höchsten Tönen lobten. Bereits im Vorfeld hatte beispielsweise der Schriftsteller Walt Whitman Reklame für die Brücke gemacht, indem er behauptete, ein Gang über die Brücke sei die „beste und wirkungsvollste Medizin, die meine Seele bisher genossen hat".

Der Spaziergang über die stets stark frequentierte Brücke dauert mit Fotostopps 30 bis 45 Minuten. Vom Endpunkt in Brooklyn sind es weitere 10 bis 15 Minuten zum Brooklyn Bridge Park und nach **Brooklyn Heights**, in dem nach Einrichtung einer Fährverbindung mit Manhattan im Jahr 1814 elegante **Brownstone-Häuser**, schmale Reihenhäuser in braunem Sandstein entstanden, die zum Großteil noch erhalten sind. 1965 wurde das Areal zum ersten „Historic District" New Yorks erklärt. Während unterhalb auf dem **BQE**, dem Brooklyn Queens Expressway, der Verkehr tost, rückt am anderen Ufer die Hochhauskulisse Lower Manhattans höchst fotogen ins Blickfeld, am beeindruckendsten, wenn die Sonne hinter der Statue of Liberty ❺ verschwindet und langsam die Lichter der Metropole aufleuchten.

MEIN TIPP
Ein Stück Brooklyn entdecken
Dom Gervasi gewährt bei seinen „**Made in Brooklyn**"-**Walkingtouren** (s. S. 131) den Teilnehmern hochinteressante und vielseitige Einblicke in Teile seiner Stadt – z. B. in die Viertel DUMBO, Red Hook, Bensonhurst, Coney Island oder Williamsburg. Dabei werden Unternehmen vorgestellt, die in Brooklyn Waren herstellen – Wein, Kaffee, Schokolade, Glas, Kleidung, Möbel oder Keramik. Der Treffpunkt ist immer günstig mit dem öffentlichem Nahverkehr erreichbar.

Entdeckungen außerhalb Manhattans

> **Brooklyn Bridge:** Zugang zum Fußweg in Manhattan ab City Hall ⓫, Park Row, Subway: Brooklyn Bridge/City Hall
> **Rückfahrt:** Subway-Linien A und C ab Station High St.; von der Promenade mit den Subway-Linien 2 und 3 ab Station Clark St. oder von Pier 1 per Fähre (Pier 11/Wall St.).

㊹ Brooklyn Bridge Park ★★ [F23]

Ein attraktives Revitalisierungsprojekt stellen die **Piers** um die und südlich der Brooklyn Bridge ㊸ dar. Gut 2 km von der Manhattan Bridge bis zur Atlantic Avenue wurden durch eine attraktive Promenade miteinander verbunden.

Der Empire Fulton Ferry Park in DUMBO, am Fuße der Old Fulton St. zwischen Brooklyn und Manhattan Bridge, ist der älteste Parkabschnitt, hier wurde ein historisches Karussell aus Philadelphia (**Jane's Carousel** von 1922) aufgestellt. Nach Nordosten, Richtung Manhattan Bridge, schließen sich die Parks Main Street und John Street an. Hier, zwischen den Brücken, stehen zurückversetzt die renovierten Empire Stores und ein Tobacco Warehouse aus dem 19. Jh. Erstere beinhalten den **TimeOut Market** (s. S. 81), Letzteres heißt jetzt **St. Ann's Warehouse** (45 Water St., https://stannswarehouse.org) und beherbergt ein Theater.

2021 wurde als letzter Teil die **Emily Warren Roebling Plaza** unter der Brooklyn Bridge (mit Platz für Open-Air-Kino und Eisbahn) eingeweiht. Von **Pier 1** (Brooklyn Bridge Plaza) fahren nicht nur Fähren ab, von hier führt auch die **Squibb Park Bridge** hinauf nach Brooklyn Heights und man hat einen Postkartenausblick auf Manhattan am East River.

Der sich südwärts anschließende **Pier 2** widmet sich dem Freizeitsport. Vor der Skyline Manhattans kann man auf einer Eis- oder Skaterbahn Runden drehen, im Pool schwimmen oder sich beim Basketball austoben. Landeinwärts schließt sich eine Grünfläche namens **Uplands** an.

Pier 3 (Park mit Greenway Terrace) und **Pier 4** mit Strand dienen v. a. im Sommer der Erholung, während **Pier 5** neben einem Picknickareal und den Uplands als Ruheoase auch über ein Fußballfeld verfügt. **Pier 6**, am Fuß der Atlantic Ave., weist einen Fähranleger

Blick vom Brooklyn Bridge Park auf die Skyline Manhattans

(Governors Island), Beachvolleyballfelder, Spielplätze und ein Lokal auf.

Am Ende der Piers beginnt die Atlantic Ave., die einen Bummel hinein nach Downtown Brooklyn lohnt.

› www.brooklynbridgepark.org, Subway: High St. bzw. Clark St., unterschiedliche Öffnungszeiten, mind. 8–21 Uhr, Gratis-WLAN, verschiedene Veranstaltungen wie Open-Air-Kino, Sportevents, Festivals und Konzerte

45 Downtown Brooklyn/New York Transit Museum ★★ [G24]

Das Herzstück von Downtown Brooklyn ist die **Borough Hall**, erbaut 1835 bis 1849. Von hier führt die **Fulton Mall** als Fußgängerzone bis zur Flatbush Avenue. Ein kurzes Stück auf ihr südwärts stößt man auf den Bahnhof Atlantic Avenue (zugleich Einkaufszentrum **Atlantic Terminal Mall**) und das **Barclays Center**, eine Sport- und Veranstaltungshalle. Nebenan befindet sich die **Brooklyn Academy of Music** (s. S. 87), Sitz der Brooklyn Philharmonic und mehrteiliges Kulturzentrum, das für seine Experimentierfreude und Veranstaltungen mit jungen Künstlern aller Genres berühmt ist.

Vom „Herzen Brooklyns" führt die breite **Atlantic Avenue** westwärts, Richtung East River und Pier 6 des Brooklyn Bridge Park. Das vormals orientalisch geprägte Viertel hat sich zum angesagten Bummelareal gemausert. Südlich der Atlantic Avenue erstrecken sich die Viertel Boerum Hill, Cobble Hill und Carroll Gardens – „BoCoCa" – mit der lebendigen Smith Street als wichtiger Achse.

Allein das **New York Transit Museum** lohnt den Besuch von Downtown Brooklyn. In einer umfunktionierten Subway-Station aus den 1930er-Jahren erfährt man viel Interessantes

Brooklyns Neighborhoods

Brooklyn hat sich vom „Hinterhof New Yorks" zur angesagten Adresse gemausert. Als Stadt für sich wäre Brooklyn heute die drittgrößte Metropole der USA nach Los Angeles und Chicago. Eine Schlüsselrolle bei der Revitalisierung Brooklyns spielte **Brooklyn Heights,** das historische Stadtviertel direkt am East River. Inzwischen erfreuen sich auch andere Viertel regen Zuspruchs: **DUMBO,** direkt unterhalb der Brooklyn Bridge, und **Williamsburg,** das in der hippen Szene längst bekannt ist. Als „up & coming" gelten **Bushwick** mit seiner Graffiti-Szene und **Downtown** zwischen Barclays Center und der Borough Hall.

Das einstige Hafenviertel **Red Hook** in South Brooklyn ist derzeit ebenso im Trend wie die **Navy Yards**. **Park Slope** und **Prospect Heights** ziehen vermehrt junge New Yorker an.

Viele Viertel in Brooklyn sind aber nach wie vor **ethnisch geprägt,** z. B. jüdisch (**Crown Heights, Midwood** oder **Williamsburg**) oder italienisch (**Bensonhurst, Dyker Heights** – hier muss man die Weihnachtsbeleuchtung gesehen haben!). Es gibt das russische „Little Odessa" (**Brighton Beach**), afroamerikanische „neighborhoods" wie **Fort Greene** oder **Bedford Stuyvesant,** das chinesische **Sunset Park** mit dem interessanten Viertel **Industry City** (https://industrycity.com) oder Latino-Viertel wie **Cypress Hills.**

Brooklyn ist jedoch auch für Überraschungen gut, wie das „Fischerdorf" **Sheepshead Bay** oder das sich zum Positiven wandelnde ehemalige Hafen- und Industrieviertel **Gowanus** zeigen.

Entdeckungen außerhalb Manhattans

> **MEIN TIPP**
>
> **Louis Armstrong House und Center**
>
> Queens gilt als ethnisch vielfältigster Borough, was man auf der Fahrt mit dem **7 Train** (s. S. 10) erleben kann. Zu den Attraktionen unterwegs gehört das neu eröffnete Louis Armstrong House mit dem Louis Armstrong Center. Lucille Armstrong hatte das Haus 1943 gekauft und eingerichtet – ohne das Wissen ihres Mannes. „Satchmo" lebte hier bis zu seinem Tod 1971. Nach Lucilles Tod 1983 ging das Haus samt Einrichtung an die Stadt bzw. das Queens College über. Besucher können heute nicht nur das **ungewöhnliche Haus** besichtigen, sondern im gegenüberliegenden Louis Armstrong Center etwas über das gigantische **Jazz-Archiv** des Musikers und seine über 700 Tonbandaufnahmen erfahren, die er einem Podcast gleich fast täglich erstellte.
>
> **4 Louis Armstrong House,** 34–56 107th St., Corona, www.louisarmstronghouse.org, Do.–Sa. 11–15 Uhr, $ 15, Subway: 103rd St.–Corona Plaza

über Planung, Technik und Bau der Subway sowie über die verschiedenen Unternehmen, die sich zur heutigen New Yorker Subway zusammengeschlossen haben. Entlang dem im unteren Stockwerk befindlichen Bahnsteig reihen sich zahlreiche begehbare U-Bahn-Wagen aller Epochen auf.

3 [G24] **New York Transit Museum,** 99 Schermerhorn St., www.nytransitmuseum.org, Do.–So. 10–16 Uhr, $ 10
› Subway: Borough Hall, Atlantic Ave. oder Hoyd-Schermerhorn (nahe Transit Museum)

46 Brooklyn Museum ★★ [ck]

Das Brooklyn Museum am Nordostrand des **Prospect Park** ist nicht nur das zweitgrößte Kunstmuseum New Yorks, sondern umfasst auch ein ungewöhnlich breites Spektrum von ägyptischer bis zeitgenössischer Kunst in attraktiver Präsentation.

Besonders interessant ist das **Luce Center for American Art.** Es dient nicht nur als Forschungszentrum, sondern ist ein öffentlich zugängliches Magazin, das Einblick in die sonst nicht ausgestellten Schätze des Museums gewährt. 1879 war das Museum erbaut worden, 2004 wurde es um einen Glaspavillon und einen Vorplatz mit Brunnen und Fontänen erweitert.

Für Naturfreunde bietet sich gleich nebenan der **Brooklyn Botanic Garden** an, 1910 von den Olmsted-Brüdern angelegt. Sehenswert ist die Kirschbaum-Allee im Frühjahr, dazu gibt es viele Themengärten und Gewächshäuser.

› **Brooklyn Museum,** 200 Eastern Parkway, www.brooklynmuseum.org, Mi.–So.

◁ *Die Küche der Armstrongs – für ihre Zeit revolutionär*

Entdeckungen außerhalb Manhattans

11–18 Uhr, $20, mit Sonderausstellung $25

★5 **Brooklyn Botanic Garden,** 990 Washington Ave./Eastern Parkway und 455 Flatbush Ave., www.bbg.org, saisonal variierend, meist Di.–So. 10–18 Uhr, $18, im Winter an Wochentagen „pay-what-you-wish"

> **Anfahrt:** Subway-Linien 2 und 3 bis Eastern Pkwy./Brooklyn Museum

47 Coney Island ★★ [S. 1]

New Yorks „Sommerfrische" Coney Island, eine Halbinsel am Südzipfel Brooklyns, blüht wieder.

Die **Subway-Endstation** an der Stillwell Avenue und der **MCU Park,** ein kleines Baseballstadion, in dem die **Brooklyn Cyclones,** das *farm team* (die Nachwuchsmannschaft) der Mets, zu Hause sind, machen die Revitalisierung offensichtlich. Das meiste spielt sich entlang dem gut 4 km langen **Riegelmann Boardwalk** ab, einer hölzernen Strandpromenade, auf der sich Einheimische und Besucher „ergehen" und wo offensichtlich wird, dass New York traditionell ein „Badeort" ist. **Nathan's,** wo 1900 der Hotdog – das amerikanische Nationalgericht – erfunden worden sein soll, gilt als Relikt aus dem frühen 20. Jh., als Coney Island noch als „Sodom by the Sea" verrufen war.

Seit den 1920er-Jahren erlaubte die Subway, dass alle New Yorker unkompliziert zum Vergnügen an den Strand gelangten. Mit steigender Beliebtheit machte das von den Niederländern als „Koenen Eyland" bezeichnete Stück Land eine ungeahnte Entwicklung durch: Es entstand ein riesiger **Freizeitpark,** eine Art Vorläufer von Disneyworld, mit Nachbauten von Canale Grande und Pompeji, mit Astronauten- und Kuriositätenshows, riesigen Fantasiebauten wie dem Beacon Tower und mehreren *roller coasters* („Achterbahnen").

„Überlebt" haben im **Luna Park** (https://lunaparknyc.com, auch im Winter geöffnet) z. B. der legendäre **Cyclone Rollercoaster,** eine Holz-Achterbahn aus dem nicht mehr existenten Astroland Amusement Park, oder **Deno's Wonder Wheel Amusement Park** mit Riesenrad und Phoenix Rollercoaster (www.denoswonderwheel.com/phoenix-roller-coaster/). Der Fallschirmturm der Weltausstellung 1940, der **Parachute Jump,** markiert das Gelände und ist zum Wahrzeichen Coney Islands geworden.

Entlang der Strandpromenade geht es zur einzigen größeren Attraktion, dem **New York Aquarium,** wo u. a. Haie aus aller Welt zu bewundern sind. Von dort ist es nur noch ein Katzensprung nach **Brighton Beach,** am östlichen Strandende. „Little Odessa By The Sea" verkörpert eine völlig andere Welt: laut, dicht bevölkert, etwas chaotisch und bunt. Seit den 1970er-Jahren ist hier die russisch-ukrainische Gemeinde New Yorks zu Hause, es gibt entsprechende Läden, Bäckereien und Restaurants, in denen oft Englisch weder gesprochen noch geschrieben wird.

> **Anfahrt:** Subway-Linien D, F, N und Q bis Coney Island/Stillwell Ave. oder Linien B und Q bis Brighton Beach
> **Infos:** www.coneyisland.com

6 **Coney Island Museum,** 1208 Surf/W 12th Ave., www.coneyislandmuseum.org, Mai.–Sept. Sa., So. 12–17 Uhr, $5, „Circus Sideshow" extra. Kleines Privatmuseum mit Memorabilien, Fotos und Kuriositäten zum „wilden Strandleben" von einst.

★7 **New York Aquarium,** 602 Surf Ave./W 8th St., https://nyaquarium.

Entdeckungen außerhalb Manhattans

com, tgl. 10–mind. 15.30 Uhr, an Wochenenden und in der Hauptsaison $ 32,95, sonst $ 29,95.
> **Brooklyn Cyclones,** MCU Park, Surf Ave./Boardwalk (www.milb.com/brooklyn)

㊽ Staten Island ★ [S. 1]

Die Fahrt mit der (kostenlosen) **Staten Island Ferry** von der Südspitze Manhattans aus ist nicht nur wegen des grandiosen Ausblicks ein Muss. Direkt neben dem St. George Ferry Terminal befinden sich die **Empire Outlets** (s. S. 90), das einzige Outlet-Shoppingcenter in NYC. Daneben befindet sich ein kleines Baseballstadion und entlang des Ufers zieht sich die **Staten Island Promenade** hin zum **Postcards Memorial** (offiziell **Staten Island 9/11 Memorial**) mit grandiosem Ausblick. Auch das direkt an den Fährhafen angrenzende **St. George** lohnt einen Spaziergang.
> **Info:** www.visitstatenisland.com
> **Staten Island Ferry** (s. S. 13), www.siferry.com

㊾ Yankee Stadium ★★ [C2]

Seit 2009 ersetzt das „neue" Yankee Stadium den 1923 eröffneten alten *ballpark,* in dem die legendären **Bronx Bombers** und deren Stars – Babe Ruth, Lou Gehrig, Joe DiMaggio, Yogi Berra, Reggie Jackson oder Joe Torre – Baseballgeschichte schrieben. Die alte Arena wurde abgerissen und das Gelände in einen Park umgestaltet.

Das Stadium präsentiert sich – wie das **CitiField** des Lokalrivalen **New York Mets** in Queens – im beliebten Retro- oder **postmodernen Stil**. Erinnert die Ziegelfassade des CitiField an das legendäre Ebbets Field der 1957 nach Los Angeles umgezogenen Brooklyn Dodgers, greift die schlichte, von mächtigen Pfeilern gegliederte Fassade des Yankee Stadium Elemente des historischen Vorgängers auf. Während im CitiField die Fans zunächst in eine große Rotunde, die Jackie Robinson Rotunda, gelangen, die an den ersten afroamerikanischen Spieler der Baseballliga erinnert, führt der Hauptzugang des Yankee Stadium an der Babe Ruth Plaza in einen lichten und geräumigen Umgang zwischen Fassade und dem eigentlichen Stadion, die sogenannte **Great Hall**. Hier finden sich nicht nur Imbissbuden, sondern auch Fahnen mit den Abbildungen legendärer Yankee-Spieler und ein eigenes **Yankee Museum** mit Ausstellungsstücken zu Meistermannschaften und legendären Stars der Yankees wie z. B. dem „Sultan of Swat", dem deutschstämmigen George Herman „Babe" Ruth.
> **New Yankee Stadium,** E 161st St./River Ave., www.mlb.com/yankees/ballpark/tours, Touren (vorab reservieren!) tgl. mind. 10–16.40 Uhr, $ 33, großer Souvenirshop
> **Anfahrt:** Subway-Linien 4, B und D bis 161st St./Yankee Stadium

---

(MEIN TIPP)

Bisons und Blumen

Schon seit 1899 existiert der Bronx Zoo und seit 1891 der Botanische Garten, der als größter der Welt innerhalb eines Stadtgebiets gilt.
- ●8 **Bronx Zoo,** 2300 Southern Blvd., https://bronxzoo.com, mind. 10–16.30 Uhr, $ 33,95, Parken extra, Subway (2, 5): Pelham Parkway
- ★9 **New York Botanical Garden,** 2900 Southern Blvd., www.nybg.org, Di.–So. 10–18 Uhr, $ 35, Subway (2, 5): Pelham Parkway

New York für Kunst- und Museumsfreunde

Seinen Ruf als Kunstmetropole verdankt die Stadt dem Metropolitan, dem MoMA oder dem Guggenheim. Allerdings lohnen auch kleinere Museen, die interessante und sehenswerte Wechselausstellungen zeigen.

Museen

❶ [C22] **9/11 Memorial and Museum.** Berührende Ausstellung zu den Geschehnissen am 11.9.2001 (s. S. 28).

12 [B18] **9/11 Museum Workshop,** 420 W 14th St., 9th Ave.–Washington St., https://groundzeromuseum workshop.org, für Führungen Mi.–Sa. nachmittags geöffnet, $ 30 (Termine siehe Website). Fotos von Gary Marlon Suson, Erinnerungsstücke und Videos. Interaktive 90-Min.-Touren mit 3-D-Installationen.

13 [D15] **AKC Museum of the Dog,** 101 Park Ave., https://museumofthedog.org, Mi.–So. 11–18 Uhr, $ 15. Hier geht es um den Hund in der Kunst.

14 [B13] **American Folk Art Museum,** 2 Lincoln Sq., Columbus Ave./66th St., www.folkartmuseum.org, Mi.–So. 11.30–18 Uhr, Eintritt frei. Volkskunst und Kunsthandwerk vom 18. Jh. bis heute. Mit Shop und Konzerten am Freitagabend.

❹⓿ [B11] **American Museum of Natural History.** Eines der größten Naturwissenschaftsmuseen mit IMAX-Kino, Hayden Planetarium, Rose Center for Earth and Space, Gilder Center, mehreren Restaurants und Museumsläden für jedes Alter (s. S. 61).

15 [D10] **Cooper-Hewitt National Design Museum,** 2 E 91st St./5th Ave., www. cooperhewitt.org, Do.–Mo. 10–18 Uhr, $ 15 (tgl. 17–18 Uhr „pay what you wish"). Multimediales Museum zur Designgeschichte, mit Café und Shop sowie Arthur Ross Terrace & Garden (frei zugängl.).

❻ [B25] **Ellis Island.** Im Immigration Museum auf Ellis Island wird auf einem multimedialen Rundgang die Geschichte der 1892 bis 1954 betriebenen Einwanderungsstation lebendig (s. S. 33).

16 [D17] **Fotografiska New York,** 281 Park Ave S./22nd St., www.fotografis ka.com/nyc, So.–Do. 10.30–21, Fr., Sa. 10.30–23 Uhr, $ 31 (10.30–12 Uhr $ 20). Filiale des schwedischen Fotografie-Museums. Gezeigt werden Ausstellungen zu zeitgenössischer Fotografie aus aller Welt. Mit Bar-Café.

17 [D12] **Frick Collection,** 1 E. 70th St., www.frick.org. Hochkarätige europäische Kunst des 14. bis 19. Jh. Das Museum in einem historischen Gebäude soll Ende 2024 komplett renoviert neu eröffnen, **derzeit geschlossen** (Stand Anf. 2024).

18 [D20] **International Center of Photography (ICP),** 79 Essex St., www.icp.org, Mi.–Mo. 11–19, Do. bis 21 Uhr, $ 18 (Do. 18–21 Uhr beliebig, mind. $ 5). Fotografiemuseum mit Shop und Café.

❷❻ [A15] **Intrepid Sea, Air & Space Museum.** See- und Luftfahrtmuseum auf einem alten Flugzeugträger (s. S. 49).

19 [C20] **Jackie Robinson Museum,** 1 Hudson Sq./75 Varick St., www. jackierobinsonmuseum.org, Di.–So. 11–18 Uhr, $ 18. Museum zur Baseball-Legende Jackie Robinson, der bei den Brooklyn Dodgers spielte.

20 [D10] **Jewish Museum,** 1109 5th Ave./92nd St., https://thejewish museum.org, Fr.–Mo. 11–18, Do. 11–20 Uhr, $ 18 (Sa. Eintritt frei, aber Shop geschlossen). Weltgrößte Sammlung von Judaika.

◁ *Vorseite: In Manhattan herrscht immer geschäftiges Treiben*

New York für Kunst- und Museumsfreunde

⓮ [E20] **Lower East Side Tenement Museum.** Touren durch die Wohnungen von europäischen Einwanderern aus dem späten 19. Jh. und durchs Viertel (s. S. 40).

㉟ [C11] **Metropolitan Museum of Art (The Met Fifth Avenue).** Ein riesiger „Kulturtempel" mit verschiedenen Abteilungen. Mehrere Restaurants/Cafés, Shops und Veranstaltungen (s. S. 57). Filiale: The Met Cloisters (s. S. 75).

21 [G14] **MoMA PS1,** 22–25 Jackson Ave., www.momaps1.org, So., Mo., Do., Fr. 12–18, Sa. 12–20 Uhr, $ 10 bzw. im MoMA-Eintritt enthalten. Zweigstelle des „großen" MoMA **㉛**. Zeitgenössische Kunst verschiedener Genres in Wechselausstellungen, präsentiert in Fabrik-Ambiente.

22 [D8] **Museo del Barrio,** 1230 5th Ave./104th St., www.elmuseo.org, Do.–So. 11–17 Uhr, $ 9 (inkl. Museum of the City of New York). Lateinamerikanische, puertorikanische und karibische Kunst und Kultur, mit Theater, Shop und Café.

23 [B13] **Museum of Arts & Design,** 2 Columbus Circle, www.madmuseum.org, Di.–So. 10–18 Uhr, $ 18 (Do. halber Eintrittspreis, Sonderausstellungen extra). Museum zu Kunsthandwerk und Designgeschichte, mit Laden und Restaurant.

24 [C15] **Museum of Broadway,** 145 W 45th St./6th–7th Ave., www.themuseumofbroadway.com, tgl. 9.30–18.30, Sa. 9.30–20 Uhr, ab $ 39 (im Vorverkauf, zeitgebunden, plus $ 4 Vorverkaufsgebühr). Mithilfe von Zeitleisten vom 18. Jh. bis heute werden auf drei Etagen wegweisende Produktionen vorgestellt – von den „Ziegfeld Follies" über „Porgy and Bess" und „Westside Story" zu „Hair", „Cats", „Phantom of the Opera" oder „Lion King". Es sind Fotos, Poster, Requisiten, Kostüme u. a. Accessoires ausgestellt und es gibt Ausschnitte aus Produktionen und Sets zu hören und zu sehen. Es geht auch um Autoren, Komponisten, Regisseure und Produzenten sowie um Entstehung und Ablauf einer Broadway-Produktion.

25 [D20] **Museum of Chinese in America (MoCA),** 215 Centre St., www.mocanyc.org, Mi., Fr., Sa. 11–18, Do. 14–21, So. 11–16 Uhr, $ 12. Multimediales Museum zur asiatischen Einwanderungsgeschichte in einem Bau von Maya Lin.

26 [C23] **Museum of Jewish Heritage – A Living Memorial to the Holocaust,** Edmond J. Safra Plaza/36 Battery Pl., https://mjhnyc.org, So., Mi., Fr. 10–17, Do. 10–20 Uhr, an jüdischen Feiertagen geschlossen, $ 18 (Do. 16–20 Uhr frei, Reservierung nötig), mit Shop und Deli LOX sowie Garden of Stones; Security Check. Multimediales Museum zur Kultur der Juden und zur Geschichte ihrer Verfolgung.

Kombitickets

Mit **CityPass, New York Sightseeing Pass** oder **Explorer Pass** (s. S. 120) kann man bei Museumseintritten u. a. Attraktionen sparen.

△ *Chronik der Theatergeschichte im Museum of Broadway*

New York für Kunst- und Museumsfreunde

Die Northwest Coast Hall im American Museum of Natural History ㊵

> **MEIN TIPP**
>
> **Open House New York**
> Immer im Oktober können Sehenswürdigkeiten, die normalerweise nicht zugänglich sind, meist kostenlos besichtigt werden.
> › https://ohny.org, z. T. nur mit Reservierung

㉛ [C14] **Museum of Modern Art (MoMA).** Bedeutendes Museum moderner Kunst mit Klassikern, aber auch zeitgenössischer Kunst und Skulpturengarten (s. S. 53).

🏛 27 [D17] **Museum of Sex,** 233 5th Ave/27th St., www.museumofsex.com, Mo.–Do. 13–22, Fr. bis 24, Sa. 12–24, So. 12–22 Uhr (Kassenschluss 2 Std. vorher), $ 36 (Basic Ticket). Dauer- und Wechselausstellungen in einem ungewöhnlichen Museum, aber etwas teuer – man will ja nicht mit einem Sexshop verwechselt werden.

🏛 28 [D8] **Museum of the City of New York,** 1220 5th Ave./103rd St., www.mcny.org, Fr.–Mo. 10–17, Do. 10–21 Uhr, $ 20. Sehenswertes Museum zur Stadtgeschichte, neben der eigenen Sammlung auch sehenswerte Wechselausstellungen.

🏛 29 [C6] **National Jazz Museum Harlem,** 58 W 129th St., https://jmih.org, Do.–Sa. 12–17 Uhr, Eintritt gegen Spende, Subway: 125th St. Zur Smithsonian Institution gehöriges Jazzmuseum mit Hörproben und Ausstellungsstücken sowie Veranstaltungen und Konzerten.

🏛 30 [D23] **National Museum of the American Indian,** George Gustav Heye Center, 1 Bowling Green, https://americanindian.si.edu, tgl. 10–17 Uhr, frei. Filiale der Smithsonian Institution (Washington), Wechselausstellungen über und von Indianern im historischen Zollhaus.

🏛 31 [D10] **Neue Galerie, Museum for German and Austrian Art,** 1048 5th Ave./86th St., www.neuegalerie.org, Do.–Mo. 11–18 Uhr, $ 25, 1. Fr. im Monat 17–20 Uhr frei. Kunst und Design des frühen 20. Jh. aus Deutschland und Österreich in edlem Ambiente, mit Café.

⑬ [E20] **New Museum.** Wegweisendes Museum für zeitgenössische Kunst. Café und Laden sowie Dachterrasse (an Wochenenden, s. S. 40).

🏛 32 [B11] **New-York Historical Society Museum,** 170 Central Park W (76th–77th St.), www.nyhistory.org, Di.–Do., Sa., So. 11–17, Fr. 11–20 Uhr, $ 24 (Fr. 18–20 Uhr freiwilliger Eintritt). Ausstellung zur Geschichte New Yorks.

㊺ [G24] **New York Transit Museum.** Vieles rund um die Subway, auch begehbare U-Bahn-Wagen (s. S. 67). Zugehörig:
› **New York Transit Museum Gallery Annex,** im Grand Central Terminal ㉘, www.nytransitmuseum.org, Mo.–Fr. 10–19.30, Sa., So. 10–18 Uhr, Eintritt frei

New York für Kunst- und Museumsfreunde

🏛33 [C15] **RiseNY,** 160 W 45th St., www.riseny.co, So.–Do. 10–18, Fr., Sa. 10–20 Uhr, $ 29. Nach der Vorführung eines beeindruckenden Films des bekannten Dokumentarfilmers Ric Burns über die Geschichte New Yorks wird man durch sieben interaktive Ausstellungsräume rund um die Popkultur-Evolution der Stadt geleitet. Zum Schluss gibt es eine 4-D-Flugsimulation über die Stadt.

🏛34 [C5] **Schomburg Center for Research in Black Culture,** 515 Malcolm X Blvd./135th St., https://nypl.org/locations/schomburg, Mo.–Sa. 10–18 Uhr, Eintritt frei. Ausstellungen und Veranstaltungen zu verschiedenen Aspekten afroamerikanischer Kultur.

🏛35 [C23] **Skyscraper Museum,** 39 Battery Place, www.skyscraper.org, Do.–Sa. 12–18 Uhr, $ 5. Ein Architekturmuseum, in dem interessante Ausstellungen zu aktuellen Themen gezeigt werden.

㊱ [D10] **Solomon R. Guggenheim Museum.** Moderne und zeitgenössische Kunst in sehenswertem Bau, Veranstaltungen und Konzerte (s. S. 58).

⑩ [E22] **South Street Seaport Museum.** Schifffahrtsmuseum mit Wechselausstellungen und historischen Schiffen, die besichtigt werden können (s. S. 36).

🏛36 [C6] **Studio Museum of Harlem,** 144 W 125th, www.studiomuseum.org, Subway: 125th St. Wechselausstellungen zu afroamerikanischer Geschichte, Kultur und Kunst. Das Museum ist **zurzeit geschlossen** (Stand Anf. 2024). Am bisherigen Standort entsteht ein Neubau, in den man noch 2024 einziehen will.

🏛37 [D8] **The Africa Center,** 1280 5th Ave. (Museum Mile), www.theafricacenter.org, Do., Fr. 11–18, Sa. 12–21, So. 12–20 Uhr, freier Eintritt außer bei Events. Afrika-Zentrum mit vielfältigen Veranstaltungen, Workshops und Ausstellungen sowie Lokal Teranga's.

🏛38 **The Met Cloisters,** 99 Margaret Corbin Dr., Fort Tryon Park, www.metmuseum.org/visit/met-cloisters, Subway: 190th St. oder Bus M4, geöffnet Do.–Di. 10–16.30 Uhr, $ 30 (inkl. The Met 5th Avenue ㉟). Filiale des Metropolitan Museum of Art in Gestalt eines Klosters. Ausstellungen zu Kunst und Architektur des Mittelalters.

㉔ [D16] **The Morgan Library and Museum.** Palazzo des Finanziers Pierpont Morgan von 1906 mit modernem Anbau, Theater und Café. Einmalige Sammlung seltener Bücher und alter Manuskripte, Gemälde und Zeichnungen (s. S. 48).

🏛39 [C14] **The Paley Center for Media** (Museum of Television & Radio), 25 W 52nd St./5th Ave.–Ave. of the Americas, www.paleycenter.org, Mi.–So. 12–18 Uhr, $ 20. 75 Jahre Radio und TV-Geschichte mit über 100.000 archivierten Programmen.

⑱ [B18] **Whitney Museum of American Art.** Wechsel- und Dauerausstellungen moderner Kunst. Alle zwei Jahre im Frühjahr große zeitgenössische Kunstschau „Whitney Biennial" (s. S. 43).

Galerien

🅶40 [C13] **Galerie Marian Goodman,** 24 W 57th St., www.mariangoodman.com. Werke bedeutender Künstler wie Lichtenstein, Oldenburg, Warhol, Beuys oder Richter.

🅶41 [C13] **Hirschl & Adler,** 41 E 57th St./Madison Ave., http://www.hirschlandadler.com. Amerikanische Kunst.

🅶42 [D11] **Leo Castelli,** 18 E. 77th St., http://castelligallery.com. Schwerpunktmäßig moderne und zeitgenössische Kunst. Entdeckte u. a. Jasper Johns oder Roy Lichtenstein.

🅶43 [A17] **Pace Gallery,** 540 W 25th St., www.pacegallery.com. Drucke und moderne Kunst.

❯ Großauktionen veranstalten **Sotheby's** (1334 York Ave./72nd) und **Christie's** (502 Park Ave./59th).

New York für Genießer

In der Weltstadt New York ist das ganze **kulinarische Spektrum** – von Hamburgern, Hotdogs, Steaks und BBQ über länderspezifische Spezialitäten wie Dim Sum, Pizza, Korean BBQ, Ramen, Pho oder Gerichte der jüdischen Küche bis hin zu französischer oder amerikanischer Haute Cuisine mit erlesenen Weinen – zu finden.

Alle paar Jahre lassen sich **neue Trends** beobachten, von Cupcakes zu rohem Keksteig, von „bone marrow" (Knochenmark) zu Grünkohl-Chips, von Bubble Tea zu Cider und Kombucha, von Pho zu Ramen oder Korean BBQ. Zurzeit sind alle Arten von asiatischen Gerichten angesagt. Die Restaurantszene in NYC ist schnelllebig. Neueröffnungen und Schließungen gehören zur Tagesordnung.

In einem der **besseren Restaurants** zu essen, ist relativ teuer, Service, Kreativität und Qualität der Speisen sind aber auf höchstem Niveau. Der durchschnittliche Preis pro Menü liegt bei knapp $50, wobei zum Preis auf der Speisekarte insgesamt noch gut 25 % für **tax** (Mehrwertsteuer) und **tip** (Trinkgeld) addiert werden müssen. Lunch ist generell preiswerter als Dinner.

Für **Sparsamere** und den kleinen Hunger stellen in New York Delis (kalte und/oder warme Theken), Imbisslokale, Food Halls, Wochenmärkte oder Supermärkte wie Whole Foods oder Trader Joe's gute Alternativen dar. Außerdem bieten Pushcarts und v.a. Food Trucks oft preiswerte, kreative Küche. Außerhalb Manhattans lässt es sich häufig günstiger essen.

› **Infos:** https://roaminghunger.com/food-trucks/new-york-ny
› **Food Cart Tours:** Turnstile Tours, https://turnstiletours.com/tours/food-cart-tours (s. S. 131)

> **Gastro- und Nightlife-Areale**
> Bläulich hervorgehobene Bereiche in den Karten kennzeichnen Gebiete mit einem dichten Angebot an Restaurants, Bars, Clubs, Discos etc.

Philippinisch-spanische Fusionsküche bei 87 Ludlow (s. S. 79)

New York für Genießer

Hinweise zum Essengehen

Mittagessen (Lunch) wird im Allgemeinen zwischen 12 und 14 Uhr, **Abendessen** (Dinner) von ca. 18 bis 22 Uhr serviert. Abends und an Wochenenden sollte man in besseren bzw. beliebten Restaurants einen **Tisch reservieren**, ansonsten muss man Wartezeiten in Kauf nehmen.

Nach dem Prinzip „**wait to be seated**" wird einem am Eingang ein eigener Tisch zugewiesen, die Bedienung (server/ waiter) stellt sich (und ggf. die „Daily Specials") vor und der busboy („Hilfskellner") schenkt auf Wunsch (**Leitungs-)Wasser** ein, das man bedenkenlos trinken kann. Man muss kein weiteres Getränk nehmen. Mineralwasser (mineral water, still oder sparkling) kann ebenfalls bestellt werden.

Die **Menüzusammensetzung** ist flexibel und oft stehen mehrere Beilagen, Dressings und Zubereitungsarten bzw. oft auch Portionsgrößen zur Wahl. Auf den appetizer (Vorspeise) folgen entrée/main course (Hauptgericht) und dessert (Nachtisch). Anschließend bekommt man unaufgefordert die Rechnung, dazu kommt ein **Trinkgeld** (tip, gratuity) von 20 %. Das **Einpacken von Essensresten** ist selbst in einem Feinschmeckerrestaurant üblich.

Während der **NYC Restaurant Week** (Sommer und Winter) bieten Restaurants Menüs zum Schnäppchenpreis: www.nyctourism.com/restaurant-week.

Folgende Websites helfen bei der Suche nach bestimmten Lokalen:
› https://nymag.com/restaurants
› www.timeout.com/newyork/restaurants
› www.chowhound.com
› https://ny.eater.com

Empfehlenswerte Restaurants

Sofern im Folgenden nicht anders angegeben, werden täglich Lunch und Dinner serviert. Falls Telefonnummern angegeben sind, ist es ratsam zu reservieren. Meist kann das auch über die Website geschehen.

Haute Cuisine

Es gibt viele Toplokale und weltberühmte Köche in New York. In Spitzenrestaurants ist meist eine Reservierung weit im Voraus nötig.

44 [D17] **Gramercy Tavern** $$$$, 42 E 20th St./Broadway–Park Ave. S, Tel. 212 4770777, www.gramercytavern.com. Amerikanische Küche mit exotischem Touch, gute Weinliste. Schlichter in der Tavern, nobler im Dining Room.

45 [H20] **Peter Luger Steak House** $$$$, 178 Broadway, Brooklyn (Subway: Marcy Ave., Linien J/M/Z), Tel. 718 3787400, https://peterluger.com. Für ein Steak in dieser 1887 gegründeten Institution nehmen New Yorker trotz Reservierung und Ablehnung von Kreditkarten Wartezeiten in Kauf.

Amerikanische Küche

46 [B7] **BLVD Bistro** $-$$, 2149 F. Douglass Blvd/116th, www.boulevardbistrony.com, tgl. Lunch und Dinner, am Wochenende Brunch und abends DJs. Soul Food wie Chicken, Shrimps & Grits (Polenta) u. Ä.

Preiskategorien
Annäherungswert für ein Hauptgericht ohne Getränk, tax und Trinkgeld.

$	unter $ 15
$$	$ 15–25
$$$	$ 25–50
$$$$	über $ 50

47 [B16] **Butcher & Banker** $^{\$\$\$}$, 481 8th Ave. (Hotel New Yorker), Tel. 212 2688455, www.butcherandbankernyc.com, tgl. Dinner. Speisen in einem ehemaligen Tresorraum – das ist speziell. Dazu diverse Steaks wie Ribeye, Hanger, Filet Mignon und „Kan-Kan Pork" – ein doppeltes Lenden-Schweinekotelett mit karamellisierten Äpfeln und Cidre-Soße. Grandiose Weinauswahl und Cocktails!

48 [E21] **Dimes NYC** $^{\$}$, 49 Canal St., Tel. 212 9251300, https://dimesnyc.com, Di.–Sa. 9–22, So., Mo. 9–21 Uhr. Winziges Lokal, ideal für Frühstück/Lunch, aber auch gute Abendkarte. Ungewöhnliche, kreative, leichte Gerichte.

49 [E20] **Dudley's** $^{\$\$}$, 85 Orchard St., www.dudleysnyc.com, tgl. 9–24 Uhr. Lokal in der LES mit einer interessanten kulinarischen Mischung aus amerikanischer und australischer Küche.

Mediterrane Küche

51 [D14] **Pasta Corner** $^{\$-\$\$}$, 9 E 53rd St. (Madison–5th Ave.), www.pastacorner.com, Tel. 718 7975121, tgl. 11.30–23.30 Uhr. Hausgemachte frische Pasta und Saucen, z. B. Tagliatelle Black Truffle oder Penne mit Pesto und Burrata. Und zum Nachtisch ein Hazelnut Praline Croissant – ein Traum! Gerichte auch zum Mitnehmen, dazu verschiedene kulinarische Produkte zum Kauf an der Theke. In der 259 Bleecker St. in Greenwich Village wollen die Betreiber mit dem Savta ein weiteres Lokal eröffnen.

Asiatische Küche

52 [H24] **Atti** $^{\$\$\$}$, 294 Livingston St. (Downtown Brooklyn), Tel. 917 9091122, Mo.–Fr. Dinner, Sa., So. Lunch und Dinner. Gehobenes Korean BBQ, z. B. als Kombination aus vier verschieden zugeschnittenen und gelagerten Stücken Rind, als „Atti Han Sang" mit Beilagen. À la carte gibt es z. B. Wagyu Beef, Eintöpfe und Reisgerichte. Dazu passend: der Cocktail Atti Old Fashioned oder ein Plum Mojito.

53 [E20] **Gugu Room** $^{\$\$}$, 143 Orchard St., Di.–So. ab 17 Uhr, Tel. 646 3296875, www.guguroomnyc.com. Philippinisch-japanisches *Izakaya* („Gasthaus") mit gegrillten Fleischspießen, Tempura, Sisig, viel Rind und Eintöpfen, auch mit Innereien. Vegetarisches mit Tofu und Pilzen. Bar mit japanischen Cocktails.

54 [E21] **Joe's Shanghai** $^{\$}$, 46 Bowery, https://joeshanghairestaurants.com. Preiswerter Chinaimbiss mit gefüllten Teigtaschen *(dumplings)*, asiatischen Fleischgerichten etc.

Italienischer Imbiss, Take-away und Delikatessengeschäft: Pasta Corner

New York für Genießer

55 [G25] **Rua Thai** $$-$$$, 204 Smith St. (Cobble Hill/Brooklyn), www.ruathai.com. Essen wie auf dem schwimmenden Markt in Thailand, z. B. Fisch-Curry-Custard, Shrimp-Donuts am Zuckerrohrstäbchen, gegrillte Flussgarnelen, Massaman-Ribs, Meeresfrüchtepfanne u. v. m., dazu thai-inspirierte Cocktails. Großer Gemeinschaftstisch für Gruppen, dezente Asia-Deko und Fotos von Märkten in Thailand an den Wänden.

56 [E19] **Soogil** $$-$$$, 108 E 4th St., Tel. 646 8385524, www.soogil.com, Mi.–So. Dinner. Chefkoch Soogil Lim kommt aus Südkorea und kombiniert französische und koreanische Küche. Gute Weine und koreanische Drinks.

57 [D21] **Tasty Dumpling**, 42 Mulberry St., https://tastydumplingny.com. Die hier erhältlichen chinesischen Teigtaschen mit unterschiedlichen Füllungen sind gut und günstig.

Küche aus aller Welt

58 [B17] **aRoqa** $$-$$$, 206 9th Ave., Tel. 646 6785471, https://aroqanyc.com, Fr.–Mi. Lunch/Dinner, Do. nur Dinner. „Contemporary Indian cuisine" in einem dramatisch in Schwarz-Gold gestalteten Lokal. Klassisch Indisches (wie *Vindaloo* und *Chicken Tikka*) wird mit kulinarischen Einflüssen aus aller Welt kombiniert und ungewöhnlich präsentiert.

59 [G24] **Boutros** $$, 185 Atlantic Ave., Tel. 718 4030055, https://boutrosbk.com, tgl. Dinner, Sa., So. auch Brunch. In diesem gemütlichen Lokal verschmelzen amerikanische, mediterrane und nahöstliche Einflüsse zu kreativen Gerichten.

60 [E20] **Café Katja** $$, 79 Orchard St., Tel. 212 2199545, www.cafekatja.com, tgl. Lunch und Dinner, Mo. nur Dinner. Österreichisch-bayerische Spezialitäten in einem winzigen Lokal in der Lower East Side.

MEIN TIPP

Kreative Multikulti-Küche

Das Restaurant Archer & Goat befindet sich im Souterrain eines Brownstone-Hauses in Harlem: Bar vorn, offene Küche hinten, rustikale Ziegelwände, ein langer Gemeinschaftstisch. Die Atmosphäre ist gemütlich und bunt, die Küche kreativ und multikulturell – wie die Besitzer, Jenifar Chowdhury (Bangladesh) und Alex Guzman (Lateinamerika). *Arepas* (Maisfladen) mit *Chicken Vindaloo* (Hähnchencurry), *Roasted Duck* (Ente), *Rogan Josh* (persisches Lammgericht) oder der A&G Burger sind Beispiele für die Symbiose. Rosenkohl verwandelt sich mit *Chimichurri* in delikate *Crispy Brussels Sprouts* und ein im Ganzen servierter Blumenkohl wird zur Geschmacksbombe. Fantastisch sind auch die lokalen Craftbiere und vielfältigen Cocktails. Benannt ist das Lokal nach den Sternzeichen der Besitzer: Schütze (*sagittarius*, umgangssprachlich *archer*) und Steinbock (*capricorn*, umgangssprachlich *goat*).

61 [C7] **Archer & Goat** $-$$, 187 Lenox Ave., 119th–120th St. W., www.archerandgoat.com, Tel. 917 2616602, Do., Fr. Dinner, Sa., So. auch Brunch

---

Ein Restaurant, in dem spanische mit philippinischer Küche verschmilzt, gibt es in der Lower East Side. Über ein Dutzend Tapas stehen auf der Karte von Chefkoch und Besitzer Aris Tuazon – ideal zum Teilen am Tisch. Dazu gehören *Oyster Sisig* (gehackte und gratinierte Austern), Sardinen mit *Ikura*, *Chorizo Shrimp al Ajillo* oder gegrillter Oktopus mit Ananas-Chimichurri und Romanesco. Hauptgerichte sind z. B. Pork Belly Humba oder Paella Negra. Es gibt ausgewählte Weine, Biere und Cocktails.

62 [E20] **87 Ludlow** $$-$$$, 87 Ludlow St., http://87ludlownyc.com, Mi.–Sa. 17–23 Uhr

63 [E19] **Café Mogador** $$, 101 St. Marks Pl., 1st–A Ave., www.cafemogador.com, tgl. mind. 10–22.30 Uhr. Leckere marokkanisch-mediterrane Gerichte wie Couscous, Tagines und Bastilla.

64 [B7] **Silvana** $, 300 W 116th St., https://silvana-nyc.com. Gemütliches orientalisches Lokal. Tagsüber herrscht im Erdgeschoss Restaurant- und Café-betrieb (8–22 Uhr) mit preiswerten Gerichten, abends gibt es im Untergeschoss Livemusik, DJs und eine Bar (16–4 Uhr).

Vegetarisch und Vegan

65 [E21] **Buddha Bodai** $, 5 Mott St., Tel. 212 5668388, www.buddha-bodai.com. Vegetarisch-koschere asiatische Küche mit vielerlei Dim Sum und günstigem Mittagsmenü.

66 [B14] **P.S. Kitchen** $$, 246 W 48th St., Tel. 212 6517247, www.ps-kitchen.com, tgl. von 11 bis mind. 22 Uhr. Veganes Restaurant mit sozialer Mission: Alle Gewinne gehen an wohltätige Organisationen, das Personal stammt aus sozial schwachen Gesellschaftsschichten und die Speisen und Getränke auf der Karte sind komplett „plant-based" (pflanzlich).

☑ *Vegane Küche mit Anspruch im Seasoned Vegan Real Quick*

67 [E19] **Seasoned Vegan Real Quick** $, 128 2nd Ave./East Village, tgl. 11–24 Uhr. Takeout mit kulinarischen Wurzeln in New Orleans. V. a. Sandwiches wie Craw Pretzel Boy, BBQ Craw oder SV Nugget Sandwich. Brenda Beener gilt als Pionierin des Veganismus, war lange in Harlem als Bäckerin tätig und betreibt jetzt mit Sohn Aaron dieses Restaurant.

68 [D18] **TLK** $$, 58 3rd Ave. (10th–11th St.), Tel. 646 3602030, www.tlk-nyc.com, Mo.–Fr. Dinner, Sa., So. Lunch und Dinner. Gemütliches Lokal im East Village, in dem es glutenfreie asiatische Küche gibt. Vegane Gerichte – z. B. gegrillte Aubergine mit Chili, Tamarinde und Schalotten oder Peanut Street Noodles –, aber auch Fisch und Fleisch, z. B. Oktopus mit Yuzu-Ingwer Soße, gegrillte Chicken Wings mit Zitronengras oder Curry-Fisch. Tolle Cocktails und Weine.

Imbisse

69 [B4] **Charles Country Pan-Fried Chicken**, 340 W 145th St., www.charlespanfriedchicken.com. Soulfood mit Hühnchen aller Art, zubereitet vom Fried-Chicken-King von Harlem, Charles Gabriel.

70 [B17] **Empire Diner**, 210 10th Ave., https://empire-diner.com, tgl. 9–23 Uhr. Eine Legende, neu erweckt in

New York für Genießer

Food Halls

Food Halls vereinen mehrere Imbissstationen, aus deren Angebot man wählen kann. Sie sind meist durchgehend geöffnet. Im Grand Central Terminal ㉘ z. B. befindet sich der **Central Market**, im Brookfield Place ❸ **Hudson Eats** und **Le District**. Auch **Eataly** (s. S. 92), der **Mercado Little Spain** in den Shops & Restaurants at Hudson Yards (s. S. 91) und das **Tin Building** (s. S. 36) haben solche „Fressmeilen" zu bieten.

- 71 [D21] **Canal St. Market**, 265 Canal St., https://canalstreet.market, mind. 11–18 Uhr. Läden, Imbissstände und Veranstaltungen.
- 72 [B18] **Gansevoort Liberty Market**, www.gansevoortmarketnyc.com, Food Hall und Markt im Oculus (s. S. 30)
- 73 [H23] **Gotham Market@The Ashland**, 590 Fulton St. Brooklyn, www.gothammarketashland.com
- 74 [F22] **Time Out Market**, 55 Water St., DUMBO/Brooklyn, www.timeoutmarket.com/newyork
- 75 [B13] **Turnstyle Underground Market**, www.turn-style.com, in der Subway-Station Columbus Circle
- 76 [D15] **Urbanspace Vanderbilt**, www.urbanspacenyc.com, im Helmsley Building nahe Grand Central Terminal ㉘

Für den späten Hunger

V. a. in Midtown, um Times Square und Broadway, findet man Delis, Lokale und Bars, die rund um die Uhr Essen servieren.

- › **Katz's Delicatessen** (s. S. 82), am Wochenende 24 Std. tgl. geöffnet
- › **Mother's Ruin** (s. S. 86), Speisen bis 3.30 Uhr
- 77 [E19] **Ray's Candy Store**, 113 Ave. A (Tompkins Square Park/East Village). Seit 1974 gibt es hier rund um die Uhr Pommes, Shakes, Eis, Hotdogs etc.
- 78 [D20] **Rintintin** $, 14 Spring St. (Nolita), tgl. 11–1 Uhr. Sandwiches und Salate, Mezze etc. zu Lunch oder Brunch und kreative Dinnerkarte u. a. mit Fisch, Steak, Burger, Lamm und Tajines.
- 79 [G24] **Smith's Gourmet Deli**, 126 Smith St., https://126smithgourmetdeli.business.site. Rund um die Uhr geöffneter Deli mit Sandwiches, Salat- und Saftbar.
- 80 [B16] **Tick Tock Diner**, 481 8th Ave., www.ticktockdinerny.com. Mo., Di. 6–22 Uhr, Mi.–So. rund um die Uhr. Diner in günstiger Midtown-Lage, den ganzen Tag über wird Frühstück serviert.
- 81 [A7] **Tom's Restaurant**, 2880 Broadway/112th St., www.facebook.com/TomsDiner.original, tgl. 7–23 Uhr. Von Suzanne Vega besungener Diner, der auch als Schauplatz zahlreicher Szenen in der Comedyserie „Seinfeld" diente.

Lokale mit Aussicht

- › **Hudson Eats@Brookfield Place**. Food Hall im früheren World Financial Center ❸ mit Blick auf den Hudson River.
- 82 [C14] **R Lounge at Two Times Square** $$$, 714 7th Ave./47th–48th St., Tel. 212 2615200, http://rloungetimessquare.com. Mit Blick auf den Times Square.
- 83 [F22] **The River Café** $$$, 1 Water St. (Brooklyn), Tel. 718 5225200, https://rivercafe.com. Toller Ausblick auf Manhattans Skyline! Nicht preiswert, aber ein Lunch oder ein Drink an der Bar sind bezahlbar. Kleidervorschriften im Lokal.

Dinner for one

Eataly (s. S. 92) und andere Food Halls (s. S. 81) sind gute Orte, um allein essen zu gehen. Weitere Tipps finden sich unter https://ny.eater.com/maps/best-restaurants-nyc-solo-diners.

retro-modernem Design. Auf der Karte steht klassisches amerikanisches Diner-Food wie Burger, Sandwiches, Hähnchen, Salate etc.

Delis

Delis sind in der Regel zweigeteilt (Shop/Restaurant) und, sofern nicht anders angegeben, täglich von morgens bis abends geöffnet (weitere Delis s. S. 92).

84 [B10] **Barney Greengrass**, 541 Amsterdam Ave./86th St., www.barneygreengrass.com, Lokal: Di.–Fr. 8.30–16, Sa., So. bis 17 Uhr, Laden: Di.–So. 8–18 Uhr. Jüdischer Deli, bekannt für Räucherfisch, Hering und Pickles, außerdem Bagels.

85 [E19] **Katz's Delicatessen**, 205 E Houston St., https://katzsdelicatessen.com, Mo.–Do. 8–23, Fr.–So. rund um die Uhr. Seit 1888 existierender Deli. Empfehlenswert sind die Pastrami- oder Corned-Beef-Sandwiches mit mariniertem/gepökeltem, dünn aufgeschnittenem Rindfleisch „on rye" (Roggentoast), „on wheat" (Weizentoast) oder „on club" (Brötchen). Nur Barzahlung, lange Schlangen!

86 [C18] **Murray's Bagels**, 500 6th Ave., 12–13th St., www.murraysbagels.com. Hier gibt es Bagels pur *(plain)*, mit Mohn, Sesam oder Rosinen, in der Vollkornversion, mit Zwiebelgeschmack etc., aufgeschnitten und beliebig belegt mit Frischkäse, Käse und Lachs *(lox bagel)* oder auch Mozarella.

87 [D16] **Second Avenue Deli**, 162 E 33rd St./3rd Ave., https://2ndavedeli.com. Deli, der für Corned Beef, Pastrami, „Kugel" (Nudelauflauf) und gehackte Leber bekannt ist. Weitere Filiale: 1442 1st Ave.

88 [A11] **Zabar's**, 2245 Broadway, www.zabars.com. Ein durch Woody Allen legendär gewordener Deli mit einer wirklich gigantischen Auswahl.

Bäckereien und Süßes

89 [G24] **Bien Cuit**, 120 Smith St., www.biencuit.com. Französische Bäckerei mit Delikatessen wie Tartes, Quiches und verschiedenen Brotsorten. Filiale u. a. im Grand Central Market **28**.

90 [F22] **Butler Bake Shop**, 40 Water St., www.butler-nyc.com. Kleiner Bäcker mit Top-Backwaren, außerdem Frühstück und Lunch.

91 [E21] **Chinatown Icecream Factory**, 65 Bayard St., www.chinatownicecreamfactory.com. Hier sollte man unbedingt Black-Sesame-, Green-Tea- oder Cocos-Eis probieren!

92 [C20] **Dominique Ansel Bakery**, 189 Spring St., www.dominiqueansel.com. Für „Cronuts" (eine Mischung aus Croissant und Donut) berühmte Konditorei, die Breakfast Croissants, Tarts und Cakes lohnen aber mindestens genauso.

93 [D20] **Ferrara Bakery & Café**, 195 Grand St., www.ferraranyc.com. Historisches Café von 1892 mit italienischen Spezialitäten wie Cannoli.

94 [F22] **Jacques Torres**, 66 Water St., https://mrchocolate.com. Schokoladen der Extraklasse, der Meister betreibt mehrere Filialen in der Stadt und gegenüber (Nr. 85) befindet sich die zugehörige Almondine Bakery.

95 [D20] **Little Cupcake Bakeshop**, 30 Prince St., www.littlecupcakebakeshop.com. Für viele die besten Cupcakes der Stadt. Zum Mitnehmen, aber auch einige Tische zum Sitzen. Weitere Filialen.

96 [D19] **Morgenstern's Finest Icecream**, 88 W Houston St. www.morgensternsnyc.com. Mehrere Dutzend verschiedene Sorten Eis, handgemacht und aus natürlichen, frischen Zutaten. Außerdem sind Burger, Fries und Pies im Angebot.

97 [H19] **Odd Fellows Ice Cream & Coffee**, 40 River St. (Brooklyn), www.oddfellowsnyc.com. Hier kann man

sich davon überzeugen, dass es auch in den USA hervorragendes Eis gibt. Dazu genießt man Kaffeespezialitäten.
- **98** [G24] **One Girl Cookies**, 68 Dean St. (Cobble Hill/Brooklyn), https://onegirl cookies.com. Wer Kekse liebt, ist hier richtig, zudem ist das Lokal ideal für ein gemütliches Frühstück, aber auch, um kleine Gerichte zu verzehren. Filialen s. Website.
- **99** [E20] **Petee's Pie Company**, 61 Delancey St., www.peteespie.com, Mo.–Do. 16–23, Fr.–So. 11–23 Uhr. Knusprige Pies mit verschiedenen Füllungen – Obst, Nüsse, Creme u. a. –, frisch zubereitet und stückweise oder im Ganzen zu kaufen.

Cafés und Kaffeeröstereien

- **100** [G23] **Brooklyn Roasting Co.**, 1 Clinton St., https://brooklynroasting.com. Diese Kaffeerösterei hat die Kaffeekultur in der Stadt wesentlich beeinflusst. In der Jay St. begann alles, inzwischen befindet sich die Rösterei im Navy Yard und hat zahlreiche Filialen (u. a. Strand Books, s. S. 92).
- **101** [F22] **FEED Shop & Café**, 55 Water St., https://feedprojects.com/feed-shop-cafe. Das Café mit Laden im Einkaufszentrum Empire Stores in DUMBO ist 2007 aus einem Sozialprojekt von Lauren Bush, der Enkelin des ehemaligen US-Präsidenten George W. Bush, entstanden. Der Gewinn aus dem Verkauf von Taschen und Accessoires wird für Projekte gegen den weltweiten Hunger verwendet.
- **102** [D18] **Irving Farm New York**, 71 Irving Place, https://irvingfarm.com. Seit 1996 wird hier Kaffee geröstet und ausgeschenkt. Mehrere Filialen.
- **103** [E20] **Roasting Plant**, 81 Orchard St., https://roastingplant.com. Winziges Café, in dem der Kaffee frisch geröstet wird.

New York am Abend

Das New Yorker Nachtleben ist legendär und verändert sich ständig. Neben Clubs, Discos und Bars gibt es ein riesiges Angebot an Theatern, Konzertbühnen und Livemusik.

Nachtleben

Schicke *nightspots* befinden sich in **Chelsea** (W 27th St., 10th–11th Ave.), im **Meatpacking District**, in der Region zwischen **Bowery** und **East Village**, um Houston St. und Lafayette Ave. sowie um Tompkins Square und 6th Street. Gut geeignet für Nachteulen ist auch **Brooklyn**, v. a. Williamsburg, Greenpoint oder Bushwick. **Cocktailbars** (manche getarnt als „speakeasies" mit versteckten Eingängen) bieten mehrseitige Cocktailkarten (ab ca. $ 15 pro Drink). Beliebt sind elegante **Rooftop-Bars** auf Wolkenkratzerdächern und in den oberen Etagen der angesagten Boutique-/Designhotels.

◳ Nach wie vor ist New York die erste Adresse für Livejazz

Rooftop-Bars

❶104 [C14] **LIFE Rooftop,** 120 W 57th St., Hotel Le Meridien, www.sbe.com/nightlife/life-rooftop. Elegante Bar mit Blick auf den Central Park. Große Cocktail-Auswahl, kleine Speisekarte.

❶105 [D22] **Manhatta,** 28 Liberty St., 60th Floor, www.manhattarestaurant.com/the-bar, öffnet um 16 Uhr. Bar (und Restaurant) im Financial District mit tollem Ausblick und beeindruckender Cocktailkarte.

❶106 [C14] **Salon de Ning,** 700 5th Ave., www.peninsula.com. Rooftop-Bar auf dem Dach des Peninsula Hotel.

› **The Crown NYC.** Ausblick aus dem 21. Stock des Hotel 50 Bowery (s. S. 133) und große Cocktail-Auswahl mit asiatischem Touch.

❶107 [A14] **The Press Lounge,** 653 11th Ave, Kimpton Ink48 Hotel, www.thepresslounge.com. Die wohl luxuriöste Rooftop-Bar der Stadt, kreative Cocktails und Pool!

› **Top of the Standard,** im Standard Hotel (s. S. 134). Hoch über der High Line gelegene Bar mit Livejazz.

❶108 [D14] **Upstairs,** 145 E 50th St., Kimberly Hotel, www.upstairsnyc.com. Angesagter Treff in Midtown, elegant und schick. Klassische Cocktails, dazu Häppchen.

› **Weitere schicke Rooftop-Bars** unter: www.gerberbars.com

Discos/Clubs

❶109 [B17] **Marquee New York,** 289 10th Ave./27th St., Tel. 646 4730202, https://taogroup.com/venues/marquee-new-york, Mi. 23.30–4, Fr., Sa. 23–4 Uhr. Großer Club mit wechselnden DJs, viel House. Weitere Clubs der Tao Group finden sich unter https://taogroup.com/venues/?venue_city=new-york.

❶110 [C17] **Somewhere Nowhere NYC,** 112 W 25th St. (6th–7th Ave.), https://somewherenowherenyc.com. Entertainmentkomplex auf drei Ebenen über dem Renaissance NY Chelsea Hotel. Lounge mit Fensterfronten, DJs und Tanzfläche, Nightclub, Bar, Rooftop mit Pool.

Livemusik

❶111 [C5] **Bill's Place Harlem,** 148 W 133rd St., https://billsplaceharlem.com. Fr., Sa. Sets um 19 und 21 Uhr, $ 30, kein Alkoholverkauf. Saxophonist Bill Saxton ist eine Harlemer Jazz-Ikone.

❶112 [B15] **Birdland,** 315 W 44th St./8th Ave., www.birdlandjazz.com, Tel. 212 5813080. Jazzclub und Theater (Restaurantbetrieb), mehrere Sets am Abend. Ein Restaurant mit Cajun-Spezialitäten gehört dazu. Benannt nach dem Saxofonisten Charlie „Bird" Parker.

❶113 [C19] **Blue Note,** 131 W 3rd St./MacDougal–6th Ave., Tel. 212 4758592, www.bluenote.net, mind. zwei Sets jeden Abend (20/22.30 Uhr) sowie Sunday Brunch. Legendärer Jazzclub, in dem u. a. Dizzy Gillespie, Ray Charles, B. B. King und Lionel Hampton aufgetreten sind; dazu R&B, Soul, Pop, Latin.

❶114 [E20] **Bowery Ballroom,** 6 Delancy St., www.mercuryeastpresents.com/boweryballroom. Fast täglich Livekonzerte und großer *dancefloor*. Tickets ab $ 20. Zugehörig: Mercury Lounge, www.mercuryeastpresents.com/mercury lounge (ab $ 15).

❶115 [A6] **Cotton Club,** 656 W 125th St., Tel. 212 6637980, http://cottonclub-newyork.com. Jazzshow mit Büffet, aber auch Blues und Swing. Hier begannen Lena Horne, Duke Ellington u. a. ihre Karrieren. Sa., So. Brunch & Gospel.

❶116 [B13] **Dizzy's Club Coca Cola,** 10 Columbus Circle, Tel. 212 2589800, https://jazz.org/dizzys. Perfekt für Livejazz zum Cocktail.

❶117 [C19] **Live at Smalls,** 183 W 10th St./7th Ave., www.smallslive.com. Kleine, gemütliche Jazzkneipe mit

New York am Abend

begrenztem Platz bei Livekonzerten (fast tgl., meist 19.30/21/24 Uhr, Eintritt $ 25, 1-Drink-Minimum).

118 [C6] **Red Rooster Harlem** $$$, 310 Lenox Ave./125th St., Tel. 212 7929001, www.redroosterharlem.com. Restaurant mit „Comfort Food" und Livemusik (gratis) oder DJs, So. Gospelbrunch und Ginny's Supper Club im UG (www.ginnyssupperclub.com, nur zu Events geöffnet).

119 [C5] **SHRINE**, 2271 Adam Clayton Powell Jr. Blvd., www.facebook.com/shrineharlem. Weltmusikbühne in Harlem mit mehreren Shows täglich, immer eng und voll, im Sommer auch Außengastronomie. Direkt nebenan findet sich das French Bistro **Yatenga** (www.yatengabistro.com), das eng mit dem SHRINE kooperiert.

› **Silvana** (s. S. 80). Livemusik, DJs und Bar im Untergeschoss eines Cafés.

120 [D19] **The Bitter End,** 147 Bleecker St., https://bitterend.com, tgl. Livemusik, dazu Jam Sessions. In „New York City's Oldes Rock Club" (er eröffnete 1961) traten schon Stars wie Stevie Wonder, Bob Dylan, Lady Gaga, Jackson Browne, Neil Diamond, Randy Newman, Billy Crystal oder Curtis Mayfield auf.

121 [D18] **Webster Hall,** 1255 E 11th St., www.websterhall.com. Seit 1886 existierender Musikclub im East Village. Mehrmals wöchentlich Liveauftritte, u. a. auch späte Abendveranstaltungen.

Bars und Pubs

122 [C19] **Analogue,** 19 W 8th St. (5th–6th Ave.), West Village, www.analoguenyc.com, tgl. ab 16, Sa. ab 15 Uhr, Livemusik u. a. Veranstaltungen. Gemütliche Cocktail- und Whiskey-Bar im Bistrostil mit Ledersesseln und tollen Cocktails sowie großer Whiskeykarte und Barfood.

123 [D11] **Bemelmans Bar,** 35 E 76th St., im Carlyle Hotel, www.rosewoodhotels.com/en/the-carlyle-new-york/

296ny Abb.: Nobleman

dining/bemelmans-bar, tgl. ab 12 Uhr bis mind. Mitternacht, Eintritt zw. $ 10 und $ 35 für abendliches Live-Entertainment. Legendäre Bar und beliebter Society-Treff mit Wandmalereien von Ludwig Bemelmans, bekannt für Kinderbücher („Madeline"). Elegante Art-déco-Einrichtung mit viel Schwarz und Gold.

124 [E19] **Death & Co,** 433 E 6th St./Ave. A, www.deathandcompany.com. Mit die besten Cocktails der Stadt, meist brechend voll (Türsteher!).

125 [E19] **Down & Out NYC,** 503 E 6th St. (East Village), www.downandoutnyc.com, tgl. 16–2 Uhr. Cocktail- und Austernbar im Retro-Ambiente der 1930er-Jahre. Geniale (und preislich akzeptable) Cocktails und viele Whisk(e)ys. Austern, Meeresfrüchte und Fisch als Begleitung sowie *tinned selections* – exklusive Fisch- oder Meeresfrüchtespezialitäten aus Dosen mit Crackern und Pickles. Happy Hour tgl. 16–19 Uhr.

126 [C5] **Harlem Hops,** 2268 Adam Clayton Powell Junior Blvd., 133–134th

Schicke Drinks gibt es u. a. in der Bar Down & Out NYC

> **Smoker's Guide**
> In Bars und Lokalen, in Clubs und auch in Sportstadien ist **Rauchen verboten**. Gleiches gilt an öffentlichen Plätzen wie Bahnhöfen, Parks, Gärten und Fußgängerzonen wie Times und Herald Square, an Stränden etc. Lediglich in sogenannten **Tobacco** oder **Cigar Bars**, in **Tabakgeschäften** und **privaten Clubs** ist das Rauchen noch gestattet.
> 🔒**137** [D20] **Mulberry Street Cigars**, 176 ½ Mulberry St., www.mulberrystcigars.com. Ein sehr gut sortierter Tabakladen.
> 🕒**138** [C20] **SOHO Cigar Bar**, 32 Watts St., Thompson St.–6th Ave. Eine Midtown-Raucherbar mit Getränken, Speisen und Tabakwaren.

St., https://harlemhops.com, tgl. 15–23 Uhr. Lokale Craftbiere und dazu günstige kleine Gerichte. Auch Cocktails!

🕒**127** [ci] **KCBC (Kings County Brewers Collective)**, 381 Troutman St., Subway Line M „Jefferson St.", www.kcbcbeer.com. Kleinbrauerei mit Pub, die die Brautradition von Bushwick wiederbelebt hat.

🕒**128** [E19] **Mayamezcal**, 304 E 6th St./1st Ave., www.mayamezcal.com. Schicke mexikanische Bar im East Village (Mezcal und Tequila!), immer voll und laut, dazu mexikanisches Essen.

🕒**129** [D19] **McSorley's Old Ale House**, 15 E 7th St./2nd–3rd Ave., https://mcsorleysoldalehouse.nyc, tgl. 12–1 Uhr, nur Barzahlung! Irischer Pub mit Tradition. Es gibt Bier vom Fass und Sandwiches.

🕒**130** [D20] **Mother's Ruin**, 18 Spring St. (Nolita), https://mothersruinnyc.com, tgl. 11–4 Uhr. Gemütliche Neighborhood-Bar mit guten Cocktails. Dazu tgl. 11–16 Uhr Brunch und Abendkarte bis kurz vor Schließung.

🕒**131** [E19] **Please Don't Tell/PDT**, 113 St. Marks Pl., www.pdtnyc.com. Durch die Telefonzelle (links) im Hotdog-Imbiss Crif Dogs erhält man Zutritt zur „Speakeasy-Bar" PDT („Please Don't Tell").

🕒**132** [E20] **Ten Bells**, 247 Broome St., www.tenbellsnyc.com. Gemütliche kleine Weinbar in der LES mit guter (nicht zu teurer) Weinauswahl und kleinen Gerichten sowie Käseplatten.

🕒**133** [C20] **Torch & Crown Brewery**, 12 Vandam St., www.torchandcrown.com, tgl. mind. 12–22 Uhr. Einzige „Kleinbrauerei" in Manhattan, räumlich groß und im Industrial Design, mit guten Bieren und ordentlicher Speisekarte (Salate, Sandwiches, Appetizer).

🕒**134** [E20] **Whiskey Ward**, 121 Essex/Rivington St., https://thewhiskeyward.com. Riesenauswahl an allen möglichen Whisk(e)ys, auch in Probiergrößen, außerdem Cocktails und Bier.

🕒**135** [B19] **White Horse Tavern**, 567 Hudson St./11th St., www.whitehorsetavern1880.com. Legendäre Bar, in der schon Dylan Thomas Stammgast war.

Theater und Konzerte

Die meisten großen Theater konzentrieren sich um **Broadway** und **Times Square**, dazu kommen kleinere Off- und Off-off-Broadway-Theater – wobei sich „off" nicht auf die Nähe zum Broadway bezieht, sondern auf die Größe des Theaters – verteilt über die ganze Stadt.

Bühnen und Konzerthallen

🕒**136** [B6] **Apollo Theater**, 253 W 125th St., www.apollotheater.org, Tel. 212 5315300. *Die* Institution für Konzerte in Harlem. Verschiedene Veranstaltungsreihen, viele Konzerte, u. a. „Apollo Music Café" und „Amateur Night at the Apollo". In nächster Nähe (233 W 125th St.) eröffnete im historischen Theatergebäude von 1917 das Victoria Theater als Ableger (www.apollotheater.org/victoria-theater).

🚇**139** [ch] **Brooklyn Steel,** 319 Frost St. (Brooklyn), www.bowerypresents.com/venues/brooklyn-steel. Konzerthalle mit 1800 Plätzen und vielgerühmtem Soundsystem. Konzerte meist Do.–Sa.

🚇**140** [C14] **Carnegie Hall,** 57th St./7th Ave., www.carnegiehall.org, Tel. 212 2477800, Touren s. Website, Rose Museum (Theatermemorabilien) vor Events geöffnet, Eintritt frei, Subway: 57th St. Älteste Konzerthalle der Stadt, drei Bühnen, Touren.

🚇**141** [B13] **Jazz at Lincoln Center,** Broadway/60th St., im Time Warner Center, https://jazz.org, Drei Jazzbühnen: Appel Room, Rose Theater und Dizzy's Club mit Bar.

38 [B13] **Lincoln Center for the Performing Arts.** Größter Kulturkomplex der Welt, in dem mehr als zehn Ensembles zu Hause sind, darunter die Metropolitan Opera (www.metopera.org) und das New York City Ballet (www.nycballet.com).

🚇**142** [C22] **Perelman Performing Arts Center (PAC NYC),** 251 Fulton St., https://pacnyc.org. Architektonisch auffälliger, neuer Bau auf der WTC Site mit drei flexiblen Bühnen für Theater, Tanz, Musik, Oper u. a. Veranstaltungen.

🚇**143** [C14] **Radio City Music Hall,** 1260 Ave. of the Americas (6th Ave.)/50th St., Tel. 212 4656000, www.msg.com/radio-city-music-hall, Ticketschalter geöffnet: Mo.–Sa. 10–20, So. 10–18 Uhr, Führungen Mo., Di., Do.–Sa. 10.30–14 Uhr, $ 33. Art-déco-Interieur und eine der größten Bühnen weltweit mit hydraulischem Aufzugssystem aus den 1930er-Jahren. Berühmt durch die Shows der Tanzgruppe Rockettes (www.rockettes.com/christmas).

🚇**144** [bj] **The Brooklyn Academy of Music (BAM),** 30 Lafayette Ave., Brooklyn, Tel. 718 6364100, www.bam.org. Seit 1861 Sitz des Brooklyn Philharmonic Orchestra, u. a. Okt.–Dez. „Next Wave Festival" (Film, Musik, Tanz, Schauspiel).

› **The Theater at MSG** im Madison Square Garden ㉓, www.msg.com/the-theater-at-msg. Alles von Sportveranstaltungen über Zirkus bis zu großen Konzerten und Musicals.

Theater

Abgesehen von rund 40 **Broadway-Bühnen** – die meisten davon gehören zur **Shubert Organization** (http://shubert.nyc/theatres) – mit jeweils mehr als 500 Plätzen gibt es über 200 **Off-Broadway-** und **Off-off-Broadway-Bühnen.** Letztere sind kleiner und

Gratiskonzerte
Im Sommer finden im Central Park kostenlose Events, v. a. Konzerte, statt (s. S. 56). Auch bei BRIC Celebrate Brooklyn!, auf vielen Plätzen und in anderen Parks gibt es Gratiskonzerte.
› **Infos:** www.nyctourism.com/articles/nyc-arts-and-entertainment-on-a-budget, oder auch:
› www.nycgovparks.org/events/free_summer_concerts

Theaterprogramm
› www.broadway.com und www.broadway.org – Listen und Kommentare zu Shows, Tickets u. a.
› www.nytheatre-wire.com – Bühnen und Veranstaltungen, News, Besprechungen und Vorschau
› www.nyctourism.com/things-to-do/broadway-and-performing-arts – Programm von NYC Tourism, Infos zur Broadway Week: www.nyctourism.com/broadway-week
› www.playbill.com – magazinartig mit Artikeln und *latest news*
› www.theatermania.com – Reviews, News und Programme

Ticketkauf

Man sollte Theaterkarten frühzeitig kaufen. Mo. ist meist spielfrei, Matineen finden Mi. und Sa. statt. Tickets gibt es bei:

› www.ticketmaster.com, Verkaufsstände u. a. bei Macy's (s. S. 91)
› www.telecharge.com
› www.nytix.com
› www.nyc.com/broadway_tickets
› www.broadwaycollection.com

Tickets zu ermäßigten Preisen für denselben Tag (bzw. Matineen am nächsten) gibt es direkt bei den Theatern oder bei:
- **155** [C15] **TKTS**, Times/Duffy Sq. (47th–Broadway), Tel. 212 9129770, www.tdf.org/discount-ticket-programs/tkts-by-tdf, Mo., Di. 15–20, Mi.–Sa. 11–20, So. 11–15 Uhr. Filiale im David Rubenstein Atrium des Lincoln Center ㊳ (Di.–Sa. 11–18 Uhr).

Während der **NYC Broadway Week** und der **Off-Broadway Week** (zu Jahresanfang und im Herbst) gibt es verbilligte Tickets für Broadway-Shows. Infos unter www.nyctourism.com/broadway-week, www.nyctourism.com/off-broadway-week.

---

eher dem experimentellen Theater zugewandt. Viele davon befinden sich im Village, die großen Bühnen findet man hingegen geballt zwischen Broadway (6th–8th Ave./42nd–53th St.) und um den Times Square.

145 [C15] **Booth Theater**, 222 W 45th, www.booth-theater.com
146 [C19] **Cherry Lane Theatre**, 38 Commerce St., www.cherrylanetheatre.org
147 [C19] **Lucille Lortel Theatre**, 121 Christopher St., https://lortel.org
148 [C15] **New Amsterdam Theatre**, 214 W 42nd St., https://newamsterdamtheatre.com. Schönes Theater von 1902.
149 [E19] **Orpheum Theater**, 126 2nd Ave., www.orpheum-theater.com
150 [C19] **Players Theatre**, 115 MacDougal St./Minetta Lane, www.theplayerstheatre.com
151 [D19] **Public Theater**, 425 Lafayette St., https://publictheater.org
152 [B14] **Samuel J. Friedman Theatre**, 261 W 47th St., www.manhattantheatreclub.com
153 [B15] **Signature Theatre Company**, 480 W 42nd St., Tel. 212 2447529, https://signaturetheatre.org. Drei Bühnen in einem Neubau von Frank Gehry, dazu Café (Livemusik Di.–So. 18–21 Uhr).
154 [E18] **Theater for the New City**, 155 1st Ave./10th St., https://theaterforthenewcity.net

TV, Film und Kino

New York ist bekannt für seine **Filmfestivals**, z. B. das **New York Film Festival** (www.filmlinc.org/nyff, Ende Sept./Anfang Okt.) oder das **TriBeCa Film Festival** (http://tribecafilm.com/festival, Juni). **Open-Air-Kino** findet z. B. im Rahmen des HBO Bryant Park Summer Film Festival statt (http://bryantpark.org/programs/movie-nights), bei **Movies With a View** (Pier 1 Brooklyn Bridge Park ㊹, Do. 18 Uhr, www.brooklynbridgepark.org/event-series/movies-with-a-view), im Central Park ㉞ oder auf der Intrepid ㉖. Ohne Ticket kann man **als Zaungast** bei Shows wie „Good Morning America" (44th St./Broadway, tgl. 7–9 Uhr) oder der „Today Show" vor dem Rockefeller Center (Rockefeller Plaza/49th St., Mo.–Fr. 7–10 Uhr) dabei sein.

› **Infos:** www.tvtaping.com

New York zum Stöbern und Shoppen

Einkaufsregionen

Interessante Geschäfte verteilen sich über die ganze Stadt, doch lohnen sich ein paar Viertel ganz besonders.
> **SoHo** [D20], v. a. entlang dem Broadway ab Canal St.: Vor allem gut besuchte Filialen bekannter Markenanbieter. Das anschließende **Nolita** (um Lafayette, Prince, Spring St.) lohnt ebenfalls.
> **Chinatown** [D21], zw. Canal St., Broadway und Bowery, mit Mott St. und Grand St. als Hauptachsen: asiatische Lebensmittel und Lokale, Geschirr, Haushaltswaren, Seidenkleidung, Jadeschmuck, Papier usw. (www.explorechinatown.com)
> **Village:** Sowohl der Westteil [C18], v. a. Bleecker St., als auch das East Village [E–F19] und der Broadway (8th St.–Union Square) locken mit Boutiquen, Secondhandläden, Designermode, Galerien und Kuriosem, aber auch mit Szenetreffs, Cafés und Off-Broadway-Bühnen (https://greenwichvillage.nyc). Highlights sind Strand Books (s. S. 92) und Greenmarket at Union Square (s. S. 90).
> **Chelsea/Meatpacking District** [B17–18]: Galerien und Boutiquen der eher gehobenen Kategorie, Cafés, Bars und Lokale, dazu der Chelsea Market (s. S. 92)
> **5th Ave.** [C–D14], ungefähr ab Bryant Park nordwärts: berühmte und exklusive Shoppingmeile, stets voll. Filialen weltberühmter Marken wie Tiffany, Cartier, Gap, Gucci, Lego, Adidas, Apple oder Nike (https://visit5thavenue.com) und das Rockefeller Center **30**.

Shoppingareale
Die wichtigsten Shoppingbereiche der Stadt sind im Kartenmaterial mit einer rötlichen Fläche markiert.

> **Upper East Side/Madison Avenue** [D12]: Die Luxusmeile der Stadt, mit gehobenen Boutiquen. Es wird teurer, je weiter man nordwärts schlendert.
> **Upper West Side** [B11] (Columbus Circle, Amsterdam Ave./Broadway zw. 84th–71st St.): Designerkleidung, Antiquitäten, Galerien, Mode, Geschenkartikel, *delis* mit Feinkost, „Shops at Columbus Circle" (ein Einkaufszentrum), Straßencafés und Restaurants
> **Williamsburg/Brooklyn** [H18]: Die Region um die Bedford Ave. (Subway L) gilt als das „Hipsterviertel". Hier gibt es neben Cafés und Lokalen zahlreiche Vintage- und Secondhandläden.
> **Downtown Brooklyn** [G–H23]: Neben der zentralen Atlantic Ave. lohnt besonders die Smith St., die die Viertel Cobble Hill und Boerum Hill trennt. Hier befinden sich viele kleine Boutiquen, Buchläden und Lokale. Daneben locken zwischen Borough Hall und Barclays Center die Fulton Street Mall und das Einkaufszentrum Atlantic Terminal (www.downtownbrooklyn.com).

Greenmarkets – New Yorks Wochenmärkte

Im Sommer findet fast täglich irgendwo ein **farmers'** oder **greenmarket** statt (www.grownyc.org/greenmarket/ourmarkets). Bauern aus der Umgebung verkaufen ihre Produkte (vielfach aus biologischem Anbau), auch Backwaren, Honig, Eingemachtes oder Käse etc.

🚩 **156** [D23] **Bowling Green Greenmarket** 🍀, Broadway/Battery Place (Lower Manhattan), Apr.–Nov. Di., Do. 8–14 Uhr,

🚩 **157** [D22] **City Hall Park** 🍀, Broadway–Chambers St.–Warren St. (City Hall), Di., Fr. 8–15 Uhr

New York zum Stöbern und Shoppen

🔒**158** [C14] **Greenmarket at Rockefeller Center**, Rockefeller Plaza, W 50th–51st St. (Midtown), Ende Juli–Ende Aug. Mi.–Fr. 8–17 Uhr

🔒**159** [D22] **Greenmarket at the Oculus**, Church/Fulton St. (WTC Site), Anfang Juni–Ende Okt. Di. 8–17 Uhr

🔒**160** [E19] **Greenmarket at Tompkins Square**, Ave. A, 7th St.–St. Mark's Place (East Village), ganzjährig So. 9–16 Uhr

🔒**161** [D18] **Greenmarket at Union Square**, Broadway/E 17th St., Union Square Park (Chelsea), ganzjährig Mo., Mi., Fr., Sa. 8–18 Uhr. Größter Markt in New York.

› **Smorgasburg**, www.smorgasburg.com, an wechselnden Orten, z. B. Marsha P. Johnson State Park [H18], am WTC ❷ oder Prospect Park (s. S. 68), Fr.–So. meist 11–18 Uhr, Details s. Website.

Night Markets

🔒**162 Bronx Night Market,** Fordham Plaza, www.thebronxnightmarket.com, Mai–Okt. letzter Sa. im Monat

🔒**163 Queens Night Market,** NY Hall of Science, Flushing Meadows Corona Park, http://queensnightmarket.com, Apr.–Okt. Kulinarische Märkte mit Kunsthandwerksständen und Veranstaltungen an Samstagabenden.

🔒**164** [A5] **Uptown Night Market (Harlem),** 2368 12th Ave. (134th–135rd. St.), www.maschospitalitygroup.com/uptownnightmarket, Apr.–Okt. jeden 2. Do. im Monat 16–22 Uhr. Open-Air-Markt mit Essen, Trinken, Verkaufsständen und musikalischen Darbietungen.

Kaufhäuser und Shoppingmalls

🔒**165** [D13] **Bloomingdale's,** 1000 3rd Ave./59–60th St., tgl. ab 11, So. 12 bis mind. 19 Uhr. Ein Kaufhaus mit Tradition und Namen. Filialen: 504 Broadway, 2085 Broadway (Outlet).

🔒**166** [D22] **Century 21,** 22 Cortlandt St., www.c21stores.com. Trendige Marken, aber auch Foodhall und Wellness-Abteilung. Feierte 2023 sein Comeback.

🔒**167** [H23] **City Point Center,** 445 Albee Sq.W, Downtown Brooklyn, https://citypointbrooklyn.com. Einkaufszentrum u. a. mit Trader Joe's, Target, DeKalb Market Hall u.a.

🔒**168 Empire Outlets,** 55 Richmond Terrace, Staten Island, http://empireoutletsnyc.com. Einziges Outlet in NYC am Staten Island Ferry Terminal (Gratisfähre), z. B. Columbia, Levi's, Nike.

New York zum Stöbern und Shoppen

▪**169** [C16] **Macy's,** Herald Sq., 151 West 34th St. (Broadway – 7th Ave.), https://l.macys.com/new-york-ny, Mo.–Do. 10–21, Fr., Sa. 10–22, So. 10–21 Uhr. Riesiges und weltweit bekanntes Kaufhaus.

▪**170** [B16] **The Shops & Restaurants at Hudson Yards,** 20 Hudson Yards, www.hudsonyardsnewyork.com/shop, Mo.–Sa. 10–21, So. 11–19 Uhr. Exklusive Shoppingmall mit rund 70 hochklassigen Läden wie Tiffany, Dior, Chanel, Cartier, Rolex, Louis Vuitton, aber auch H&M, Uniqlo und Muji. Im Untergeschoss: Mercado Little Spain und weitere Restaurants.

▪**171** [B13] **The Shops at Columbus Circle,** Deutsche Bank Center/Columbus Circle, www.theshopsatcolumbuscircle.com, Mo.–Sa. 10–21, So. 11–19 Uhr. Mit Biosupermarkt Whole Foods.

▪**172** [D22] **Westfield World Trade Center,** 185 Greenwich St., www.westfield.com/westfieldworldtradecenter, Mo.–Sa. 10–20, So. 10–19 Uhr. Mall im Calatrava-Bahnhof und unterirdisch zwischen WTC-Türmen, Brookfield Place und Fulton Center. Market Lane (Foodhall/Markt), Läden, u. a. Apple und Eataly (4 WTC).

Mode und Accessoires

▪**173** [D6] **Harlem Underground Clothing Company,** 20 E 125th St., https://harlemunderground.com. Harlem-Memorabilien wie T-Shirts und Caps.

▪**174** [B13] **Nordstrom Men's Store,** 235 W 57th St. Männerbekleidungshaus. Women's Store: 225 W 57th St.

▪**175** [G24] **Rag & Bone,** 160 Court St., Brooklyn, www.rag-bone.com. „Urban Clothing" für Männer und Frauen, schick und qualitativ hochwertig. Zahlreiche weitere Filialen.

▪**176** [D20] **Uniqlo,** 546 Broadway, www.uniqlo.com. Trendiger japanischer Bekleidungsladen. Filialen siehe Website.

> **Mehrwertsteuer**
> Die **Sales Tax** (Mehrwertsteuer), bestehend aus City Tax (4,5 %), State Tax (4 %) sowie MCTD (Metropolitan Commuter Transportation District) Tax (0,375 %), beträgt in New York City derzeit 8,875 %. Für Kleidung und Schuhe gilt eine Sonderregelung: Unter $ 110 pro Kleidungsstück fällt keine Steuer an, darüber werden ebenso wie bei allen anderen Artikeln die vollen 8,875 % fällig.

Bücher, Comics und Tonträger

▪**177** [C18] **Academy Records & CDs,** 12 W 18th St., nahe Union Square (Chelsea), http://academy-records.com. Platten und CDs in großer Auswahl.

▪**178** [D18] **Barnes & Noble,** 33 E 17th St. (Union Sq.), https://stores.barnesandnoble.com/store/2675, Mo.–Do. 9–21, Fr., Sa. 9–20, So. 10–21 Uhr. Große Buchhandelskette mit Zeitschriftenabteilung, Café sowie Veranstaltungen.

▪**179** [E19] **Book Club,** 197 E 3rd St., So.–Mi. 9–24, Do.–Sa. 9–1 Uhr, www.bookclubbar.com. Gemütlicher Treff im East Village mit Buchhandlung, Café und Bar.

▪**180** [D9] **Kitchen Arts and Letters,** 1435 Lexington Ave./93rd–94th St., www.kitchenartsandletters.com. Kochbücher, Restaurantführer und anderes zum Thema „Essen & Trinken".

▪**181** [D20] **McNally Jackson Books,** 134 Prince St., www.mcnallyjackson.com. Unabhängiger Buchladen in SoHo mit Schwerpunkt auf Belletristik und Graphic Novels.

▪**182** [C15] **Midtown Comics,** 200 W 40th St., www.midtowncomics.com. Relativ

◁ Auf dem Union Square Market kaufen sogar Chefköche ein

großer, gut sortierter Comicshop, auch T-Shirts u. a. Souvenirs.

🛍 **183** [D18] **Strand Books,** 828 Broadway/12th St., www.strandbooks.com, tgl. 10–20 Uhr. Der Discountbuchladen führt auch Bestseller, Antiquarisches und Erstausgaben und bietet zahlreiche Veranstaltungen sowie ein Café.

🛍 **184** [E20] **Sweet Pickle Books,** 47 Orchard St., www.sweetpicklebooks.com, tgl. 11–19 Uhr. Laden mit Büchern und Schallplatten, aber – passend zur Lower East Side und dem jüdischen Erbe – auch Essiggurken u. a.

🛍 **185** [D22] **The Mysterious Bookshop,** 58 Warren St., Mo.–Sa. 11–19 Uhr, www.mysteriousbookshop.com. Einer der ältesten Krimibuchläden in den USA. Besitzer Otto Penzler schreibt selbst Krimis und veranstaltet Lesungen.

🛍 **186** [C19] **Three Lives & Company,** 154 W 10th St., http://threelives.com, Mo.–Sa. 10–19, So. 12–19 Uhr. Buchladen der „alten Art", sehr kundiges Personal und gemütliche Wohnzimmeratmosphäre.

Kulinarisches

🛍 **187** Arthur Avenue Market, 2344 Arthur Ave., www.arthuravenuebronx.com, Kernzeit tgl. 8–18 Uhr, So. etliche Shops geschlossen. In der Markthalle werden Backwaren und Lebensmittel angeboten, außerdem gibt es die Bronx Beer Hall (www.thebronxbeerhall.com), wo Biere lokaler Kleinbrauereien zum Verkauf stehen und auch im Ausschank sind.

🛍 **188** [D19] **Astor Wines & Spirits,** 399 Lafayette/E 4th St., www.astorwines.com, tgl. 9–21, So. 12–18 Uhr. Wohl beste Auswahl an Wein und anderen Spirituosen in NYC, dazu gute Sonderangebote.

🛍 **189** [B18] **Chelsea Market,** 75 9th Ave., www.chelseamarket.com, tgl. 7–22 Uhr. „Gourmet Mall" mit Läden.

🛍 **190** [C17] **Eataly,** 200 5th Ave./Madison Square Park, www.eataly.com. Marktstraße mit Restaurants und Shops, die italienische Spezialitäten anbieten.

🛍 **191** [E20] **Essex Market,** 88 Essex/Delancey St. (LES), www.essexmarket.nyc, Mo.–Sa. 8–20, So. 10–18 Uhr. Hier gibt es tgl. überdachtes Markttreiben (viel Käse) und Imbisslokale in einer sehenswerten Halle.

🛍 **192** [E22] **Fulton Stall Market** 🍀, 91 South St. (Fulton–John St.), https://fultonstallmarket.org. Geschäfte mit lokalen Produkten (tgl. 11.30–17 Uhr), während der Saison auch im Freien (Sa. 11.30–17 Uhr).

🛍 **193** [D20] **Gourmet Garage,** 489 Broome St. Filialen u. a. 155 W 66th St. Bekannter Feinkostladen mit Imbiss.

🛍 **194** [D16] **Kalustyan's,** 123 Lexington Ave., https://kalustyans.com, tgl. 10–20, So. 11–19 Uhr. Seit 1944 bestehender Gewürz- und Delikatessenladen in Murray Hill.

🛍 **195** [C19] **Murray's Cheese,** 254 Bleecker St., www.murrayscheese.com. Top-Käseladen der Stadt, Filiale im Grand Central Terminal ㉘.

🛍 **196** [E19] **Russ & Daughters,** 179 E Houston St., https://russanddaughters.com. Der legendäre „appetizer store" von 1914 besticht mit riesiger Auswahl an jüdischen (und anderen) Spezialitäten, auch direkt zum Verzehr im zugehörigen Café.

🛍 **197** [G24] **Sahadi's,** 187 Atlantic Ave., https://sahadis.com. Legendärer Deli in Brooklyn, seit 1948 spezialisiert auf mediterran-orientalische und regionale Produkte, Filiale in Industry City (s. S. 67).

🛍 **198** [B11] **Sarabeth's,** 423 Amsterdam Ave., https://sarabethsrestaurants.com. Besteht seit 1981, bekannt geworden durch die zugehörige Bäckerei und die große Auswahl an Eingelegtem.

New York zum Stöbern und Shoppen

🔒**199** [D19] **Wegmans,** 499 Lafayette St./ Astor Place, tgl. 7–22 Uhr, www.wegmans.com. Das Familienunternehmen aus Rochester/NY bietet eine gigantische Produktauswahl. Auch Imbiss/Fertiggerichte.

Verschiedenes

🔒**200** [D13] **Apple Store,** 767 5th Ave. (Ecke 59th St.), rund um die Uhr geöffnet, www.apple.com. Filialen siehe Website.

🔒**201** [B16] **B&H Photo – Video – Pro Audio,** 420 9th Ave./34th St., www.bhphotovideo.com, Mo.–Do. 10–19, Fr. 10–14, So. 10–18 Uhr. Kameras und Zubehör zu Schnäppchenpreisen.

🔒**202** [D20] **Converse Store,** 560 Broadway/Prince St. „Chucks" in allen denkbaren Variationen.

🔒**203** [D15] **NBA Store,** 545 5th Ave. Superstore der Basketballliga NBA.

🔒**204** [D21] **New Kam Man,** 200 Canal St., www.kamman.com/chinatown. Haushaltwaren, Lebensmittel, Geschirr, Dekoartikel u. a. asiatisch Angehauchtes.

🔒**205** [B16] **NHL Store,** 1 Manhattan West (9th Ave.–W 33rd St.), https://shop.nhl.com. Ein Muss für Eishockeyfans: Souvenirs und Kleidung der Eishockeyliga NHL.

Turnschuhe als Sammlerstück

Eine Reihe angesagter Geschäfte hat sich auf **Sneaker** – neu oder vintage – spezialisiert, die meist zusammen mit Kleidung und Accessoires angeboten werden. Oft werden die teuren, teils raren oder limitierten Schuhe nicht zum Tragen, sondern als **Sammlerstücke** mit der Aussicht auf Wertsteigerung erworben. Gute Anlaufpunkte für Sammler und Schaulustige sind der Broadway in der LES [F20], Nolita [D19] und NoHo [D19].

🔒**206** [E20] **Extrabutter,** 125 Orchard, https://extrabutterny.com. Angesagte Schuhe, Tops und Accessoires der Lifestyle-Marke, weitere Filialen in NYC.

🔒**207** [D18] **Flightclub NYC,** 812 Broadway, www.flightclub.com. Angeblich einer der besten Läden in NYC für Sneaker-Sammler.

🔒**208** [D19] **HypeClub NY,** 710 Broadway, https://hypeclubny.com. Limitierte Sneaker und Streetwear.

🔒**209** [D19] **Looks Vintage,** 684 Broadway, https://looksvintage.com. Vintagekleidung, teure Sneaker.

🔒**210** [D20] **Stadium Goods,** 47 Howard St., www.stadiumgoods.com. Seltene Sneaker und Lifestyle-Artikel in SoHo in minimalistisch wirkendem Verkaufsraum.

🔒**211** [E20] **Supreme,** 190 Bowery, https://supreme.com. Mekka für Skater in SoHo mit Skateboards, Sneakern und Streetwear.

🔒**212** [D19] **Yankeekicks NYC,** 666 Broadway, https://store.yankeekicks.com. Zu den Sneakern gibt es hier auch die passenden Socken.

▷ *Sneaker in allen Varianten – Liebhaberstücke warten auf ihre Käufer*

- **213** [D20] **Pearl River Mart**, 452 Broadway und Chelsea Market, https://pearlriver.com. Alteingesessener Asia-Laden, in dem es von Möbeln und Kleidung über Deko und Geschirr bis hin zu Lebensmitteln alles gibt.
- **214** [E21] **Yunhong Chopsticks Shop**, 50 Mott St. Winziger Laden nur für Essstäbchen in allen Variationen.

Flohmärkte

- **215** [F22] **Brooklyn Flea DUMBO**, Manhattan Bridge Archway Plaza/80 Pearl St., https://brooklynflea.com/markets/dumbo, Apr.–Dez. Sa., So. 10–17 Uhr
- **216** [C17] **Chelsea Flea Market**, 29 W 25th St., Broadway–6th Ave. (Chelsea), https://brooklynflea.com/weekends-in-chelsea, Sa. und So. 8–16 Uhr. Rund 135 Verkaufsstände mit Antiquitäten, Möbeln, Kleidung, Dekoartikeln u. a.
- **217** [B11] **Grand Bazaar NYC**, 100 W 77th St., am National Museum of Natural History, https://grandbazaarnyc.org, So. 10–17 Uhr. Antiquitäten, Kunsthandwerk, Essen.

MEIN TIPP
„24/7-Shops"

In New York ist es kein Problem, auch nachts noch offene Geschäfte, *delis* oder Supermärkte zu finden. Rund um die Uhr geöffnete Lebensmittelgeschäfte in zentraler Lage sind z. B.:

- **218** [D18] **7Eleven**, 813 Broadway, weitere Filialen siehe www.7-eleven.com
- **219** [D19] **Morton Williams**, 130 Bleecker St., www.mortonwilliams.com. Rund um die Uhr geöffneter Supermarkt im Greenwich Village.
- **220** [D18] **Westside Market NYC**, 84 3rd Ave., www.wmarketnyc.com. Gut sortierter Supermarkt, der 24 Stunden geöffnet ist.

New York zum Durchatmen

Hochhausschluchten und Wolkenkratzer prägen das Bild, das man von New York im Kopf hat, doch dazwischen gibt es überraschend viel Grün – Parks und „community gardens", Strände, Promenaden und Freizeitareale.

Der **Central Park** ❼ ist New Yorks bekanntestes und größtes Beispiel für eine grüne Ruheoase auf Stadtgebiet und mitten in Manhattan befinden sich nicht nur **Fußgängerzonen** (s. S. 110), sondern mehrere **Parks und Plätze**, die nicht nur als grüne Oasen im hektischen Alltagstreiben dienen, sondern auch während der Sommermonate auch zahlreiche kostenlose Veranstaltungen wie Konzerte, Lesungen, Tai-Chi- oder Yogakurse, Kino oder Schachturniere stattfinden. Vor allem der **Bryant Park** (s. S. 48) ist diesbezüglich attraktiv, doch auch Washington Square [C/D19], Union Square ❼, Tompkins Square [E19] und der Columbus Park [D21] in Chinatown sind Erholungsidylle.

In den letzten Jahren wendet sich New York verstärkt dem Wasser zu und das hat zur Folge, dass entlang dem **Hudson** und dem **East River** neue bzw. renaturierte **Uferpromenaden** entstanden sind und die alten Piers reaktiviert und attraktiv wurden. Der **Battery Park** ❹ und die sich nördlich anschließende **East River Esplanade** bieten einen Blick auf die Statue of Liberty, Ellis Island, New Jersey und den Hudson River. Die Promenade führt vom Battery Maritime Building über Wall Street (mit Pier 11 als Fähranlegestelle) und Maiden Lane zur Montgomery Street mit den reaktivier-

New York zum Durchatmen

ten Piers 15 bis 17. Aussichtspunkte (*lookouts*), eine Stufenkonstruktion zum Wasser, bequeme Liegen, Bänke und Barstühle sowie ein beliebter Hundepark sind Bestandteile. Die Promenade soll als **East River Greenway** von der Brooklyn Bridge bis zur E 38th Street nordwärts fortgeführt werden. An der Waterfront zwischen Brooklyn und Manhattan Bridge wurde am Pier 35 mit dem „Mussel Beach" ein Anfang gemacht. Umstritten ist die Gestaltung des **East River Park** nördlich der Williamsburg Bridge (https://eastriverparkaction.org). Hier soll u. a. eine neue Flutmauer entstehen.

Die wohl gelungenste Errungenschaft des „grünen New York" ist aber der **High Line Park** ⓳, eine umgestaltete alte Hochbahntrasse. Diese begrünte Promenade mit Sitzgelegenheiten zieht sich von der Gansevoort Street im Meatpacking District durch Chelsea bis zur 34th St., wo die **Hudson Yards** ⓴, das größte Städtebauprojekt nach dem Rockefeller Center, ebenfalls mit Park, entstanden ist.

Der **Manhattan Waterfront Greenway**, eine knapp 50 km lange Route, umrundet als begrünter Geh- und Radweg entlang dem Ufer von East und Harlem River fast die gesamte Insel. Teil davon ist der **Hudson River Park** (s. S. 44), der sich nördlich an das World Financial Center ❸ (Pier 25) anschließt und bald bis zur 59th Street (Pier 99) reichen wird. Damit wird der ganze Uferstreifen nördlich des Battery Park zur durchgehenden Grünanlage, zum Freizeit- und Erholungsareal mit Vorbildcharakter. Dazu gehören alte Hafenpiers, die in Parkanlagen (z. B. Pier 45 und 64), Naturschutzgebiete oder Bars (Pier 66) bzw. Sport- und Spielflächen (Pier 25) umgewandelt wurden. Neuste Zufügungen sind **Little Island**, **Pier 57** und **Gansevoort Peninsula** (alle s. S. 44).

Der Central Park ❹ *ist ideal für eine Pause: hier an der historischen Bow Bridge*

Auch innerhalb der Häuserschluchten verwandeln Bewohner – vermehrt unter Duldung bzw. sogar mithilfe der Stadtverwaltung – aufgelassene Grundstücke in idyllische Gartenanlagen, die öffentlich zugänglichen **community gardens**: z. B. **Jefferson Market Garden** (Ave. of the Americas/W 8th St., Greenwich Village) oder **Clinton Community Garden** (434 W 48th St., 9th–10th Ave., Hell's Kitchen).

Eine weitere Ruheoase haben die New Yorker erst vor ein paar Jahren wieder für sich entdeckt: **Governors Island** ❼. Die der Südspitze Manhattans vorgelagerte Insel, die lange als Militärstützpunkt unzugänglich war, steht zur Erholung „fernab" im Grünen, mit Blick auf Freiheitsstatue und Manhattans Skyline, zur Verfügung.

Ebenfalls neueren Datums ist der **Brooklyn Bridge Park** ㊹. Alte Piers zwischen Manhattan Bridge und Brooklyn Bridge sowie südlich bis zur Atlantic Ave. wurden umgestaltet und durch eine gut 2 km lange Promenade verbunden. Grünanlagen, Fahrradwege, Bühnen, Spiel- und Sportflächen, aber auch renaturiertes Marschland, Angelpiers und ein Strand machen den Uferstreifen attraktiv.

Im Süden von Queens, auf halbem Weg nach Rockaway Beach, liegt das **Naturschutzgebiet Jamaica Bay Wildlife Refuge** (Subway: Broad Channel). Das Vogelrefugium lohnt besonders im Frühjahr und Herbst, wenn die Zugvögel Station machen. Vom **Visitor Center** startet ein 2 km langer Trail. Weiter südwärts liegen die Strände **Rockaway Beach** und **Far Rockaway**, die unter der Woche traumhaft ruhige Strandidylle bieten.

Strandfeeling auf der Gansevoort Peninsula (s. S. 44)

Zur richtigen Zeit am richtigen Ort

Eigentlich ist man in New York immer „zur richtigen Zeit am richtigen Ort", denn im „Big Apple" wird das ganze Jahr über etwas geboten. Es kann aber nicht schaden, die Daten bedeutender Events zu kennen, denn oft ist längerfristige Vorausplanung nötig.

Frühjahr

› Ende Januar/Anfang Februar: **Chinese New Year's Celebration**, große Parade und Festivitäten um die Mott Street (www.explorechinatown.com)
› 17. März: **St. Patrick's Day Parade** (5th Ave.) und irisches Fest (www.nycstpatricksparade.org)
› Ostersonntag: **Easter Parade/Easter Bonnet Festival** an der 5th Ave. (49th–57th St.)
› Ende März/Anf. April: **New York International Auto Show** im Javits Center (www.autoshowny.com)

Zur richtigen Zeit am richtigen Ort

› Ende Mai: **Memorial Day Weekend** (Wochenende um den letzten Montag im Mai) mit **Fleet Week** (Militärtreffen mit Flottenparade am New York Harbor, W 46th St./12th Ave.) und **Memorial Day Parade** (Broadway/Dyckman St.)
› Mai: Beim **Empire State Building Run-Up** (www.esbnyc.com/de/empire-state-building-run) wird der Wolkenkratzer von Profis in knapp 10 Minuten erklommen.
› Zweite Maihälfte: **Bronx Week,** große Parade am So., Festival, Livemusik, Touren u. a. (www.ilovethebronx.com/calendar)

Sommer

› Veranstaltungen im **Central Park** siehe S. 56.
› Anfang Juni: Bei der **Puerto Rican Day Parade** versammeln sich über 2 Mio. Besucher an der 5th Ave. (www.nprdpinc.org).
› Letztes Juni-Wochenende: **PrideWeek** in Greenwich Village (Abingsdon Sq.–W 14th St.). Die LGBT-Gemeinde feiert mit Parade u. a. Events (www.nycpride.org).
› 4. Juli: **Independence Day.** Am Unabhängigkeitstag gibt es verschiedenen Veranstaltungen und die sehenswerten Macy's Fourth of July Fireworks über dem East oder Hudson River (www.macys.com/s/fireworks).
› Juni–August: **HBO Bryant Park Summer Film Festival.** Montags gibt es Open-Air-Kino im Bryant Park (https://bryantpark.org/activities/movie-nights), bei dem Filmklassiker gezeigt werden, zudem finden viele andere Veranstaltungen im Park statt.
› Juni: **River to River Festival,** (v. a. Musik-) Veranstaltungen zwischen Battery Park und City Hall sowie auf Governors Island (https://lmcc.net/river-to-river-festival)
› Juni–Aug.: **BRIC Celebrate Brooklyn!,** Gratiskonzerte im Prospect Park (s. S. 68) auf der Open-Air-Bühne

> **Aktuelle Termine**
> Informationen zu Events findet man:
> › unter www.nycgo.com/things-to-do/events-in-nyc.
> › im digitalen Magazin „Time Out" (www.timeout.com/newyork) oder dem „New York Magazine" (http://nymag.com).

„Lena Horne Bandshell" (www.prospectpark.org)
› Anfang Juni–Anfang Okt.: Konzerte u. a. Veranstaltungen beim **SummerStage,** v. a. im Central Park (Rumsey Playfield, Zugang: E 69th St./5th Ave., https://cityparksfoundation.org/summerstage), und außerdem **GMA** (Good Morning America) **Summer Concert Series** (Mitte Mai–Ende Aug. Fr. 7–9 Uhr, Rumsey Playfield, gratis, www.centralpark.com/things-to-do/concerts/gma-summer-concert-series). Weitere Sommerveranstaltungen im Central Park sind u. a. das Harlem Meer Performance Festival oder Shakespeare In The Park (www.centralpark.com/things-to-do/concerts). Außerdem Ende Mai–Anf. Sept. **NBC Today City Concert Series** (49th St., 5–6th Ave., www.today.com/music-series).
› August (Schwerpunkt): **Harlem Week Celebration,** mit einem bunten Veranstaltungskalender, u. a. Kino, Konzerte, Basketballturniere (https://harlemweek.com)
› August: **Charlie Parker Jazz Festival,** Jazz im Tompkins Square Park und im Harlemer Marcus Garvey Park (https://cityparksfoundation.org/charlieparker)
› Ende August–Anfang September: **US Open Tennis Championship,** eines der vier Grand-Slam-Turniere der Welt, findet in Flushing Meadows statt (www.usopen.org)

Feiertage

In den USA gibt es die Gepflogenheit, Feiertage auf einen Montag oder Freitag zu legen. Die Feriensaison dauert landesweit von Memorial Day bis Labor Day.

- 1. Januar: **New Year's Day**
- 3. Montag im Januar: **Martin Luther King's Birthday**
- 3. Montag im Februar: **President's Day (Washington's Birthday)**
- Ende März/Anfang April: **Easter Sunday (Ostersonntag)**
- Letzter Montag im Mai: **Memorial Day**
- 9. Juni: **Juneteenth** (Gedenktag zur Befreiung der afroamerikanischen Bevölkerung aus der Sklaverei)
- 4. Juli: **Independence Day**
- 1. Montag im September: **Labor Day**
- 2. Montag im Oktober: **Indigenous People's Day** (auch: Columbus Day)
- 11. November: **Veterans' Day**
- 4. Donnerstag im November: **Thanksgiving Day**
- 25. Dezember: **Christmas Day**

Herbst

- Mitte September: **Feast of San Gennaro**, Prozession und mehrtägiges Fest in Little Italy (https://sangennaronyc.org)
- 3. Wochenende im September: **German-American Steuben Parade**, großer Umzug entlang der 5th Ave. (Start 12 Uhr an der Ecke 5th Ave./63rd St., http://germanparadenyc.org)
- Mitte Oktober: **Openhousenewyork**, „Tag der offenen Tür" an einem Wochenende. Rund 200 Sehenswürdigkeiten, die sonst nicht zugänglich sind, können großteils kostenlos besichtigt werden und es gibt Touren (https://ohny.org).

Winter

- 31. Oktober: **Village Halloween Parade** mit Kostümierten, Musik und Tanz auf der 6th Ave., Spring–21st St. (https://halloween-nyc.com)
- Am 1. So. im November: **New York City Marathon** mit über 40.000 Läufern. Ein Erlebnis für Teilnehmer und Zuschauer (www.nyrr.org/tcsnycmarathon).
- Letzter Do. im November: **Macy's Thanksgiving Day Parade**. Ab 9 Uhr führt die Parade von Central Park W/77th St. zur 34th St. bis Herald Sq. und Macy's (www.macys.com/s/parade).
- Vorweihnachtszeit (nach Thanksgiving): **Tree Lightning Celebrations**, beispielsweise am Lincoln und Rockefeller Center sowie am South Street Seaport. Außerdem **Weihnachtsmärkte** im Grand Central Terminal, Bryant Park (ab Ende Okt.), Columbus Circle oder auf dem Union Square.
- Anfang November–Ende Dezember: **Annual Radio City Christmas Spectacular** (www.rockettes.com/christmas) mit den legendären **Rockettes** und „The Nutcracker" mit dem **New York City Ballet at Lincoln Center** (www.nycballet.com)
- Dezember: **Hannukah**, das jüdische Lichterfest, an dem die weltgrößte Menorah (ein siebenarmiger Leuchter) acht Nächte lang an der Ecke 5th Ave./59th St. brennt. Im Kulturzentrum 92nd Street Y (www.92y.org), und im Museum of Jewish Heritage (https://mjhnyc.org) finden in diesem Zeitraum Veranstaltungen statt.
- 31. Dezember: **Times Square New Year's Eve Celebration & Ball Drop** (www.timessquarenyc.org), außerdem Feuerwerke über dem Prospect Park (Eastern Pkwy./Flatbush Ave., Brooklyn) und dem Central Park (59–110th St.) sowie New York Road Runners Midnight Run (www.nyrr.org/races/nyrrmidnightrun)

NEW YORK VERSTEHEN

In New York ist der Wandel die einzige Konstante und das Extreme ein Markenzeichen. Die Stadt ist bunt und schrill, vielgesichtig und pulsierend und zugleich treffen hier die verschiedensten Ethnien auf engstem Raum zusammen. Nach Frank Sinatras Motto „If I can make it there, I'll make it anywhere", zieht der Big Apple seit Generationen Menschen aus aller Welt an.

New York – ein Porträt

New York ist nicht „Amerika" im landläufigen Sinne – New York ist ein Unikum, ein Faszinosum, ein „Labyrinth von endlosen Schritten", wie es der New Yorker Autor Paul Auster in seiner „New York Trilogie" einmal nannte.

Spricht man von New York, meint man in erster Linie Manhattan, die 21,5 km lange und zwischen 1,3 und 3,7 km breite Insel, die durch Hudson, Harlem und East River vom Festland bzw. von Long Island abgeschnitten wird. In Wahrheit ist Manhattan jedoch nur der kleinste der New Yorker Stadtbezirke.

Die Stadt mit ihren 785 km² Fläche und geschätzten 8,5 Mio. Einwohnern setzt sich aus **fünf boroughs** zusammen, die zwar verwaltungstechnisch zusammengefasst, aber eigentlich Städte für sich sind: Im Norden ist das die **Bronx** (109 km², 1,4 Mio. Einwohner), New Yorks einziger Stadtteil auf dem Festland, gefolgt vom kleinsten Teil, der Insel **Manhattan** (60 km², 1,6 Mio. Einwohner). **Brooklyn** (183 km², 2,6 Mio. Einwohner), flächenmäßig an zweiter Stelle, schließt sich im Südosten, durch den East River abgetrennt, an. Im Nordosten von Brooklyn befindet sich der von den Ausmaßen her größte Stadtteil, **Queens** (283 km², 2,4 Mio. Einwohner). Beide Viertel, Brooklyn und Queens, liegen auf Long Island, jener

Atlantikinsel, die sich ca. 190 km weit ostwärts erstreckt. Im Südwesten schließlich, jenseits des Hudson River und nahe dem Bundesstaat New Jersey, folgt **Staten Island** (152 km², 0,5 Mio. Einwohner).

Die Besucher drängeln sich vor allem auf **Manhattan** und dort wiederum speziell zwischen Südspitze und Midtown. Der Südspitze Manhattans vorgelagert sind Inseln wie Ellis und Liberty Island oder, als größte, Governors Island. Beachtliche 30 % von Manhattan stehen übrigens auf künstlich aufgeschüttetem Grund, so die gesamte Battery Park City.

Grundsätzlich gliedert sich Manhattan in verschiedene Areale: **Downtown**, was hier nicht, wie sonst üblich, das Zentrum oder die Innenstadt, sondern den Südteil der Insel meint und deshalb auch **Lower Manhattan** genannt wird, **Midtown** um den Times Square und die 5th Avenue, **Uptown,** das Areal um den Central Park, sowie **Upper Manhattan,** das Gebiet nördlich des Central Park. Innerhalb dieser Areale befinden sich einzelne, abgegrenzte Viertel oder *neighborhoods* wie SoHo, Chelsea, Greenwich Village, Lower East Side oder Harlem.

◁ *New Yorks Skyline von Süden aus betrachtet*

◁◁ *S. 99: Die Wall Street [D23] mit der New York Stock Exchange – hier schlägt das Herz der Finanzwelt*

Von den Anfängen bis zur Gegenwart

New York scheint vom Himmel gefallen zu sein. Wie Las Vegas oder Orlando hat auch die Ostküstenmetropole mit anderen amerikanischen Großstädten wenig gemeinsam. Der Literat Henry James, 1843 in New York geboren, brachte es auf den Punkt: „New York ist keiner anderen Stadt ähnlich. Es ist eine hässliche Stadt und sie ist schmutzig. Das Klima ist ein Skandal. Aber wer einmal in New York gelebt hat, für den ist kein anderer Ort gut genug."

New York gilt zu Recht als einzige wahre Weltmetropole. Wie rasant der Aufstieg verlief, macht ein historischer Überblick deutlich. Er zeigt auch, dass der Weg von den Wigwams der einst hier lebenden Lenape-Indianer über die Handelsstation der Holländer und die englische Kleinstadt bis hin zur größten und bedeutendsten Stadt der USA zwar nicht reibungslos, aber zielstrebig und geradlinig verlief.

1524: Eine Handvoll Indianer lebt auf der dicht bewaldeten Insel Manhattan. Selbst als Giovanni da Verrazano, Florentiner in Diensten des französischen Königs, als erster Europäer mit seinem Schiff vor der Insel auftaucht, ändert sich zunächst nichts an dem Idyll.

1609: Der Brite Henry Hudson, der für die Ostindische Handelsgesellschaft einen schnellen Seeweg nach Asien sucht, erforscht Manhattan und den später nach ihm benannten Fluss. Im Logbuch eines seiner Offiziere taucht erstmals der Name „Manna-hata" auf. Hudson nimmt wertvolle Pelze und euphorische Berichte vom „Paradies" mit nach Europa. Deshalb wird in den Niederlanden 1621 die Westindische Gesellschaft gegründet, die die „Neue Welt" erschließen soll.

Von den Anfängen bis zur Gegenwart

- **1626** glaubt Peter Minnewit im Namen der Niederländer den lokalen Indianern die Insel Manhattan für ein paar Glasperlen und Werkzeug im Wert von 60 Gulden abgekauft zu haben. Indianer kennen jedoch keinen Landbesitz. Die sich hier ansiedelnden Holländer nennen den Ort „Nieuw Amsterdam".
- **1646** entsteht gegenüber Neu-Amsterdam auf Long Island eine zweite niederländische Siedlung, „Breukelen", das heutige Brooklyn. Auch auf Manhattan formieren sich weitere Dörfer, z. B. Harlem.
- **1664** muss sich Peter Stuyvesant, der 1647 zum Verwalter ernannt worden war, dem zunehmenden Druck der britischen Kolonialmacht beugen. Neu-Amsterdam gerät kampflos in die Hände der Briten und wird zu „New York".
- **Um 1700** leben bereits rund 10.000 Menschen in New York.
- **1756** wird mit dem Columbia College die erste Hochschule ins Leben gerufen.
- **1775** beginnt der Unabhängigkeitskrieg (War of Independence) der 13 nordamerikanischen Kolonien gegen die britische Kolonialmacht.
- **Am 4. Juli 1776** wird die Unabhängigkeitserklärung der Vereinigten Staaten von Amerika (Declaration of Independence) verkündet.
- **Ab November 1776** halten die Briten im Unabhängigkeitskrieg die für die junge Nation wichtige Hafenstadt besetzt.
- **Am 3. September 1783** endet mit dem Frieden von Paris offiziell der Krieg.
- **Am 4. März 1789** versammelt sich der erste Kongress der jungen Nation in New York und ernennt George Washington im Rathaus, der heutigen Federal Hall, zum ersten US-Präsidenten.
- **1790** löst Philadelphia New York als Bundeshauptstadt ab.
- **1792** Gründung der Börse an der Wall Street
- **1811** nimmt der Stadtrat einen wegweisenden Entwurf des Stadtbaumeisters John Randall an: Nach dem Rasterprinzip wird nördlich der Houston Street weiter ausgebaut. Lediglich der Broadway als alter Indianerpfad und spätere Überlandroute verläuft weiter diagonal zum rechtwinkligen Straßennetz.
- **1830** entsteht das erste Nahverkehrssystem, eine Pferdebahn, **1836** folgte die Long Island Railroad.
- **1851** wird die Zeitung New York Times gegründet.
- **1857** wird unter der Führung von Frederick Law Olmsted und Calvert Vaux damit begonnen, den Central Park anzulegen.
- **1859** wird der Central Park eröffnet.
- **Ab 1865**, nach dem Ende des Amerikanischen Bürgerkriegs, setzt verstärkt Industrialisierung ein. Mit über einer halben Million und konstantem Immigrantenzustrom wird die Stadt zum „Tor zur Neuen Welt".
- **1886** wird die Freiheitsstatue, ein Geschenk Frankreichs, aufgestellt.
- **1898** entsteht „New York City" aus dem Zusammenschluss der vormals unabhängigen Städte bzw. Landkreise Manhattan, Brooklyn, Bronx, Queens und Staten Island. New York wird auf einen Schlag mit gut 3,5 Mio. Einwohnern zur größten Stadt der Welt.
- **Am 29. Oktober 1929** beendet der „Schwarze Freitag" an der New Yorker Börse die „Roaring Twenties" und löst eine Weltwirtschaftskrise aus.
- **1949** wird New York zum festen Sitz der UN und **1952** wird der Gebäudekomplex am East River bezogen.
- **1978–1987** erlebt die Stadt unter dem populären Bürgermeister Ed Koch einen Boom, der am „Black Monday", dem **19. Oktober 1987** gebremst wird.
- **1990** tritt mit David Dinkins erstmals ein Afroamerikaner das Bürgermeisteramt an. Er wird bereits nach einer Amtsperiode von dem Republikaner Rudolph Giuliani abgelöst, der auf rigide Sicherheitspolitik setzt. 1997 wird er wiedergewählt.

Am 11. September 2001 erschüttert ein Terroranschlag auf das World Trade Center, der Tausende das Leben kostet.

2002 folgt Michael Bloomberg in das Amt des Bürgermeisters.

3. November 2009: Bloomberg wird (ermöglicht durch einen Stadtratsbeschluss) für eine dritte Amtszeit wiedergewählt.

24. Juni 2011: Gleichgeschlechtliche Ehen werden im Staat New York erlaubt.

11. September 2011: Das 9/11 Memorial wird zum 10. Jahrestag des Anschlags auf das World Trade Center eröffnet.

Ende Okt. 2012: Hurricane Sandy richtet in New York schwere Verwüstungen an.

1. Januar 2014: Der Demokrat Bill De Blasio übernimmt das Bürgermeisteramt und wird 2017 wiedergewählt.

Mai 2014: Eröffnung des 9/11 Memorial Museum

Ende 2014: Das One WTC wird eingeweiht.

Frühjahr 2015: Eröffnung des One World Observatory und des neuen Whitney Museum

März 2019: Eröffnung der Hudson Yards

Mai 2019: Der Essex Market, die Empire Outlets und das Statue of Liberty Museum öffnen ihre Tore.

Okt. 2019: Das „New MoMA" gibt sein Debüt.

März 2020: Eröffnung von The Edge (Hudson Yards) als höchste offene Aussichtsplattform der westlichen Hemisphere

Okt. 2021: Der neue Aussichtspunkt SUMMIT One Vanderbilt eröffnet

2. November 2021: Eric Adams wird zum 110. Bürgermeister von New York gewählt. Er ist der zweite Afroamerikaner in diesem Amt nach David N. Dinkins (1990–1993).

2023: Eröffnung des Richard Gilder Center am American Museum of Natural History

2024: Der Anbau des New Museum, das Italian American Museum, das Studio Museum of Harlem, ein Hip-Hop-Museum in der Bronx und das American LGBTQ+ Museum sollen neu eröffnen. Auch die Frick Collection wird nach längerer Renovierung Ende des Jahres wieder zugänglich sein. Mit den Mercer Labs (Museum of Art and Technology) geht ein innovatives Technikmuseum an den Start (www.mercerlabs.com).

△ *Das 9/11 Memorial* ❶
mit Inschriftentafeln für die Opfer

Leben in der Stadt

„Who's the native New Yorker? No one can tell", meinte einmal der Kunstkritiker Robert Stern. In der Tat ist ein buntes Völkergemisch charakteristisch für die Stadt, aber dennoch trifft der abgedroschene Begriff des „melting pot" nicht zu. Von einer Verschmelzung kann nämlich nicht die Rede sein, die Devise heißt „Einheit in der Vielheit" oder – mit den Worten von Ex-Bürgermeister David Dinkins – „New York ist kein Schmelztiegel, sondern ein prächtiges Mosaik". Das Erstaunliche ist, dass das Zusammenleben der Kulturen und Völker hier weitgehend reibungslos funktioniert.

Schon 1774 beklagte John Adams, der zweite Präsident der USA, dass bei allem Reichtum und Glanz nur wenig gute Manieren zu finden seien. Die Parole **„Do your own thing"** – ein Bekenntnis zur Ellbogenmentalität – war bis zum 11. September 2001 verbreitet. Im Angesicht des Unfassbaren traten jedoch selbstlose Hilfsbereitschaft, Disziplin und Solidarität in den Vordergrund und das mutige Agieren von Polizisten, Feuerwehrleuten, medizinischem Personal und ehrenamtlichen Helfern war vorbildhaft.

New York ist das **Symbol für die freiheitlich-demokratische Welt,** aber auch für Konsum und Kommerz geblieben. Nirgendwo sonst findet man so große kulturelle, ethnische und ökonomische Unterschiede. Die Stadt beherbergt eine rund zwei Millionen Mitglieder umfassende jüdische Gemeinde, daneben riesige asiatische, lateinamerikanische, afroamerikanische und islamische Bevölkerungsteile. Nur etwa 32 % der Gesamtbevölkerung ist weiß und „non-hispanic", 29 % sind Hispanics/Latinos, 23 % afroamerikanischer und 14 % asiatischer Herkunft. Der spanischsprachige Anteil, vor allem aus Puerto Rico, der Dominikanischen Republik und Mexiko, wächst am schnellsten, gefolgt von den Chinesen, während die weiße Bevölkerung zahlenmäßig rückläufig ist.

Kulturelle Vielfalt in NYC, hier auf einem Wandbild

Finanzmetropole und Reiseziel

New York City entstand 1898 aus dem Zusammenschluss der selbstständigen Städte Bronx, Richmond (Staten Island), Brooklyn, Queens und Manhattan. An der Spitze der **Stadtverwaltung** steht der *Mayor* (Bürgermeister), für vier Jahre und maximal drei Wahlperioden hintereinander gewählt.

2021 wurde der Demokrat **Eric Adams**, vormals Polizeihauptmann und Brooklyn Borough President, zum 110. Bürgermeister von New York gewählt. Adams ist der zweite Afroamerikaner in diesem Amt seit David Norman Dinkins (1990–1993). Sein Vorgänger, **Bill De Blasio** (2014–2021 im Amt) aus Brooklyn, hatte Michael R. Bloomberg abgelöst, der von 2002 bis 2013 amtierte.

Unterstützt wird der Mayor von fünf *Borough Presidents* (Vertreter der fünf Stadtteile) und dem 51-köpfigen *City Council* (Stadtrat), der ebenfalls vier Jahre lang amtiert. Dazu kommt ein 7-köpfiges *Board of Education* (Bildungsausschuss).

New York gilt immer noch als die **Finanzhauptstadt** der Welt. Neben der New York Stock Exchange (NYSE), über die die Geldgeschäfte der Welt laufen, gibt es die amerikanische Aktienbörse und zahlreiche Produktbörsen.

Die Stadt gilt vor allem dank des **eisfreien Containerhafens,** der unter der Ägide der Port Authority of New York and New Jersey steht und sich größtenteils im benachbarten New Jersey befindet, als einer der wichtigsten Umschlagplätze für Getreide und sonstige Agrarprodukte. An erster Stelle als Arbeitgeber steht jedoch das **Dienstleistungsgewerbe.** Die **Filmindustrie** stellt ebenfalls einen wichtigen Wirtschaftsfaktor dar. Zudem gilt New York von jeher als **Sitz von TV- und Radiosendern** – die drei großen TV-Anstalten CBS, ABC und NBC sind hier zu Hause.

Die erste Geige in New York City spielt der **Tourismus,** der für Hunderttausende von Jobs und Milliardeneinkünfte sorgt. Für die Deutschen steht New York als USA-Reiseziel auf der Beliebtheitsskala an erster Stelle. Hinzu kommt, dass gut drei Viertel aller deutschen Besucher sogar wiederholt nach New York kommen.

Wurden 2019, vor der Corona-Pandemie, noch 66,6 Mio. Besucher willkommen geheißen, gingen 2020 und 2021 die Zahlen in den Keller. 2022 konnte man bereits wieder 57 Mio. und 2023 knapp 62 Mio. Gäste verzeichnen. 2024 möchte man mindestens 64,5 Mio. erreichen.

Eine der großen Banken in New York, die Bank of America

Kunst und Künstler

Im Bereich der Kunst ist New York untrennbar mit mehreren Namen verbunden: Zum einen mit der **Armory Show 1913**, die den Begriff der „Moderne" neu definierte, dabei jedoch zeitgenössische amerikanische Künstler wie Edward Hopper, Marsden Hartley oder Joseph Stella zunächst noch weitgehend außer Betracht ließ. Doch nach der Ausstellung wurde New York zum Sammelbecken der modernen Kunst. Bereits von etwa 1825 bis 1875 war eine andere Kunstrichtung in New York „großgeworden": die **Hudson River School** – ein Zusammenschluss von Landschaftsmalern wie Thomas Cole oder dem deutschstämmigen Alfred Bierstadt, die romantisch-atmosphärische Landschaftsbilder schufen.

Den Begriff des **„abstrakten Expressionismus"** prägte der New Yorker Jackson Pollock (1912–1956), doch die wohl wichtigste Bewegung der Moderne war die **Pop Art**, die in den 1960er-Jahren in New York ihren Anfang nahm. Die Grenzen zwischen Kunst, Kommerz und Kitsch verschwammen und Künstler wie Andy Warhol, Jasper Johns, Robert Rauschenberg oder Roy Lichtenstein krempelten die Kunstwelt um. Auch im Bereich der **Fotografie** war New York wegweisend: Alfred Stieglitz (1864–1946), Sohn deutscher Auswanderer, brachte erstmals Kunst und Fotografie unter einen Hut; Jacob Riis, Paul Strand oder Cindy Sherman folgten. Eine wichtige Rolle spielte die legendäre Fotoagentur **Magnum Photos** (www.magnumphotos.com). Sie war 1947 von den vier Fotografen Robert Capa, Henri Cartier-Bresson, David Seymour und George Rodger aus der Wiege gehoben worden. Ziel war es, Fotografen die Rechte an ihren Bildern zu sichern und neue Wege der Vermarktung zu schaffen.

› **Buchtipp:** Ernst Haas, „New York in Color", 1952–1962, Prestel Verlag 2020

Auch die **Graffiti-/Mural-Szene** mit grandiosen Wandbildern verteilt auf die ganze Stadt steht in voller Blüte, z. B. im Village oder in Bushwick (www.thebushwickcollective.com).

Dichtung, Theater und Musik

Paul Auster, einer der berühmtesten Autoren New Yorks, hat mit der aus drei Romanen bestehenden „New York Trilogy" das wohl bekannteste moderne literarische Werk über seine Heimatstadt geschaffen. Aber nicht nur in seinen Büchern spielt New York eine wichtige Rolle. Die Stadt hat große **Schriftsteller und Poeten** quasi am Fließband hervorgebracht: Walt Whitman, Amerikas bedeutendster Lyriker, Henry Miller, Norman Mailer, Tom Wolfe, John Dos Passos, Isaac Bashevis Singer, J(erome) D(avid) Salinger, E. L. Doctorow, John Steinbeck oder Kinky Friedman sind nur ein paar Namen von einer langen Liste.

Zum Ventil eines neuen afroamerikanischen Selbstbewusstseins wurde die **Harlem Renaissance** – eine Kulturbewegung in den 1920er- und 1930er-Jahren –, die in den verschiedensten Genres wirkte: Tanz, Theater und Kunst, v. a. aber in der Musik mit dem Aufkommen des Jazz und in der Literatur mit Dichtern wie Jean Toomer, Zora Neal Hurston oder Langston Hughes.

Isaac B. Singer, J. D. Salinger und Saul Bellow, aber auch moderne Autoren wie Michael Chabon, Gary Shteyngart, Jonathan Safran Foer, Nathan Englander oder Shalom Auslander stehen dagegen exemplarisch für die in New York lebendige **jüdisch-amerikanische Literatur.**

New York hat aber auch **deutsche Dichter und Denker** angezogen, die vor allem während des Naziregimes Zuflucht suchten: die Familie Mann beispielsweise, Bert Brecht, Oskar Maria Graf, Wolfgang Koeppen oder Herman Kesten.

Dass diese „Stadt der Literatur" untrennbar mit dem Theater verbunden ist, liegt nahe. 1732 hatte der Niederländer Rip van Dam in einer Lagerhalle an der Maiden Lane das erste Theater eröffnet, richtig los ging es jedoch erst im frühen 20. Jh. Im Handumdrehen mauserte sich New York zur **„Welthauptstadt des Theaters"** mit Höhen und Tiefen, wie das neue Broadway-Museum (s. S. 73) eindrucksvoll illustriert.

Die Bronx spielte in den 1970er-Jahren eine entscheidende Rolle in der **Musikszene,** hier sollen **Hip-Hop** als Subkultur und die Musikrichtung **Rap** im Speziellen entstanden sein. Südlich des Yankee Stadium 49 wird ab Ende 2024 das neue **Hip Hop Museum** mit Ausstellungsflächen und Konzertsaal diese Entwicklung dokumentieren (https://uhhm.org).

In der **Rock-, Folk- und Indie-Szene** haben schon viele Bands aus New York für Furore gesorgt. Unvergessen sind Namen wie Velvet Underground, Talking Heads, The Ramones, Blondie, LCD Soundsystem, New York Dolls, Steely Dan, TV on the Radio, The Strokes oder Hazmat Modine.

Ein weiteres Ausdrucksmittel der afroamerikanischen Szene sind seit den 1980er-Jahren **Poetry Slams,** die von New York aus ihren Siegeszug um den Globus antraten.

◁ *Berühmt in Brooklyn: das Bushwick Collective. Hier ein Künstler der Gruppe bei der Arbeit an einem Wandbild.*

Das Streben zum Himmel

Die sogenannte **City-Beautiful-Bewegung** sollte um 1900 das Stadtbild New Yorks komplett verändern: Repräsentative Bauten in historisierenden Stilen entstanden, z. B. die Columbia University (1893–1913), die Penn Station (1910), die Public Library (1911) oder das Woolworth Building (1910–1913), allesamt Stilkonglomerate aus Beaux-Arts, Klassizismus, Renaissance, Gotik und Barock. Bereits 1811 hatte Stadtbaumeister John Randall ein festes **Rastersystem** eingeführt: Die Straßen nördlich der Houston Street – in Ost-West-Richtung – wurden durchnummeriert und bildeten Planquadrate mit den Avenues in Nord-Süd-Richtung. Lediglich der Broadway als alter Handelsweg durchschneidet das Netz diagonal.

Als erster Skyscraper New Yorks damals galt das 21 Stockwerke hohe **Flatiron Building.** Daniel H. Burnham, Wegbereiter der Hochhausarchitektur in Chicago, hatte dieses Gebäude 1902 entworfen. Technische Neuerungen wie der Stahlgerüstbau oder die Erfindung des Aufzugs Ende des 19. Jh. waren Voraussetzungen für den Hochhausbau. In den 1920er-Jahren, der großen Ära der Wolkenkratzer, entstanden weltberühmte Bauten wie **Empire State** oder **Chrysler Building.** 1932 fixierte Philip Johnson mit dem Manifest „The International Style" die ästhetischen Grundlagen für den modernen Hochhausbau und beeinflusste Bauten wie das Lever House (SOM, 1952), Le Corbusiers UNO-Hauptquartier (1952), das einstige TWA Building (Saarinen, 1962) oder das PanAm Building (Gropius, 1963 – heute MetLife Building).

Ab 1971 sorgte die Architektengruppe „New York Five" mit Peter Eisenman, Michael Graves, John Hejdrik, Richard Meier und Charles Gwathmey, aber auch Architekten wie Charles Moore oder Cesar Pelli für Bauten, die ein zitathafter Eklektizismus (das Herauspicken verschiedenster Stilelemente) auszeichnete und die den „**postmodernen Stil**" begründeten. Wegweisende Beispiele sind 550 Madison Ave (früher AT&T/Sony Building, von Burgee-Johnson 1984, mit Chippendale-Giebel) oder das Lipstick Building (Burgee-Johnson, 1986).

Die folgende **Rückkehr zur Moderne** brachte mehr Kreativität und Innovation, aber auch eher schlichte, funktionale Glas-Stahl-Türme. Der Höhenwettlauf hält an und vor allem an der Central Park Skyline, 57th Street und Umgebung, entstanden sehr hohe und schlanke, aber architektonisch wenig auffällige Hochhäuser – One57 (157 W 57th St., 306 m) oder der Turm an der 432 Park Avenue (Rafael Vinoly, 426 m) sind Beispiele. Zur selben Kategorie zählen der Luxus-Skyscraper 220 Central Park South oder der Central Park Tower (217 W 57th St.), mit 472 m bis dato das **höchste Wohngebäude der Welt.**

Besonders die Firma „ShoP" sorgt mit bleistiftschlanken Wolkenkratzern für Schlagzeilen, z. B. 111 W 57th St. (Steinway Tower), aber auch Gebäude in der Lower East Side (z. B. 247 Cherry St.) oder in Brooklyn (9 Dekalb Ave.) gehö-

Mit den Hudson Yards [20] am Hudson River ist eine komplett neue Skyline aus fantastischen Wolkenkratzern entstanden

Das Streben zum Himmel

ren dazu. Vinolys Apartmentgebäude in der 125 Greenwich St. und 56 Leonard Street von Herzog & de Meuron zeigen dieselbe Tendenz. Ebenfalls hoch und auffällig ragt an der Manhattan Bridge 1 Manhattan Square heraus.

Vielfach interessanter sind Einzelbauten wie das erste Gebäude Frank Gehrys in New York, das IAC Building nahe der High Line (555 W 18th St.). Ebenso ikonenhaft: Bernard Tschumis Blue Building (105 Norfolk St.) in der LES oder VIA 57 West in Hell's Kitchen, ein tetraederförmiges Gebäude von 142 m Höhe von der Bjarke Ingels Group.

Ungewöhnlich ist das gewundene Zwillingsgebäude mit „Skybridge" von ShoP, genannt American Copper Buildings (626 1st Ave.). Foster + Partners stellte unlängst an der 425 Park Ave. ein neues Gebäude mit auffälliger Basis fertig und nahe dem Grand Central Terminal wurde 2020 One Vanderbilt ❷❼ (Kohn Pedersen Fox Ass.) mit Aussichtsplattform eröffnet. In nächster Nähe entsteht gerade ein eleganter Bronze-Glas-Turm: 270 Park Avenue (JP Morgan Chase Building) ersetzt das alte Union Carbide Building. Mit 417 m Höhe soll es das höchste Gebäude werden, das komplett mit Strom aus erneuerbarer Energie betrieben wird.

Ein wichtiges Großprojekt sind die Hudson Yards ❷⓪. Unter Leitung des Architekturbüros Diller Scofidio + Renfro ist hier am Ende der High Line, an der insgesamt spannende Architektur entstanden ist (z. B. von Zaha Hadid, 520 W 28th St.), eine neue Skyline gewachsen. Der Manhattanville Campus der Columbia University und der Cornell Tech Campus auf Roosevelt Island sind weitere Projekte. Sehenswert ist der neue Flügel (Gilder Center) des American Museum of Natural History ❹⓪, ebenso erhält das New Museum ❶❸ einen Anbau und das Studio Museum of Harlem (s. S. 75) steht kurz vor der Fertigstellung.

299ny Abb.: mb

Going Green – New York wird „grün"

„Going Green" ist angesagt: Städte wie San Francisco, Portland oder Chicago haben den Anfang gemacht und New York zieht nach. Parkanlagen, Gemeindegärten, energiesparende, umweltfreundliche Bauten und Projekte wie Fußgängerzonen, begrünte Pieranlagen, „beaches" oder der High Line Park zeigen New York von einer neuen, „grünen Seite".

Begonnen hatte alles 2009, als man verkündete: „Der Times Square wird Fußgängerzone". Im Zuge der Verwandlung New Yorks in eine „grüne Stadt" hat die Stadtverwaltung die Einrichtung von **verkehrsberuhigten Zonen** – kleinen Fußgängerzonen mit Sitzgelegenheiten – durchgesetzt. Die zentralen Bereiche liegen zwischen Times und Duffy Square (42nd–47th St.), am Herald Square (34th–35th St.) und am Madison Square Park vor dem Flatiron Building (25th–23rd St.). Neustes Projekt ist die **Umgestaltung der 5th Ave. zum Fußgängerboulevard.** Zwischen Bryant Park/42nd St. und Central Park/59th St. sind breite Wege, Grünflächen, Bäume, bessere Beleuchtung, eine Busspur und bessere Radwege geplant.

Ebenfalls für Schlagzeilen sorgte der sogenannte **High Line Park** ⑲, nahe dem Hudson River gelegen. Von der Gansevoort Street im boomenden Meatpacking District durch Chelsea bis hinauf zur 34th Street am Javits Convention Center entstand auf einer ehemaligen Eisenbahnlinie zum Schlachthofviertel eine grüne Freizeitoase. Die Hochbahn war von 1929 bis 1934 als Hochviadukt in Stahl erbaut, 1980 stillgelegt und ab 1999 dann als „High Line Project" reanimiert worden. Außer der Promenade gehören kleine Platzanlagen, diverse Kunstinstallationen, Veranstaltungsflächen, Sonnendecks und Bänke sowie eine Begrünung mit ursprünglich hier wachsenden Stauden und Gräsern dazu.

Als weiterer Schritt in Sachen „grün" und „umweltfreundlich" ist die Anlage des **Manhattan Waterfront Greenway** zu werten, eine knapp 50 km lange Route, die als begrünter Geh- und Radweg direkt am Ufer von East und Harlem River fast die gesamte Insel umrundet. Zum Beispiel

Spaziergang auf der grünen Promenade des High Line Park ⑲

Going Green – New York wird „grün"

geht das Grün des **Battery Park** und der **Esplanade** in den **Hudson River Park** mit seinen Piers über, der sich einmal bis zur 59h St. hinaufziehen soll. Die **East River Waterfront Esplanade** setzt den Weg von Manhattans Südspitze entlang des East River im Osten fort.

Ein vergleichbares Projekt ist der **Brooklyn Greenway**. Er soll einmal 26 Meilen lang werden und folgt auch dem **Brooklyn Bridge Park**, bei dem, wie am Hudson River, alte Piers umgestaltet wurden. Zwischen DUMBO und Red Hook (s. S. 67) entstanden Grünanlagen, Veranstaltungsplätze, Radwege, Angelpiers, Spielplätze und sogar Biotope (Marschland). Auch **Governors Island** ❶ wurde bzw. wird attraktiv umgestaltet und das Radwegenetz in allen fünf Stadtteilen beständig erweitert.

Community gardens – Gemeinschaftsgärten auf brachliegenden Grundstücken – blühten bereits in den 1970er-Jahren auf, zunächst illegal. Mittlerweile sind die Gärten in dicht besiedelten Vierteln wie Harlem, Hell's Kitchen, dem Village oder der Lower East Side zu wichtigen grünen Lungen geworden.

„Grün" ist New York bereits seit Langem in Sachen **Ernährung**. Allein in Manhattan finden regelmäßig Dutzende von *farmers'* bzw. *greenmarkets* statt, in allen fünf *boroughs* sind es über 130, und Biosupermärkte oder Lokale, die auf einheimische, saisonale Lebensmittel setzen, erfreuen sich wachsender Beliebtheit.

LEED (Leadership in Energy and Environmental Design) ist ein von der US-Regierung – genauer, dem U.S. Green Building Council – ins Leben gerufenes Zertifizierungssystem für „grünes Bauen" (www.usgbc.org). Umweltfreundliches Design und ebensolcher Betrieb sind Voraussetzungen, um diese Auszeichnung zu erhalten, die es in Silber, Gold und Platin gibt. Stolz auf eine Platin-LEED-Umweltschutzauszeichnung ist z. B. das **Hearst Magazine Building** von Sir Norman Foster, ein 46-stöckiges Gebäude (300 W 57th St./8th Ave., nahe Columbus Circle), das den ursprünglichen Sockel von 1928 mit einem Neubau vereint. Es zählt zu den umweltfreundlichsten und ersten „grünen" Gebäuden in New York, bei dem ökologische und energiesparende Technologien zur Anwendung kamen. Sie reichen vom Bodenbelag bis zu energiesparender Kühlung und Heizung durch zirkulierendes Wasser, von Regenwassertanks über Sensoren zur Lichtkontrolle bis zur Verwendung von 80 % recyceltem Stahl.

Beim **New York Times Building** steht das LEED-Zertifikat noch aus. Das Besondere an dem von Renzo Piano geplanten, rund 228 m hohen Wolkenkratzer sind weder das sechsstöckige Atrium noch Lobby Garden und Lobby Auditorium, sondern die umweltschutztechnischen Details, z. B. die Außenhaut, eine neuartige „Glass Curtain Wall" mit keramischen Sonnenschutzelementen, die sich automatisch an Lichteinfall und Sonneneinstrahlung anpassen und damit für energiesparende Klimatisierung und Beleuchtung sorgen. Ein eigenes kleines Gaswerk liefert rund 40 % der benötigten Energie, es wird eine neuartige Fußbodenluftzirkulation zur Kühlung benutzt und der meiste Stahl der Außenkonstruktion besteht aus Recyclingmaterial.

Inzwischen buhlen weitere New Yorker Neubauten um den Ruf als **umweltfreundlichste Gebäude**: So beispielsweise die **Goldman Sachs Headquarters** in Battery Park City.

Going Green – New York wird „grün"

Dieser 43-stöckige Glas- und Stahlturm von Henry Cobb von Pei Cobb Freed & Partners verfügt ebenfalls über modernste Technologien zur Energieeinsparung und zum Umweltschutz und erhielt dafür LEED Gold. Auf dem flächenmäßig größten Bauplatz in Midtown entstand die **Bank of America** (42nd/Avenue of the Americas/One Bryant Park), ein Musterbeispiel für Ökoarchitektur, Nachhaltigkeit und Wirtschaftlichkeit. Unter anderem zeichnen das vierthöchste Gebäude in Manhattan Wasserfilter für Brauchwasser auf dem Dach und ein eigenes Gaskraftwerk aus.

Wie das letztgenannte Gebäude wurde auch das 2009 von Morphosis fertiggestellte **Cooper Union Building** (41 Cooper Sq.) im East Village mit LEED-Platin ausgezeichnet. Das **Empire State Building** erhielt nach aufwendiger Sanierung 2011 ebenfalls das LEED-Gold-Zertifikat, gleiches gelang am JFK Airport (Terminal 4). Denselben hohen Standard erlangten das One World Observatory und das Whitney Museum sowie die JP Morgan Chase Headquarters, The Solaire, ein „grüner" Wohnblock in Battery City von Pelli Clarke Pelli, und 499 Park Ave. (I.M. Pei). 1 Citi NY (388 Greenwich), 450 Park Ave. und 441 Ninth Ave. wurden sogar mit Platin-Plaketten ausgezeichnet.

Weitere Infos zu „Green New York"

› **Community Gardens:**
  www.nycgovparks.org/greenthumb
  www.greenguerillas.org,
  https://projectharmonynyc.org
› **High Line Park:**
  www.thehighline.org
› **Manhattan Waterfront Greenway:**
  www.nyc.gov/html/edc/pdf/greenway_mapside.pdf
› **East River Waterfront Esplanade:**
  https://edc.nyc/project/east-river-waterfront-esplanade
› **Hudson River Park:**
  https://hudsonriverpark.org
› **Brooklyn Greenway:** www.brooklyngreenway.org
› **Broolyn Bridge Park:**
  www.brooklynbridgepark.org
› **Farmers'/greenmarkets:**
  www.grownyc.org
› **LEED-Bauten:** www.usgbc.org

Dachgarten mit Nutzwert: Eagle Street Rooftop Farm in Brooklyn

PRAKTISCHE REISETIPPS

An- und Rückreise

Reiseplanung und Flüge

Es gibt viele Nonstopverbindungen aus dem deutschsprachigen Raum, sowohl zum **John F. Kennedy International Airport** (JFK) als auch zum **Newark Liberty International Airport** (EWR). **La Guardia** (LGA) bedient nur Flüge innerhalb der USA. Von Frankfurt gibt es Direktverbingungen zu den Flughäfen JFK und Newark, etwa von United Airlines, Delta Air Lines, Lufthansa, Condor und Singapore Airlines. Nonstop-Flüge gehen auch von München, Zürich und Wien, z. B. von Delta, United, Swiss und Austrian Airlines. Daneben gibt es eine Reihe von Umsteigeverbindungen.

Die reine **Flugzeit** beträgt rund neun Stunden. Die **Preise** beginnen bei etwa 600 € (hin/zurück, Nebensaison) und sind nach oben offen. Am teuersten ist es in der Hauptreisezeit im Juli/August sowie rund um Weihnachten und Neujahr. Zu beachten sind auch die unterschiedlichen Tarife, bei denen teils Gepäck oder Sitzplatzreservierung separat berechnet wird („Light/Basic"). Zur ersten Orientierung helfen die Websites wie www.expedia.de weiter, doch die Fluggesellschaften selbst offerieren ebenfalls immer wieder zeitlich befristete Sonderangebote.

Da der Großteil der Flugzeuge am Nachmittag in Amerika landet und die **Zeitverschiebung** „nur" 6 Stunden beträgt, lassen sich die Auswirkungen des **Jetlag** beim Hinflug weitgehend vermeiden. Die Tage nach der Heimkehr bereiten in der Regel größere Probleme, da man übermüdet am Morgen oder Vormittag in Deutschland ankommt. Zu Hause sollte man dennoch auf den verlockenden Nachmittagsschlaf verzichten und besser einen zusätzlichen Urlaubstag einplanen.

> **Infos** zu allen Flughäfen New Yorks: www.panynj.gov/airports

Ankunft

Mit dem Flugzeug

Der **John F. Kennedy International Airport** ist einer der meistfrequentierten Flughäfen weltweit. Er liegt in Queens, etwa 20 km/eine gute Fahrtstunde von Manhattan entfernt, und ist mit Newark und La Guardia durch private Klein-/Linienbusse verbunden (Details: www.jfkairport.com, „To and from JFK"). Im Airport Ground Transportation Center in jedem Terminal des JFK gibt es Auskünfte und Tickets für die Shuttlebusse in die Stadt. Grundsätzlich bieten sich folgende Alternativen:

> **Taxi**: Festpreis $ 70 bzw. $ 75 in der Stoßzeit, plus Brückenzoll u. a. Gebühren sowie Trinkgeld, insgesamt mind. $ 90 für bis zu 3 Pers. und Gepäck, Fahrtdauer 45–60 Min. Der Fixpreis gilt auch für die Rückfahrt von Manhattan.

> per **Kleinbus** zu Hotels bzw. zentralen Haltepunkten in Manhattan (einfache Fahrt ab ca. $ 40), Abfahrt etwa alle 30 Min., Anbieter z. B. GO AirLink (Infos: www.goairlinkshuttle.com, Tel. 212 8129000). Je nach Verkehr, Zahl der Fahrgäste bzw. Haltepunkte mind. 60 Min. Fahrtdauer. Infos auch unter www.jfkairport.com/to-from-airport/taxi-car-and-van-service.

> mit der **Subway** – die preiswerteste, aber zeitaufwendigste Möglichkeit. Mit dem ÖPNV gelangt man für nur $ 11,50 vom Flughafen in die Stadt, allerdings ist diese Variante wegen des eventuell nötigen Umsteigens nur etwas für Leute mit leich-

◁ *Vorseite: Alt und neu –*
New York ist voll spannender Kontraste

tem Gepäck. Per AirTrain geht es im 4- bis 10-Min.-Takt von jedem Terminal für $ 8,25 in rund 12 Minuten zur Subway-Station Howard Beach und von dort mit der Line A („Far Rockaway") für $ 3,25 in 70 bis 90 Min. nach Manhattan (Tickets an Metro-Card-Automaten). Eine zweite, längere Variante ist die Fahrt mit dem Air-Train zur Subway-Station Sutphin Blvd./Archer Ave. und dann mit den Linien E, F oder Z in die Stadt. Die Bahn verkehrt rund um die Uhr alle 10 bis 20 Min.
› **Infos:** https://new.mta.info/guides/airports/jfk

Der **Newark Liberty International Airport** (EWR) befindet sich 26 km südwestlich von Manhattan. Per Air-Train geht es vom Flughafen zur Newark Liberty International Airport Station und von dort mit Zügen von NJ Transit oder Amtrak via Newark Penn Station zur Penn Station/Manhattan (5–2 Uhr, $ 15,75, www.njtransit.com). Es gibt keinen Taxi-Festpreis (Fahrpreis $ 60–80) und es verkehren ebenfalls Shuttlebusse.
› **Infos:** https://newarkairport.com/to-from-airport/taxi-car-and-van-service bzw. https://newarkairport.com/to-from-airport/public-transportation

Den bequemen und modernen **La Guardia Airport** (LGA) lernen Besucher häufig bei gebuchten Inlandsflügen kennen. Er ist mit Taxis, Uber, Lyft oder MTA-Bussen erreichbar. Die Linien M60 (Manhattan) und Q70 (ab/zu Subway Linie 7 in Queens) bringen Besucher in die Stadt bzw. zum nächsten Subway-Bahnhof.
› **Infos:** www.laguardiaairport.com

Per Bahn oder Bus

Die (halbstaatliche) Eisenbahngesellschaft **Amtrak** bietet sich dank der Acela-Express-Züge und Metroliner für Städtetrips entlang der Ostküste zwischen Boston, New York, Philadelphia und Washington an.

Es verkehren überdies auch Züge nach Chicago (und weiter an die Westküste) sowie nach Atlanta, New Orleans und Florida. In New York befindet sich der Amtrak-Bahnhof **Penn(sylvania) Station** im Madison Square Garden ㉓.
› **Infos:** www.amtrak.com

Regionalzüge aus New Jersey (PATH) und Long Island (LIRR) treffen ebenfalls in der Penn Station ein. LIRR hält auch am Grand Central Terminal ㉘ – genauer, am neuen Bahnhofsteil „Grand Central Madison" – und auch Regionalzüge aus dem Norden, aus NY State oder Connecticut (Metro-North Railroad/MNR) steuern den „GCT" an.

Abgesehen von den bekannten **Greyhound Lines,** die seit 2021 Teil des Unternehmens Flixbus sind, gibt es lokale **Busgesellschaften** wie Megabus oder GotoBus, die die großen Ostküstenstädte preiswert miteinander verbinden. Viele Busse fahren vom Port Authority Bus Terminal [B15].
› **Infos:** www.greyhound.com, https://us.megabus.com, www.gotobus.com, www.flixbus.de

Mit dem Schiff

Der berühmte Luxusliner **Queen Mary II** („QM2") der Cunard Line bietet eine Linienverkehrsverbindung von Southampton (Großbritannien) bzw. Hamburg nach New York. Die Schiffsreise dauert 7 bis 10 Tage (einfache Strecke) und zurück von NYC geht es dann per Flugzeug (oder umgekehrt).
› **Infos:** www.cunard.com, https://cunard.kreuzfahrtagentur.eu

Autofahren

Das Autofahren ist in den USA normalerweise eine entspannende Angelegenheit, die Ausnahme ist aber New York, wo nur Leute mit starken Nerven und viel Zeit selbst fahren sollten.

Ständige Staus, Einbahnstraßen, akuter Parkplatzmangel, astronomisch hohe Parkgebühren und dazu erhöhte Mietwagen- und Benzinpreise, vor allem aber eine aggressive Fahrweise machen das Herumkommen im Pkw zum puren Stress. Sinnvoller ist es, das gut ausgebaute **öffentliche Verkehrssystem** zu nutzen.

Wer aus bestimmten Gründen dennoch einen **Leihwagen** braucht, bucht ihn am besten bereits zu Hause, da die Pakete (mit Versicherungen und unbegrenzten Kilometern) weit günstiger kommen als eine Buchung vor Ort. Unter www.bestparking.com/new-york-ny-parking finden sich **Parkplätze** und aktuelle Tarife.

Barrierefreies Reisen

Die USA sind für Menschen mit Behinderung *(handicapped/disabled people)* ein ideales Reiseland und selbst eine Reise ins quirlige New York City ist machbar.

Auf der Website des Bürgermeisters, „Mayor's Office for People with Disabilities" gibt es Infos zu möglichen Hilfen und zur Zugänglichkeit von öffentlichen Einrichtungen aller Art, Verkehrsmitteln, Museen, Theatern oder Clubs.

› www.nyc.gov/site/mopd/resources/recreation-culture.page, www.nycgo.com/plan-your-trip/basic-information/accessibility
› zu Bahnen und Bussen: https://new.mta.info/accessibility
› **Big Apple Greeter** (s. S. 130) bietet auch (Gratis-)Touren für Menschen mit Behinderung an.

Selbst mit dem Auto zu fahren, ist in New York wenig empfehlenswert

Diplomatische Vertretungen

In Fällen wie dem Verlust von Reisedokumenten oder bei rechtlichen Problemen helfen die Konsulate vor Ort:
- ●221 [D12] **Austrian Consulate General**, 31 E 69th St. (Upper East Side), NY 10021, Tel. +1 212 7376400, www.bmeia.gv.at/gk-new-york
- ●222 [D15] **Consulate General of Switzerland**, 633 3rd Ave. (Midtown), NY 10017–6706, Tel. +1 212 5995700, www.eda.admin.ch/newyork
- ●223 [E14] **German Consulate General**, 871 United Nations Plaza (1st Ave./49th St., Midtown East), NY 10017, Tel. +1 212 6109700 (Mo.–Fr. 8–14 Uhr), Notruf Tel. 202 2984000, www.germany.info/us-en/embassy-consulates/newyork

Ein- und Ausreisebestimmungen

Einreiseformalitäten

Dank des **Visa Waiver Program** (VWP) ist ein Visum für Staatsbürger von Teilnehmerländern (wie Deutschland, Österreich und die Schweiz) bei einem Aufenthalt von max. 90 Tagen und bei Vorlage eines Rückflugtickets nicht nötig. Besucher müssen im Besitz eines maschinenlesbaren **Reisepasses** („e-Pass") sein, der mindestens noch die gesamte Aufenthaltsdauer lang gültig ist. Auch **Kinder benötigen einen eigenen Pass.** Reisen Kinder nur mit einem Elternteil oder Verwandten, kann sowohl bei der Ausreise aus Deutschland als auch bei der Einreise in die USA eine **Einverständniserklärung des anderen Elternteils** bzw. der Eltern erforderlich sein. Infos erhält man beim Auswärtigen Amt bzw. beim zuständigen Konsulat/der Botschaft.

Alle Bürger, auch Kinder, die ohne Visum einreisen, müssen sich spätestens 72 Stunden vor Abflug online registrieren lassen (**Electronic System for Travel Authorization – ESTA**). Dieser Registrierungsvorgang kostet einmalig den aktuellen Gegenwert von $ 21. Die Registrierung kann im Reisebüro oder im Internet auf folgender Website erfolgen:
› https://de.usembassy.gov/de/esta
› https://esta.cbp.dhs.gov

Erfragt werden Name, Geburtsdatum, Adresse, Nationalität, Geschlecht, Passdetails, erstes Hotel, Zweck und Dauer der Reise etc. Wer einmal registriert ist, kann innerhalb von zwei Jahren mehrfach einreisen, sofern der Pass gültig ist. Außerdem müssen die Fluggesellschaften im Rahmen von **Secure Flight** 72 Stunden vor Abflug alle **maßgeblichen Passagierdaten** zur Weiterleitung an die TSA (Transportation Security Administration) vorliegen haben: voller Name gemäß Reisepass, Geburtsdatum, Geschlecht. Normalerweise werden diese Angaben bereits bei Flugbuchung gefordert. Die erste Adresse in den USA inklusive Postleitzahl kann beim Check-in nachgereicht werden.

Wer länger als 90 Tage im Land bleiben möchte – zum Beispiel zum Studieren oder Arbeiten – oder Staatsbürger eines Landes ist, das nicht am VWP teilnimmt, muss sich ein **Visum** beschaffen. Ebenfalls **nicht mehr visumsfrei** einreisen dürfen Staatsangehörige von VWP-Ländern, die seit dem 1.3.2011 **in den Irak, den Sudan, nach Iran, Syrien, Libyen, Somalia oder in den Jemen gereist** sind oder

die entsprechende **doppelte Staatsangehörigkeit** besitzen.
Infos dazu gibt es unter:
› www.cbp.gov/travel/international-visitors/visa-waiver-program
› www.cbp.gov/travel/international-visitors/frequently-asked-questions-about-visa-waiver-program-vwp-and-electronic-system-travel
› https://travel.state.gov

Einreisekontrolle

Am Einreiseschalter *(Immigration Counter)* des ersten Flughafens in den USA wird der Pass gescannt und **Fragen** zu Reiseroute, Zweck der Reise, Beruf, Bekannten oder Freunden in USA, evtl. auch zum Reisebudget gestellt. Es werden **tintenlose Fingerabdrücke** genommen und es wird ein **Foto** gemacht, ehe es den Stempel mit einer auf drei Monate festgelegten Aufenthaltsdauer in den Pass gibt.

An den Flughäfen Kennedy und Newark gibt es eine **Automated Passport Control (APC)**. Besucher, die schon einmal mit ESTA und dem aktuellen Reisepass eingereist sind, können diese Geräte nutzen und beschleunigen damit die Prozedur.
› www.cbp.gov/travel/us-citizens/apc

Infos zu den aktuellen Einreisebestimmungen finden sich unter www.cbp.gov/travel/international-visitors (U.S. Customs & Border Protection).

Zoll

Die Zeit der weißen, im Flugzeug verteilten Zollerklärungen ist vorbei. Wer an ESTA teilgenommen hat und an einem Flughafen mit APC (s. oben) einreist, muss kein Formular ausfüllen.

Eine Devisenbeschränkung gibt es nicht, lediglich Summen über $ 10.000 müssen deklariert werden. Nähere Informationen liefern die lokalen Zollämter bzw. folgende Websites:
› **Deutschland:** www.zoll.de („Privatpersonen/Reise")
› **Österreich:** www.bmf.gv.at/themen/zoll/reise.html
› **Schweiz:** www.ezv.admin.ch („Information Private")

Einfuhr USA
› 1 l Alkohol bzw. 200 Zigaretten oder 100 Zigarren (keine kubanischen)
› Geschenke im Wert bis $ 100
› Verboten ist die Einfuhr aller tierischen und pflanzlichen Frischprodukte/Lebensmittel sowie von Samen und Pflanzen, außerdem Klappmessern u. a. gefährlichen Objekten. Bei Medikamenten in größeren Mengen empfiehlt es sich, ein ärztliches Attest dabei zu haben, da die Einfuhr von Rauschmitteln untersagt ist.
› Weitere Details unter www.cbp.gov/travel/international-visitors

Einfuhr Deutschland/Österreich/Schweiz
› **Tabakwaren** (über 17-Jährige in EU-Länder und CH): 200 Zigaretten oder 100 Zigarillos oder 50 Zigarren oder 250 g Tabak
› **Alkohol** (über 17-Jährige in **EU-Länder**): 1 l über 22 Vol.-% oder 2 l bis 22 Vol.-% und zusätzlich 4 l nicht-schäumende Weine; in die **Schweiz:** 2 l (bis 15 Vol.-%) und 1 l (über 15 Vol.-%)
› **Andere Waren** für den persönlichen Gebrauch (über 15-Jährige): Waren bis zu 430 €, in die Schweiz bis zum Wert von CHF 300

Elektrizität

In den USA gibt es **Wechselstrom von 110 bis 115 V**, daher müssen Geräte wie Föhn oder Rasierapparat umstellbar sein. Wegen der anderen Steckdosenform ist außerdem ein **Adapter** nötig, den man am besten schon von zu Hause mitbringt bzw. in einem Flughafen- oder Elektronikgeschäft kauft.

Geldfragen

Die amerikanische Währungseinheit ist der **US-Dollar** ($ 1). **Bargeld** ist nur in wenigen Fällen nötig, etwa an Automaten (v. a. Quarter-Münzen, also ¢ 25). Es ist kein Problem, in einer Bank oder (schneller) in einer Filiale von American Express (z. B. Macy's, s. S. 91, und World Financial Center ❸) oder Travelex Euro umzuwechseln, allerdings ist der Kurs oft ungünstig und es fallen Gebühren an. In vielen Lokalen, Imbissen und Cafés wird nur noch **bargeldlose Zahlung** akzeptiert.

Kreditkarte, Debitkarte, Mobile Payment

Das Zauberwort heißt **credit card** (CC), wobei Mastercard und Visa die gebräuchlichsten sind. Selbst Kleinstbeträge werden mit Kreditkarte bezahlt und sie ist nötig, um Kautionen (z. B. für den Mietwagen) zu hinterlegen bzw. eine Buchung zu garantieren.

Mittlerweile wird fast überall bei Bezahlung mit Kreditkarte in Läden oder Restaurants die Eingabe einer PIN-Nummer verlangt. Für das bargeldlose Zahlen werden ca. 1 bis 2 % des Betrags für den Auslandseinsatz berechnet.

Bargeld am Automaten (**ATM**, **A**utomatic **T**eller **M**achine) zu ziehen, kostet eine je nach Fremdbank unterschiedlich hohe Gebühr von ca. $ 3–7, die vor Abschluss der Transaktion angezeigt wird. Beim Abheben wird manchmal die Abrechnung in Euro angeboten (**Dynamic Currency Conversion**). Meist wird dabei ein **ungünstiger Wechselkurs** zugrunde gelegt und eine Abbuchung in Dollar ist vorzuziehen.

Debitkarten (in Deutschland auch als **Girocard** bekannt) mit Maestro-Funktion sind noch bis zu ihrem Laufzeitende gültig, werden aber seit Juli 2023 sukzessive gegen sogenannte Mastercard-Debit-Karten ausgetauscht, mit denen man ebenfalls im Ausland zahlen und Geld abheben kann. Debitkarten mit V-Pay-Symbol funktionieren außerhalb der EU generell nicht, die neuen Visa-Debitkarten hingegen in der Regel schon. Viele Banken sperren Debitkarten aus Sicherheitsgründen für den Einsatz im außereuropäischen Ausland oder beschränken den Verfügungsrahmen. Man sollte sich im Vorfeld erkundigen und die Karte ggf. freischalten lassen.

Es empfiehlt sich, das Kreditinstitut bei einer längeren Reise zu informieren, damit bei vermehrten und höheren Abhebungen die (Kredit-)Karte nicht wegen Betrugsverdachts gesperrt wird

Auch die Zahlung mit **Google Pay** und **Apple Pay** ist in NY weit verbreitet. Im Allgemeinen fallen die gleichen Gebühren wie bei der Kreditkarte an.

Wechselkurse
(Stand: Anfang 2024)

$ 1	=	0,91 €/0,85 SFr
1 €	=	$ 1,10
1 SFr	=	$ 1,17

New York City preiswert

Viele **Museen** bieten zu bestimmten Zeiten verbilligten/freien Eintritt (www.nyctourism.com/articles/free-museums-in-nyc).

Rabattcoupons (u. a. Museen, Touren) gibt es unter www.smartsave.com/destination/united-states/new-york. Die Website www.nycgo.com/maps-guides/free-in-nyc-things-to-do-in-nyc-today informiert umfassend über **Gratisangebote** in NYC.

Bei **TKTS** (s. S. 88) gibt es ermäßigte Theater- und Konzertkarten für Veranstaltungen am selben Tag. **Gratiskonzerte** finden im Sommer z. B. im Central Park ❸❹ oder auf öffentlichen Plätzen (z. B. Bryant Park, Prospect Park, s. S. 87) und in Kirchen statt. Während der Broadway und der Off-Broadway Week (s. S. 88) werden vergünstigte Tickets angeboten.

Wer viel mit dem öffentlichen Nahverkehr unterwegs ist, für den lohnt sich der Kauf einer der günstigen **Wochenkarten** (s. S. 139).

Stadtführungen gegen Trinkgeld bietet unter anderem Big Apple Greeter (s. S. 130) an. Eine **Stadtbesichtigung per Bus**, z. B. mit den Linien M2, M3, M4 oder M5, ist günstig.

Während der **Summer** bzw. **Winter NYC Restaurant Week** (Jan.–Mitte Febr. bzw. Juli/August, www.nyctourism.com/restaurant-week) bieten ausgewählte Restaurants Fixpreis-Menüs an. Bei der **NYC Hotel Week** (Jan.–Mitte Febr.) gibt es Hotelschnäppchen (www.nyctourism.com/nyc-hotel-week). Weitere **Sparaktionen** im Jan./Febr. unter nyctourism.com/winterouting.

▷ *Infostand der Downtown Alliance*

Preise und Kosten

Die **Hotelkosten** in New York belasten das Reisebudget am meisten. Was **Verpflegung** angeht, gibt es zu teuren Restaurants hinreichend Alternativen, die preislich auf dem Niveau europäischer Großstädte liegen.

Eintrittspreise sind großteils der Qualität und Größe der Museen und Attraktionen angemessen und entsprechen europäischem Niveau.

Die Ticketpreise für den **öffentlichen Nahverkehr** sind – angesichts des Einheitspreises und der möglichen Streckenlängen – sehr moderat.

🅼🅴🅸🅽 🆃🅸🅿🅿
Touristentickets
› Der **New York CityPASS** (https://de.citypass.com/new-york) gewährt in einem Zeitraum von neun Tagen einmaligen freien Zutritt zum Empire State Building ㉒ und dem American Museum of Natural History ㊵ sowie wahlweise zu drei der folgenden fünf Attraktionen: Top of the Rock ㉚, Guggenheim Museum ㊱, Statue of Liberty ❺ mit Ellis Island ❻, 9/11 Memorial und Museum ❶, Intrepid Sea, Air & Space Museum ㉖ oder einer Bootsrundfahrt mit der Circle Line (s. S. 131). Er kostet $ 138 (Kinder $ 118). Alternativ gibt es den **C3-Pass** für drei frei wählbare Attraktionen aus einer Liste von elf ($ 96/74).
› **Explorer Pass** (https://gocity.com/new-york/de-us): Zutritt zu 2 bis 10 Attraktionen/Touren aus einer langen Liste, ab $ 79
› Der **New York Sightseeing Pass** (www.sightseeingpass.com/de/new-york) gibt es als „Day" ($ 35/1 Tag) oder „Flex Pass". Lohnt vor allem bei einem längeren Aufenthalt.

Informationsquellen

Infostellen in der Stadt

Touristeninformation

- **224** [C16] **Macy's Visitor Information Center,** 151 W 34th St., www.nyctourism.com/places/official-nyc-information-center-at-macys-herald-square-midtown-west, Mo.–Fr. 10–22, Sa., So. 10–19 Uhr

Weitere Infokioske werden von der **Downtown Alliance** betrieben, z. B.:

- **225** [D22] **Downtown Alliance (1),** T2 Plaza (2 World Trade Center), tgl. 9–17 Uhr
- **226** [D23] **Downtown Alliance (2),** Bowling Green Park, tgl. 8–18 Uhr
- **227** [C23] **Downtown Alliance (3),** Pier A, Harbor House, tgl. 9–18 Uhr
- https://downtownny.com/about-us/services/marketing-tourism

Chinatown unterhält eine eigene Infostelle:

- **228** [D21] **Explore Chinatown Info Kiosk,** Kreuzung Canal/Baxter/Walker St., https://chinatown.nyc

Die Stadt im Internet

- **www.nyctourism.com** – offizielle Website von NYC Tourism & Conventions, dem Tourismusamt, mit Links zu vielen Themen
- **www.nyc.gov** – Website der Stadtverwaltung, v. a. die Rubrik „Culture & Recreation" ist auch für Besucher interessant
- **www.nycgovparks.org** – Informationen zu allen der Parkverwaltung unterstehenden Sehenswürdigkeiten, z. B. Ellis Island
- **https://downtownny.com** – interessante Website zum Angebot im Herzen von Manhattan
- **https://forgotten-ny.com** – Infos zu alten Straßen, historischen Bauten, Parks und idyllischen Ecken.
- **www.timessquarenyc.org** – Informationen zum „Herz der Stadt", News, Veranstaltungen etc., zusammengestellt von der Times Square Alliance
- **www.timeout.com/newyork** – Digitalversion des früher beliebten Print-Magazins mit aktuellen Infos und Terminen
- **https://nymag.com** – Tagesaktuelle Informationen zu Restaurants, Shoppingmöglichkeiten, Filmen, Kultur, Nachtleben und interessante Berichte.
- **www.ilovethebronx.com, https://itsinqueens.com, www.visitstatenisland.com** – Infos für die Bronx, Queens und Staten Island

NYC-Apps

- **MYmta:** Nahverkehrs-App, Infos zu Linien, Fahrplänen und Haltestellen sowie Routenplaner (kostenlos für iOS und Android)
- **NY Waterway:** Infos zu den vielen Fährlinien, auch Möglichkeit zum Ticketkauf (kostenlos für iOS und Android)
- **The New Yorker:** die App zum berühmten Magazin – informative Kurzgeschich-

ten, Kritiken, Essays, Lyrik, viel Kultur und Buchtipps (kostenlos für iOS und Android)
> **Broadway.com:** Infos über gerade laufende und geplante Broadway-Shows mit der Möglichkeit, direkt Tickets zu erwerben (kostenlos für iOS)
> **NY Times:** App der New York Times mit Nachrichten und Veranstaltungshinweisen (kostenlos für iOS und Android)

Unsere Literaturtipps

> **Ascher, Kate: The Works: Anatomy of a City**, 2005. Über die Infrastruktur und das „Funktionieren" der Stadt mit vielen Illustrationen.
> **Auster, Paul: Mond über Manhattan**, 1989. Genauso lesenswert sind „Die New York-Trilogie", 1988 und „Die Brooklyn Revue", 2006.
> **Baker, Kevin: Dreamland**, 2000. New York um 1900 mit den skurrilsten Typen, v. a. Coney Island und Lower East Side als Schauplätze.
> **Dos Passos, John: Manhattan Transfer**, 1925. Der Roman über den „Großstadtdschungel".
> **Feldman, Deborah: Unorthodox**, Zürich 201. Leben und Flucht einer Frau aus einer ultraorthodoxen jüdischen Gemeinde in Brooklyn.
> **Fitzgerald, F. Scott: Der Große Gatsby**, 1925. Ebenfalls ein Klassiker der New-York-Literatur.
> **Foer, Jonathan Safran: Extrem laut und unglaublich nah**, 2005. Der Autor schildert die Ereignisse von „9/11" aus der Sicht eines 9-Jährigen, der seinen Vater verloren hat.
> **Friedman, Kinky:** u. a. **Greenwich Killing Time**, 1992, **Der glückliche Flieger**, 2005 und **Zehn kleine Yorker**, 2010. Der jüdische Texaner schildert in seiner ungewöhnlichen Krimiserie skurrile, von seiner Zeit in Greenwich Village geprägte Fälle.
> **Holland, J., Dodge, D.: NYC Storefronts**. Die schönsten Läden in New York, 2022. Geniale Zeichnungen von New Yorker Ladenfronten.
> **Maak, Niklas** (Autor), **Shapton, Leanne** (Illustratorin): **Durch Manhattan**, Hanser Verlag, 2017. Ein Spaziergang von der Südspitze Manhattans bis zum Inwood Hill Park.
> **MacLean, Alex, Über den Dächern von New York**, 2012. Faszinierende Bilder von New York aus der Vogelperspektive.
> **Murray, James und Karla: Store Front NYC**, 2023. Dem Thema Ladenfronten gewidmeter Fotoband – eine Hommage an kleine, unabhängige Läden, Lokale und Betriebe, die mehr und mehr schwinden.
> **Schwartz, Arthur: Arthur Schwartz's New York City Food**, 2008. Einführung in die kulinarische Szene von New York mit Rezepten.
> **Selby, Hubert: Letzte Ausfahrt Brooklyn**,1965. Über den Niedergang Brooklyns und seiner Bewohner – ein Romanklassiker!
> **Skinner, Peter: New York Luftbilder von den Anfängen bis heute**, 2016. Schön aufgemachter Bildband.
> **Vandenberghe, T., J. Gossens, L. Thys, New York Street Food**, Hädecke Verlag 2013. Interessantes zu den Straßenimbissen in NYC, dazu Rezepte zum Nachkochen.
> **Whitman, Walt: Der Schöne Mann**, 2018. Ungewöhnliche Ausführungen des „Nationaldichters" aus Brooklyn (1819–1892) über den männlichen Körper. Lesenswert ist sein berühmtes Meisterwerk **Leaves of Grass** („Grashalme"/„Grasblätter").

LGBT+

Publikationen und Medien

Stadtpläne gibt es bei den Touristeninformationen (s. S. 121). Dazu sollte man sich einen kostenlosen **MTA-(Nahverkehrs-)Plan** beschaffen (erhältlich in größeren Subway-Stationen), herunterladen oder ausdrucken (https://new.mta.info/maps). Er ist auch in der hilfreichen App zu finden (s. S. 121).

Zeitungen und Stadtmagazine

Zeitungskioske sind fast komplett aus dem Straßenbild verschwunden, nur selten findet man noch die New York Times oder andere Zeitungen als klassisches Druckerzeugnis auf Papier. Einige Magazine sind, v. a. in Buchläden, noch erhältlich.

› **New York Magazine**, http://nymag.com, vierzehntägig. Viel Lesestoff, außerdem Listen (Nachtclubs, Restaurants, Museen, Shops etc.).
› **The New Yorker**, www.newyorker.com, wöchentlich, $ 9. Eher intellektuelles „Lesemagazin".

LGBT+

Die LGBT-Szene konzentriert sich auf *neighborhoods* wie Greenwich Village, Chelsea und Teile von SoHo. Jackson Heights (Queens) ist für sein *gay nightlife* bekannt und Park Slope (Brooklyn) ein beliebter Wohnort.

Seit 2011 sind im Staat New York gleichgeschlechtliche Ehen erlaubt und die „Gay Community" git als besonders groß, aktiv und wirtschaftlich bedeutend. Das **American LGBTQ+ Museum** (https://americanlgbtqmuseum.org) soll 2024 als Teil der New York Historical Society eröffnen, im gleichen Jahr wie das **Stonewall National Monument Visitor Center** (51 Christopher St., https://stonewallvisitorcenter.org).

Ende Juni findet die **NYC Pride**, das neuntägige Fest in Erinnerung an die

Beim NYC Pride mit großem Umzug

Stonewall Riots mit Pride Fest und großem Umzug entlang der Christopher Street, statt.

229 [E20] **Bluestockings Bookstore,** 172 Allen St., https://bluestockings.com, Di.–So. 12–19 Uhr. Buchladen im Kollektiv mit Fairtrade-Café und gutem Angebot zu Themen wie Feminismus, LGBT+, Umwelt, Politik etc., auch Veranstaltungen, Filme, Lesungen usw.

230 [B18] **Chelsea Pines Inn** $$$, 317 W 14th St. (8th–9th Ave., Chelsea), Tel. 212 9291023, www.chelseapinesinn.com. Großteils von Gay-Publikum frequentiertes Hotel in guter Lage.

231 [B18] **Gym Sportsbar,** 167 8th Ave., www.gymsportsbar.com. Bis mind. 2 Uhr morgens Barbetrieb.

232 [C19] **Henrietta Hudson,** 438 Hudson St. (West Village), https://henriettahudson.com, Mi.–So. 18 bis mind. 2 Uhr. Lesbenbar mit DJs und Billard.

233 [D20] **Leslie-Lohman Museum of Art,** 26 Wooster St. (SoHo), www.leslielohman.org, Mi. 12–17, Do.–So. 12–18 Uhr, $ 10 (freiwillig). Ausstellungen und Programme zur LGBTQ-Geschichte und Kunst.

234 [C19] **Stonewall Inn,** 53 Christopher St./Sheridan Sq., https://thestonewallinnnyc.com. Die wohl legendärste Schwulenbar der Welt.

235 [C19] **The Monster,** 80 Grove St./7th Ave., www.facebook.com/Monster NYC. Beliebter Gay-Club, im Erdgeschoss ist eine Pianobar, im Untergeschoss eine Disco. Gute Margaritas und v. a. Latinopublikum.

LGBT-Szene im Internet

› https://gaycenter.org – Infoseite des New Yorker LGBT Community Center
› www.nycpride.org
› www.nyctourism.com/guides-and-experiences/lgbtq-NYC
› www.timeout.com/newyork/lgbt

Maße und Gewichte

Längen

1 inch (in)	2,54 cm
1 foot (ft)	0,48 cm
1 yard (yd) (= 3 feet)	0,91 m
1 mile (= 1760 yards)	1,61 km

Hohlmaße

1 pint	0,47 l
1 quart (= 2 pints)	0,95 l
1 gallon (= 4 quarts)	3,79 l

Flächen

1 square inch	6,45 cm²
1 square feet	929 cm²
1 square yard	0,84 m²
1 acre	4046,80 m² (0,405 ha)
1 square mile (= 640 acres)	2,59 km²

Gewichte

1 ounce (oz)	28,35 g
1 pound (= 16 ounces)	453,59 g

Temperaturen

In den USA wird die Temperatur in Grad Fahrenheit angegeben, einer Maßeinheit, deren Nullpunkt von dem der Celsius-Skala abweicht. Die Umrechnung in Gard Celsius ist nicht ganz leicht.

Umrechnungsschlüssel:
(Grad Fahrenheit - 32) x 0,56 =
Grad Celsius, z. B.:

23 Grad F	-5 Grad C
32 Grad F	0 Grad C
50 Grad F	10 Grad C
60 Grad F	15 Grad C
70 Grad F	21 Grad C
80 Grad F	27 Grad C

Medizinische Versorgung

Besonderen Risiken sind USA-Reisende nicht ausgesetzt, spezielle Impfungen nicht nötig. Erkältungen wegen der üblichen **Vollklimatisierung** von Räumen, Läden etc. kann man durch entsprechende Kleidung (Jacke, Pullover, Halstuch) vorbeugen. **Hygiene** wird in den USA großgeschrieben und WCs sind normalerweise sehr sauber.

Den hohen Arzt-, Medikamenten- und Krankenhauskosten in Amerika steht ein **hoch entwickeltes medizinisches System** gegenüber. Eine schnelle und gründliche Behandlung ist daher gesichert, immer vorausgesetzt, man kann die eigene **Zahlungsfähigkeit** (zum Beispiel durch die Vorlage einer Kreditkarte) nachweisen.

Bei Praxisbesuchen muss der Patient im Allgemeinen sofort zahlen. Gesetzliche Krankenkassen übernehmen die Kosten für eine Behandlung in den USA nicht, weswegen der Abschluss einer **Auslandskrankenversicherung** (s. S. 140) ratsam ist.

Krankenhäuser und Arztpraxen

Im Notfall ruft man die *ambulance*, also einen Krankenwagen (Tel. 911), oder fährt zu einer Krankenhausnotaufnahme *(emergency room)*.

➲ **236** [B13] **City MD**, 315 W 57th St. (8.–9th Ave.), Tel. 212 3152330, Mo.–Fr. 7–23, Sa., So. 9–18 Uhr, zentral am Columbus Circle gelegen. Filialen siehe www.citymd.com.

➲ **237** [D11] **travelMD**, 952 5th Ave./76th St., Tel. 212 7371212, https://travelmd.com. Arztbesuche rund um die Uhr, auch in Hotels sowie *medical center* (24 Std.), Anmeldung nötig.

Zahnärztlicher Notdienst

➲ **238** [D18] **Emergency Dentist NYC**, 100 E 12th St., Tel. 646 3368478, www.emergencydentistnyc.com. 24-Stunden-Notfallservice.

Apotheken

Pharmacies (Apotheken) sind selten, dafür gibt es in jedem Supermarkt und *drugstore* ein Grundsortiment (größer und preiswerter als z. B. in Deutschland) an freiverkäuflichen Arzneimitteln.

In den *drugstores* kann man an speziellen Schaltern auch ärztliche Verordnungen *(prescriptions)* für rezeptpflichtige Medikamente einlösen.

In New York sind Filialen von **CVS Pharmacy** (www.cvs.com), **Duane Reade by Walgreens** und **Rite Aid** (www.riteaid.com) verbreitet. Viele von ihnen haben rund um die Uhr geöffnet.

➲ **239** [B14] **Duane Reade**, 900 8th Ave., Arztservice in Drogeriemärkten, Filialen siehe www.walgreens.com

Mit Kindern unterwegs

Kinder sind in den USA gern gesehen und kommen in den Genuss vielerlei **Vergünstigungen**, z. B. in **öffentlichen Verkehrsmitteln** (kostenlose Fahrt bis 1,12 m Körpergröße). In **Hotels** übernachten Kids oft kostenlos im Zimmer ihrer Eltern, **Restaurants** bieten vielfach Kindermenüs und -sitze, in **Museen** gelten Sondertarife. NYC Tourism and Conventions hat einige **Tipps** für Kids zusammengestellt:

› www.nyctourism.com/guides-and-experiences/family-friendly-nyc

Interessant sind beispielsweise Besuche im **Children's Museum of Manhattan**, im **American Museum of Natural History** ⓐ und im **Zoo**, z. B. im Bronx Zoo (s. S. 70) oder im Zoo des **Central Park** ⓐ mit 4D-Theater, wo sich auch das **Swedish Cottage Marionette Theatre**, Spielplätze und Karussells befinden.

Ein besonderes (historisches) Karussell, **Jane's Carousel**, gibt es im Brooklyn Bridge Park ⓐ zu Füßen der Brooklyn Bridge ⓐ (Empire Fulton Ferry Park). Ebenfalls unterhaltsam sind ein Ausflug nach **Coney Island** ⓐ oder, für Ältere, auch eine **Radtour** auf dem Manhattan Waterfront Greenway (s. S. 128).

Leckeres **Eis** gibt es in Eisdielen wie Cold Stone Creamery (www.coldstonecreamery.com) oder Serendipity 3. **Süßes** in Hülle und Fülle wird in Dylan's Candy Bar (The Shops & Restaurants at Hudson Yards, s. S. 91), in Ray's Candy Store (s. S. 81) oder bei Economy Candy angeboten. Gut mit Kindern essen kann man z. B. bei **Rice to Riches** (Reispudding).

Um die Kleinen bei Laune zu halten, findet man außerdem in New York mehr als genug **Spielzeugläden:** zum Beispiel American Girl, Nintendo NY, Forbidden Planet, den Harry Potter Flagship Store oder den LEGO Store.

🏛 **240** [B11] **Children's Museum of Manhattan**, 212 W 83rd St., https://cmom.org, Di.–So. 10–17 Uhr, $ 16,75. Abteilungen für Kindergarten-, Schulkinder und Jugendliche, dazu Sonderausstellungen und Workshops

🏛 **241** [D20] **Museum of Ice Cream**, 558 Broadway, www.museumoficecream.com, Mo., Di., Do. 11–19, Fr. 10–20.30, Sa., So. 10–19 Uhr, ab $ 25 (je nach Besucheraufkommen, Vorbestellung im Internet nötig). „Ice cream wonderland" zum Entdecken, Spielen und Schlecken.

⊙ **242** [C11] **Swedish Cottage Marionette Theatre**, W 79th St. (Central Park), Tel. 212 9889093, https://cityparksfoundation.org/swedish-cottage-marionette-theatre, Okt.–Aug. Vorstellungen, $ 12, Reservierung nötig. Seit 1947 gibt es im Cottage wechselnde Stücke.

⊙ **243** [D20] **Rice to Riches**, 37 Spring St., www.ricetoriches.com, So.–Do. 11–23, Fr. Sa. bis 1 Uhr

⊙ **244** [D13] **Serendipity 3**, 225 E 60th St./2nd-3rd Ave., https://serendipity3.com, tgl. 11–23 Uhr

🛍 **245** [C14] **American Girl**, 75 Rockefeller Plaza, www.americangirl.com, tgl. 11–18 Uhr

🛍 **246** [E20] **Economy Candy**, 108 Rivington St./LES, https://economycandy.com, tgl. 11–18 Uhr

🛍 **247** [D18] **Forbidden Planet**, 832 Broadway, www.fpnyc.com, tgl. 10–20 Uhr

🛍 **248** [D17] **Harry Potter Flagship Store**, 935 Broadway, www.harrypotterstore.com, Mo.–Sa. 9–21, So. 9–19 Uhr

🛍 **249** [C14] **LEGO Store Fifth Avenue**, 636 5th Ave./Rockefeller Center, www.lego.com, Mo.–Sa. 11–20, So. 11–19 Uhr

🛍 **250** [C14] **Nintendo NY**, 10 Rockefeller Plaza, www.nintendonyc.com, Mo.–Sa. 10–20, So. 11–19 Uhr

Notfälle

Notrufnummer

> **Zentraler Notruf** (Polizei, Krankenwagen und Feuerwehr): **Tel. 911**

Kartensperrung

Bei **Verlust der Debit-/Giro-, Kredit-** oder **SIM-Karte** gibt es für Kartensperrungen eine **deutsche Zentralnummer** (unbedingt vor der Reise klären, ob die eigene Bank bzw. der jeweilige Mobilfunkanbieter diesem Notrufsystem angeschlossen ist). **Aber Achtung:** Mit der telefonischen Sperrung sind die Bezahlkarten nur für die Bezahlung/ Geldabhebung mit der PIN gesperrt. Man sollte den Verlust zusätzlich **bei der Polizei zur Anzeige bringen,** um gegebenenfalls auftretende Ansprüche zurückweisen zu können.

In **Österreich** und der **Schweiz** gibt es keine zentrale Sperrnummer, daher sollten sich Besitzer von in diesen Ländern ausgestellten Debit- oder Kreditkarten vor der Abreise bei ihrem Kreditinstitut über den zuständigen Sperrnotruf informieren.

Generell sollte man sich immer die **wichtigsten Daten** wie Kartennummer und Ausstellungsdatum **separat notieren,** da diese unter Umständen abgefragt werden.

› **Deutscher Sperrnotruf (von den USA aus):** Tel. 011-49-116116 oder Tel. 011-49-3040504050
› **Weitere Infos:** www.kartensicherheit.de, www.sperr-notruf.de

Wer dringend eine größere Summe Geld benötigt, kann sich über **Western Union/Reisebank** (www.reisebank.de/western-union) Geld nach New York schicken lassen.

Fundbüros

Es gibt kein städtisches Fundbüro, lediglich die Taxivereinigung und MTA (Metropolitan Transit Authority) unterhalten Sammelstellen:

› **New York City Taxi & Limousine Commission,** Tel. 311
› **MTA-Fundstelle:** Tel. 511, https://new.mta.info/lost-and-found/subway-bus-and-staten-island-railway (Forschung nach Fundobjekten), Abholung: Subway-Station (Penn Station) 34th St./8th Ave.

Öffnungszeiten

In den USA gibt es kein verbindliches Ladenschlussgesetz und in New York gilt oft sogar „24/7", d. h. Betrieb täglich und rund um die Uhr.

› **Geschäfte:** je nach Art und Größe von 9/10 bis mind. 18 Uhr, an Sonntagen nur z. T. geöffnet
› **Kaufhäuser/Malls:** 10-19/20 Uhr, So. meist 11-18 Uhr
› **Restaurants:** ca. 12-15 und 18-22 Uhr warmes Essen
› **Delis:** 7-24 Uhr, manche 24 Std.
› **Bürozeiten:** Mo.-Fr. 9-17 Uhr
› **Banken:** werktags 10-14/15 Uhr
› **Museen und Sehenswürdigkeiten** besucht man am besten Di. bis So. zwischen 10 und 17 Uhr (montags ist häufig geschlossen). Oft ist an einem bestimmten Tag abends länger geöffnet.

Post

Briefkästen sind blau-rot und mit der Aufschrift „US-MAIL" und einem Adler gekennzeichnet. Express Mail und Priority Mail sind schnellere, aber teurere Versandmöglichkeiten, für die es eigene Briefkästen gibt. Größere Sendungen schickt man via **parcel service** (zum Beispiel UPS, FedEx, DHL).

Die **Portogebühren** (Stand: 2024) nach Deutschland, Österreich und in die Schweiz betragen für Karten und Standardbriefe bis 1 oz (28 g) $ 1,50. Die Beförderungsdauer beträgt ca. 5-7 Tage. Für **Inlandspost** (Standard oder „First Class") gilt: Briefe bis 1 oz (28 g) kosten 66 c, jedes weitere oz. 24 c, Karten 51 c.

✉ **251** [B16] **Farley Post Office (Hauptpostamt),** 421 8th Ave./31st St., gegenüber Madison Square Garden, Mo.-Fr. 7-22, Sa. 9-21, So. 11-19 Uhr. Infos: www.usps.com

Sicherheit

Sogenannte *street crimes* (Taschendiebstähle etc.) und Drogenkriminalität sind die in NYC wohl verbreitetsten Kriminaldelikte, daher ist besonders bei Menschenaufläufen, zum Beispiel in öffentlichen Verkehrsmitteln oder während Veranstaltungen, **Vorsicht geboten** und man sollte seine Wertsachen im Auge behalten.

In den letzten Jahren hat sich in den touristisch frequentierten Gebieten die Situation erheblich verbessert. **Harlem** kann mitterweile ebenfalls **angstfrei besucht** werden.

In den **U-Bahn-Stationen** gibt es kameraüberwachte Wartezonen *(off-hour waiting areas)* und in den mittleren Wagen hält sich stets ein Zugbegleiter auf. Wer die **üblichen Vorsichtsmaßnahmen** beherzigt, ist gut beraten. Bargeld sollte man nur in kleineren Mengen mit sich führen.

Den Standort des nächsten **Polizeireviers** u. a. kann man unter der städtischen Servicenummer **311** (https://portal.311.nyc.gov) erfragen, es gibt eines in jedem Stadtviertel. Bei Diebstählen oder sonstigen Verbrechen ist dort Anzeige zu erstatten.

Sport und Erholung

Parks und Freizeitareale sind in New York in großer Zahl vorhanden, an erster Stelle steht natürlich der Central Park ㉞. Auch **Botanische Gärten und Zoos** sind in allen Stadtteilen zu finden und selbst an **Stränden** herrscht kein Mangel: Coney Island ㊼ in Brooklyn ist der bekannteste (Übersicht: www.nyctourism.com/itineraries/best-beaches-nyc). Im Winter gibt verschiedene **Eislaufbahnen** (mit Schlittschuhverleih) im Freien, beispielsweise im Bryant Park (s. S. 48), am Rockefeller Center ㉚, auf Governors Island ❼ oder im Central Park (Wollman Rink).

Der **Brooklyn Bridge Park** ㊹ bietet eine breite Palette an Sport- und Spielmöglichkeiten, u. a. auf Pier 2 oder 5. Auch die Hudson Piers (z. B. 60, 64 oder 66) haben Sport- und Spielflächen zu bieten.

Radfahren

Der **Manhattan Waterfront Greenway** führt auf knapp 50 km beinahe rings um Manhattan. Am schönsten ist ein ca. 18 km langer *biketrail* vom Battery Park ❹ bis zur George Washington Bridge. Der Pfad ist relativ schmal und im Südabschnitt stärker befahren als im Norden.

> **Infos:** www.nyc.gov/html/edc/pdf/greenway_mapside.pdf

Fahrradverleih und -touren bieten **Bike and Roll** (https://bikeandrollnyc.com), **Unlimited Biking** (www.unlimitedbiking.com/new-york) oder **Central Park Bike Tours** (https://cen

◁ *Im Central Park* ㉞ *lässt es sich geruhsam radeln*

tralparkbiketours.com) an. **Citi Bike** ist ein Bike-Sharing-Projekt, bei dem an 1500 solarbetriebenen Docking-Stationen in Manhattan, Brooklyn, Queens, Bronx, Jersey City und Hoboken **blaue Leihfahrräder** zur Verfügung stehen. Tagespässe gibt es an den zugehörigen Kiosks für $ 19 (inkl. 30 Gratisfahrtminuten). Es gibt auch E-Bikes. Details zur Nutzung finden sich online unter www.citibikenyc.com.

Ganz ungefährlich ist Fahrradfahren in NYC nicht, man sollte auf **ausgewiesene Fahrradwege** achten und vielbefahrene Straßen meiden. Nicht nur Pkw, Busse und Taxis, sondern v. a. auch Liefer-Fahrräder, für die oft keine Regeln zu gelten scheinen, können gefährlich werden.

› **Infos und Links:** www1.nyc.gov/html/dot/html/bicyclists/bicyclists.shtml
› **Herunterladbare Fahrradkarte:** www1.nyc.gov/html/dot/html/bicyclists/bikemaps.shtml
› www.ridethecity.com/nyc
› https://rentbikenyc.net

Zuschauersport

NYC ist ein **Paradies für Sportfans**, spielen hier doch Profiteams aller Nationalsportarten – Basketball (NBA), Baseball (MLB), American Football (NFL) und Eishockey (NHL) – sowie Mannschaften der Fußballliga (MLS).

American Football

S252 **NY Giants,** MetLife Stadium im Meadowlands Sports Complex New Jersey (NJTransit oder Busse ab Manhattan), Tel. 2019358222, www.giants.com

S253 **NY Jets,** ebenfalls MetLife Stadium, Tel. 5165608200, www.newyorkjets.com

Baseball
› **NY Yankees,** Yankee Stadium ㊾
S254 **NY Mets,** CitiField, Willets Points Blvd., Flushing, Tel. 718 5078499, www.mlb.com/mets, Subway 7

Basketball
› **NY Knicks,** Madison Square Garden ㉓, Tel. 212 3077171, www.nba.com/knicks
S255 [bj] **Brooklyn Nets,** Barclays Center, 620 Atlantic Ave./Flatbush Ave., Infos & Tickets: www.nba.com/nets
› **NY Liberty,** Barclays Center, https://liberty.wnba.com. Frauen-Basketball.

Eishockey
› **NY Rangers,** Madison Square Garden ㉓, Tel. 212 3077171, www.nhl.com/rangers
S256 **New Jersey Devils,** Prudential Center in Newark (PATH-Station „WTC"), Tel. 2019356050, www.nhl.com/devils
› **NY Islanders,** UBS Arena im Belmont Park im Vorort Elmont (erreichbar mit LIRR), www.nhl.com/islanders

227ny Abb.: mb

▷ *Profibasketball – hier die Knicks – im Madison Square Garden* ㉓

Fußball/Soccer

> S257 **Red Bull New York,** Red Bull Arena in Harrison (New Jersey, erreichbar mit PATH ab Manhattan), Tel. 1 877 72762237, www.newyorkredbulls.com
> **New York City FC,** Yankee Stadium 49, www.nycfc.com

Sprache

Ganz ohne **Englisch** kommt man in New York nicht aus, allerdings ist *small talk* auch mit kleinem Wortschatz möglich und die Erwartungshaltung der Amerikaner nicht hoch. Das **amerikanische** weicht zum Teil vom **Schulenglisch** ab, es gibt Unterschiede bezüglich Wortschatz, Grammatik und Aussprache. Gewisse **Universalfloskeln** gehören zum guten Ton, z. B. „How are you (today)?" – die Frage nach dem Befinden, aber vor allem auch Begrüßungsformel. „Have a nice day/trip" dient der Verabschiedung, ebenso wie „It was a pleasure meeting you" oder „See you".

Stadttouren

Bustouren

> **Gray Line New York Sightseeing** und **City Sights NY:** https://graylinenewyork.com, www.citysightseeingnewyork.com, www.citysightsny.com. Visitor Center/Tickets: Port Authority Bus Terminal 42nd St. Hop-on-Hop-off-Touren aller Art und weitere Touren auch mit Sehenswürdigkeiten kombiniert oder per Schiff.

Walkingtouren

Gratis

> **Big Apple Greeter,** Tel. 212 6066216, www.bigapplegreeter.org. Kostenlose Führungen von New Yorkern durch ihre Wohnviertel, Anmeldung nötig. Ebenfalls nur Trinkgeld kosten die Free Tours by Foot (https://freetoursbyfoot.com).
> **Flatiron Nomas Free Walking Tour,** https://flatironnomad.nyc/things-to-do/free-tours. Gratistouren durch den historischen Flatiron District, So. 11 Uhr ab Südwestecke Madison Square Park (23rd St./Broadway), Subway: 23rd St.

Kostenpflichtig

> **Big Onion Walking Tours,** Tel. 212 4391090, www.bigonion.com. Touren (ab $ 30) von Historikern zu unterschiedlichen Themen durch verschiedene Viertel.
> **Broadway Up Close,** Tel. 917 8410187, www.broadwayupclose.com, Giftshop (und Tourinfos) am Times Square 25. Verschiedene Behind-the-Scenes-Touren entlang dem Broadway und zu Theatern.
> **NYC Walking Tours, Municipal Art Society,** Tel. 212 4391049, www.mas.org/event-type/tour. Verschiedene interessante Touren mit dem Schwerpunkt auf Architektur/Stadtplanung/Kultur, $ 30.
> **SusanSez NYC Walkabouts,** Tel. 917 5093111, https://susansez.com. Ausgefallene Touren speziell in den *boroughs* Bronx, Queens und Brooklyn.

Spezialtouren

> **A Slice of Brooklyn Bus Tours,** https://asliceofbrooklyn.com. Verschiedene, mehrstündige Touren (mit Bus ab Manhattan) durch die *neighborhoods* von Brooklyn mit Filmszenen auf Monitoren und kulinarischen Stopps.
> **Harlem Heritage Tours,** Tel. 212 2807888, www.harlemheritage.com. Breite Palette an Walking- und Bustouren (kleine Gruppen) durch das Harlem von früher und heute. Ebenfalls interessante **Harlem-Touren** findet man unter www.harlemonestop.com/tours.

- **Helicopter Tours of NY,** Tel. 212 3550801, https://heliny.com. Touren ab 15 Min., weitere Anbieter sind z. B. https://libertyhelicopter.com oder https://newyorkhelicopter.com.
- **HusHTours,** Tel. 212 2093370, https://hushtours.com. U. a. „Hip-Hop"-Bustouren auf den Spuren von Rap- und Hip-Hop-Legenden, auch Walkingtouren durch Brooklyn oder Harlem.
- **Made in Brooklyn Tours**, www.madeinbrooklyntours.com. Dreistündige Walkingtouren durch verschiedene Stadtviertel Brooklyns (s. S. 65).
- **NY Rock and Roll Walking Tours,** Tel. 212 6966578, https://rockjunket.com. Musiktouren (2 Std.) zu verschiedenen Themen in unterschiedlichen Vierteln
- **On Location Tours,** Tel. 212 2093370, https://onlocationtours.com. Auf den Spuren großer Stars und ihrer Filme und Serien NYC entdecken, z. B. „Sex and the City", „Gossip Girl Sites" oder „The Sopranos". In einem Studebaker Commander von 1957 geht es auf „Marvelous Mrs. Maisel Sites Tour".

Schifffahrten

- **Classic Harborline,** Tel. 212 6271825, https://sail-nyc.com. Touren auf verschiedenen Schiffen (auch Segelbooten), Sightseeing Cruises, Musik-, Architektur-, Natur- u. a. interessante Bootsfahrten ab Chelsea Piers (Pier 62) und North Cove (Marina at WTC ❷).
- **Circle Line Sightseeing Cruises,** Pier 83/W 42nd St., Tel. 212 5633200, www.circleline.com. Ganze oder halbe Umrundung Manhattans, außerdem diverse Abend- und Musiktouren.
- s. auch Fähren, Seite 139

> **MEIN TIPP**
>
> **Turnstile Tours**
> Dieser Touranbieter befasst sich auch mit **sonst wenig beachteten Vierteln oder Attraktionen**, z. B. dem Brooklyn Navy Yard, einst Schiffswerft, heute ein ökologisch wegweisender städtischer Industriepark, und bietet verschiedene Touren zu umwelttechnischen und ökologischen Aspekten, Wirtschaft und Architektur an. Gleichfalls interessant sind die Touren durch den architektonisch beeindruckenden **Brooklyn Army Terminal** (1818/1819), von wo aus Elvis in den 1950er-Jahren seine Reise nach Deutschland antrat.
> Zweiter Schwerpunkt sind **Food Cart Tours** in verschiedenen Neighborhoods von NYC. Dabei gibt es während der zweistündigen Spaziergänge Kostproben und viel Wissenswertes über die Hintergründe dieses Business.
> - **Turnstile Tours,** Tel. 347 9038687, https://turnstiletours.com, auch Park- und Markttouren

Telefonieren und Internet

Die **Landesvorwahl** +1, gefolgt von einem dreistelligen **area code**, der auch bei Ortsgesprächen mitgewählt werden muss – in Manhattan 212, 332, 646 und 917 (v. a. Mobilnummern), in der Bronx, Brooklyn, Queens und Staten Island 718, 347, 929, geht der siebenstelligen Rufnummer voraus.

Die Rufnummer kann auch als **Buchstabenkombination** (2 – ABC, 3 – DEF, 4 – GHI, 5 – JKL, 6 – MNO, 7 – PQRS, 8 – TUV, 9 – WXYZ) angegeben sein. Gebührenfrei sind 1–800er-/833er-/844er-/855er-/866er-/877er-/888er-Nummern, teuer sind jene, die mit 1–900 beginnen.

Der Begriff **Handy** wird im Englischen nicht in Bezug auf Telefone verwendet, „handy" bedeutet „handlich" oder „geschickt". Man spricht stattdessen von *cell* oder *mobile (phone)* bzw. auch von *smartphone*.

Das **Telefonieren und Surfen über die eigene SIM-Karte** kann allerdings teuer werden. Wegen der **Roaming-Gebühren** im nicht-europäischen Ausland sollte man bei seinem Netzbetreiber Informationen über günstigere Auslandsdatenpakete einholen oder die Mobile-Daten-Option deaktivieren und nur über kostenlose WLAN-Netze online gehen und dann Internettelefonie von Anbietern wie Whatsapp nutzen. Bei längeren Aufenthalten kann der Kauf einer amerikanischen SIM-Karte, z. B. in einem Drugstore oder bei Simly (www.simlystore.com), sinnvoll sein. In **Hotels** ist der Internetzugang meist gratis.

In New York finden sich **zahlreiche WLAN-Hotspots** (engl. *wifi*). Zum Beispiel verfügen Times Square ㉕, Bowling Green [D23], Bryant Park (s. S. 48), City Hall Park ⓫, Pier 17 (South Street Seaport ❿), Union Square Park [D18], World Financial Center ❸ und Winter Garden über Hotspots. Auch in vielen **Cafés, Geschäften** und **öffentlichen Einrichtungen** (Public Library, Museen etc.) gibt es WLAN-Hotspots. Alte Telefonsäulen wurden in **LinkNYC-Terminals** umgewandelt, die freies WLAN, Gratistelefonate innerhalb der USA, ein Tablet für Informationen und Ladestationen für Smartphones bieten. Die **Nahverkehrsgesellschaft MTA** bietet WLAN in Subway-Stationen und ist dabei, den Internetzugang auch in den Zügen auszubauen (Verbindung über „Transit Wireless Wi-Fi" und „connect", ohne weitere Eingaben oder Beschränkungen).

› https://downtownny.com/about-us/services/free-wifi
› www.link.nyc

Uhrzeit und Datum

Die Vereinigten Staaten sind in vier Hauptzeitzonen eingeteilt – Eastern Time, Central Time, Mountain Time, Pacific Time –, die eine Verschiebung von der mitteleuropäischen Zeit um 6 bis 9 Stunden bedeuten. In New York gilt **Eastern Time**, d. h. **6 Stunden Zeitverschiebung.** Wenn es in Mitteleuropa 16 Uhr ist, ist es in New York erst 10 Uhr morgens.

In den USA wird bei der Uhrzeit nicht bis 24 durchgezählt, sondern nur bis 12. Die Zufügung von **a.m.** (ante meridiem) weist auf vormittags, **p.m.** (post meridiem) auf nachmittags hin. 12 Uhr mittags heißt *noon*, 0 Uhr *midnight*. **Sommerzeit** *(daylight saving time/DST)* herrscht in den USA vom zweiten Sonntag im März bis zum ersten im November.

Das **Datum** wird in der Reihenfolge Monat–Tag–Jahr angegeben, z. B. June 30, 2024 oder kurz 6/30/2024.

Unterkunft

Das **Preis-Leistungs-Verhältnis** in New York lässt im Vergleich zu anderen US-Städten eher zu wünschen übrig. Service, Größe, Ausstattung und Lage der Hotels bzw. der Zimmer sind nicht immer akzeptabel. Der **offizielle Durchschnittspreis** ist mit rund $ 250 für ein Doppelzimmer hoch; dazu kommt

Vorwahlen	
› Deutschland:	011-49
› Österreich:	011-43
Schweiz:	011-41
› USA	+1

die *tax* (Steuer) in Höhe von 14,75 % und je nach Zimmerzahl noch ein zusätzlicher Aufschlag pro Nacht *(Hotel Room Occupancy Tax* und weitere Sondersteuern).

Die meisten New Yorker Hotels erheben außerdem eine **Resort oder Facility Fee**, die meist $ 20–50 pro Tag/Zimmer beträgt und erheblich ins Gewicht fällt. Sie taucht meist erst bei der Buchung auf und beinhaltet in der Regel WLAN-Zugang, freie Ortsgespräche oder Zugang zum Fitnessstudio. Vieles davon war früher automatisch im Preis enthalten.

In der **Realität** lässt sich mit etwas Recherche und zur richtigen Zeit **ab etwa $ 200** ein ordentliches Zimmer finden. Während sich die typischen Touristenhotels vornehmlich in Midtown, im Umkreis von Theater District und Broadway befinden, sind weiter nördlich, an der 5th Ave. bzw. auf der Upper East Side verstärkt die Luxushotels zu Hause. In Szenevierteln wie SoHo, Gramercy oder dem Meatpacking District wächst die Zahl der Boutiquehotels.

Besonders viele Hotels eröffneten in den letzten Jahren in den *boroughs,* v. a. in Brooklyn. Sie sind oft preislich günstiger und meist gut an Manhattan angebunden. Gleiches gilt mittlerweile für Hotels in Queens, z. B. in den Vierteln Long Island City oder Astoria (https://itsinqueens.com/stay).

In New York ist trotz der großen Zahl der zur Verfügung stehenden Zimmer eine **Buchung im Voraus** das ganze Jahr über ratsam. Besonders beliebt und schnell ausgebucht sind die Zeiträume um den 4. Juli, um Thanksgiving und Weihnachten. Einen guten Überblick gibt www.nyctourism.com/where-to-stay. Wer zum Jahresbeginn reist, kann u. U. bei der NYC Hotel Week Schnäppchen machen (www.nyctourism.com/nyc-hotel-week).

Lower Manhattan

🏨**258** [E20] **citizenM New York Bowery Hotel** $-$$, 189 Bowery, Tel. 212 3727274, www.citizenm.com/hotels/united-states/new-york/new-york-bowery-hotel. **Klein, aber fein:** kleine, praktische Zimmer – alle identisch – mit bequemen Betten und zu erschwinglichen Preisen (keine Resort Fee) in der LES. Schwesterhotel ist das citizenM New York Times Square.

🏨**259** [E21] **Hotel 50 Bowery** $$$-$$$$, 50 Bowery, Tel. 212 5088000, www.jdvhotels.com/hotels/new-york/nyc/hotel-50-bowery-nyc. **Schick und neu in Chinatown:** gute Location, moderne Zimmer und Dachterrasse mit Bar The Crown NYC (s. S. 84).

🏨**260** [D23] **Hyatt Centric Wall Street** $$$$, 75 Wall St., Tel. 212 5901234, www.hyatt.com/hyatt-centric/nycaw-hyatt-centric-wall-street-new-york. **Für Leute mit erlesenem Geschmack und großem Geldbeutel:** 253 große Zimmer und Suiten im Finanzviertel. Loftartiges Ambi-

---

Buchungsportale

Neben Buchungsportalen für **Hotels** (z. B. www.booking.com, www.hrs.de oder www.trivago.de) bzw. für **Hostels** (z. B. www.hostelworld.com) gibt es auch Anbieter, bei denen man **Privatunterkünfte** buchen kann. Portale wie www.airbnb.de oder www.wimdu.de vermitteln Wohnungen, Zimmer oder auch nur einen Schlafplatz auf einer Couch. Diese oft recht günstigen Übernachtungsmöglichkeiten sind nicht unumstritten, weil manchmal normale Wohnungen gewerblich missbraucht werden. Einige Städte greifen deshalb regulierend ein.

> **Preiskategorien**
> Die Kategorien beziehen sich auf den Preis für ein DZ zzgl. Steuern u. a. Gebühren sowie ohne Frühstück. Die Preise variieren je nach Saison stark.
> $ unter $ 180
> $$ $ 180–250
> $$$ $ 250–350
> $$$$ über $ 350

ente, dazu warme Farben und natürliche Materialien. Ein Garten ist zugehörig, ebenso ein Restaurant mit Biergarten. Frühstück und Internet sind inklusive. „Filiale": Andaz Fifth Ave., 485 5th Ave./41st St., www.hyatt.com/andaz/nycam-andaz-5th-avenue.

🏨 **261** [D22] **Millennium Downtown New York** $$$-$$$$, 55 Church St., Tel. 212 6932001, www.millenniumhotels.com/en/new-york/millennium-downtown-new-york. **In Toplage und mit Ausblick:** Auf 55 Stockwerken verteilen sich in diesem Hochhaus im Financial District nahe dem 9/11 Memorial knapp 600 große Zimmer und Suiten. Besonders schön sind die „Corner Rooms" in den oberen Etagen. Großer Swimmingpool, Restaurant und Bar.

🏨 **262** [D22] **The Beekman – A Thompson Hotel** $$$$, 123 Nassau St., Tel. 212 2332300, www.hyatt.com/thompson-hotels/lgath-the-beekman. **Luxus pur:** In einem sehenswerten historischen Bau von 1883 ist dieses Boutiquehotel untergebracht. Selbst wenn die Übernachtung zu teuer ist, sollte man einen Blick in das Atrium werfen oder einen Drink an der Bar nehmen.

🏨 **263** [C22] **World Center Hotel** $-$$$, 144 Washington St., Tel. 212 5772933, www.worldcenterhotel.com. **Nahe der WTC Site, modern und relativ günstig:** Zimmer unterschiedlicher Typen, klein, aber gut ausgestattet.

SoHo, Village, Chelsea

🏨 **264** [C17] **Chelsea Savoy Hotel** $-$$, 204 W 23rd St., Tel. 212 9299353, www.chelseasavoynyc.com. **Funktionell und preiswert:** verschiedene, meist kleine Zimmer, in der Woche/Nebensaison schon ab ca. $ 150, mitten in Chelsea nahe einer Subway-Station, sauber und ansonsten unauffällig.

🏨 **265** [E20] **Sohotel Bowery** $-$$$, 341 Broome St., Tel. 1 800 7370702, http://thesohotel.com. **Erschwingliches, gemütliches Boutiquehotel:** In einem historischen Haus in Bowery/Nolita gibt es 100 Zimmer und Suiten versch. Typen und Größen (bis zu 5 Pers.), ohne Aufzug. Mit Lokal/Bar Randolph.

🏨 **266** [B18] **Standard Hotel** $$$-$$$$, 848 Washington St., www.standardhotels.com/new-york/properties/high-line, Tel. 212 6454646. **In spektakulärer Lage:** Boutiquehotel über dem High Line Park mit allem Drum und Dran, Restaurants, Bars und Biergarten.

🏨 **267** [C19] **Washington Square Hotel** $$-$$$, 103 Waverly Place, Tel. 212 7779515, https://washingtonsquarehotel.com. **Legendäre Herberge für Schriftsteller und Künstler:** kleine Zimmer, wobei die in den oberen Etagen Parkblick bieten.

Midtown Manhattan

🏨 **268** [C14] **Ameritania Hotel** $$, 230 W 54th St./Broadway, Tel. 212 2475000, www.ameritanianyc.com. **Im Theater District gelegenes Standardhotel:** zweckmäßig-moderne Zimmer. Das Hotel ist auch bei deutschen Veranstaltern buchbar.

🏨 **269** [B15] **Arlo Midtown** $$-$$$, 351 W 38th St., Tel. 212 3437000, www.arlohotels.com/arlo-midtown. **Klein, aber perfekt:** knapp 500 kleine, aber gut durchdachte und technisch bestens aus-

302ny Abb.: SugarHillHs

(MEIN TIPP)
Residieren in Harlem
The Sugar Hill House ist ein verstecktes Juwel – zwei neue Apartments in einem Brownstone Town House im historischen Sugar Hill (s. S. 63). Mit der Metro ist man in rund 20 Min. am Times Square. Die Vermieter Beth und Mark geben gerne Ausgeh- und Shoppingtipps in der direkten Umgebung.

In den oberen beiden Etagen (unten wohnen die Besitzer) stehen zwei „Duplexes" mit jeweils eigenem Eingang zur Verfügung. Die Anordnung ist z. B. für Familien oder auch für zwei Paare ideal. Pro Apartment gibt es je ein Schlaf-/Wohnzimmer mit Klappbett, Sitzgelegenheiten, kleiner Küchenzeile und Bad, oben dann, erreichbar über eine Wendeltreppe, ein weiteres Schlafzimmer mit Queensize-Bett und großem Badezimmer. Waschmaschine und Trockner stehen ebenso zur Verfügung wie eine Klimaanlage und WLAN. „The Hamilton" befindet sich im hinteren Teil und verfügt über einen Balkon. Nach vorn zur (ruhigen) Straße hin gelegen ist „The Bayley". Anordnung und Ausstattung sind prinzipiell identisch.

270 [B4] **Sugar Hill House** $$, 408 W 149th St., Tel. 917 5628584, https://sugarhillhousenyc.com. Ab 1 Woche günstiger.

Easyliving Harlem ist eine weitere individuelle Alternative zu teuren Hotels. Die schon lange in New York lebende Berlinerin Heidi bietet in ihrem renovierten Brownstone-Haus nicht nur „Familienanschluss", sondern auch geräumige, helle Gästezimmer, eine Gemeinschaftsküche (beliebt zum Plausch und Austausch von Tipps) und einen Innenhof.

271 [B5] **Easyliving Harlem** $, 214 W 137th St., Tel. 646 5995651, www.easylivingharlem.com, nahe Subway-Station 135 St

Wohnbereich in einem der Sugar-Hill-House-Apartments

gestattete Zimmer. Lokal, Bar, Café und Dachterrasse zugehörig.

🏨 **272** [D14] **Bernic Hotel** $$-$$$, 145 E 47th St., Tel. 844 8852376, www.hilton.com/en/hotels/nyctbup-the-bernic-hotel-new-york-city. **Modern, luxuriös und supergünstig gelegen:** Hotel nahe dem Grand Central Terminal. 96 elegante, wenn auch nicht allzu große, helle Zimmer, teils mit Balkonen. Dazu gibt es eine Dachterrasse.

🏨 **273** [C14] **New York Hilton Midtown** $$$, 1335 Ave. of the Americas, Tel. 212 5867000, www.hilton.com/en/hotels/nycnhhh-new-york-hilton-midtown. **Gut gelegen:** großes Standard-Hilton-Hotel mit verschiedenen Zimmertypen. Toller Ausblick von den Zimmern in den oberen Etagen.

🏨 **274** [D14] **Pod 51 Hotel** $-$$$, 230 E 51st St., Tel. 1 800 7425945, www.thepodhotel.com/pod-51. **Quadratisch-praktisch und relativ preiswert:** 360 Zimmer in Midtown, teils mit Stockbetten, winzig, aber witzig ausgestattet. Schicker Outdoor-Patio. Filialen: Times Square und 145 E 39th St., Brooklyn.

🏨 **275** [B15] **YOTEL** $$, 570 10th Ave., Tel. 646 449770, www.yotel.com/hotels/yotel-new-york. **Hip und ungewöhnlich:** nahe Times Square mit verschiedenen Typen von „cabins", klein, sehr hip, aber eher teuer. Mit angesagter Dachterrasse Social Drink & Food und Restaurant.

Uptown Manhattan und Harlem

🏨 **276** [B13] **Empire Hotel** $-$$, 44 W 63rd St., Tel. 212 2657400, www.empirehotelnyc.com. **Nahe Lincoln Center mit „Bohemian Flair":** Hotel mit 427 Zimmern in der Upper West Side, etwas altmodischer Touch, aber preislich okay. Mit Rooftop-Bar.

🏨 **277** [ae] **Radio Hotel** $, 2420 Amsterdam Ave., Tel. 929 6884880, www.theradiohotel.com. **Im hohen Norden der Stadt neu eröffnet:** farbenfrohes Boutiquehotel mit teils sehr kleinen, aber clever gestalteten Zimmern zu einem guten Preis und ohne Resort Fee nahe Washington Bridge und Subway-Station „181 St". Mit Außenterrassen und dominikanischem Restaurant.

🏨 **278** [C8] **The Central Park North** $, 137 W 111th St., Tel. 212 6622300, www.central-park-north.com. **Am Nordrand des Central Park:** nahe Subway-Stationen gelegenes schlichtes, kleines Hotel in historischem Haus. Verschiedene Zimmertypen, auch große Familienzimmer und Zimmer mit Küchenzeile. Achtung: Badezimmer/WC auf dem Flur!

Queens

🏨 **279** **The Rockaway Hotel & Spa** $$$ 🍃, 108–10 Rockaway Beach Dr., Rockaway Park, Tel. 718 4741216, www.therockawayhotel.com. **„Beach-Getaway" mit maritimem Flair:** direkt am Rockaway Beach, nur wenige Subway-Stopps vom JFK-Airport entfernt. Innenpool, Spa und „Wellness Classes", Dachterrassen-Bar und Restaurant. Die Zimmer sind klein, doch gut ausgestattet, teils mit tollem Ausblick.

Bronx und Brooklyn

🏨 **280** [G24] **Nu Hotel** $$, 85 Smith St., Brooklyn, Tel. 718 8528585, www.nuhotelbrooklyn.com. **Supertipp in Brooklyn:** modernes Boutiquehotel im lebendigen Downtown (nahe Subway-Station) mit 93 luftig-freundlichen, gut ausgestatteten Zimmern, auch „Künstlerzimmer". Bar-Lounge zugehörig und Frühstück sowie Leihfahrräder inklusive.

🏨 **281** [be] **Opera House Hotel** $-$$, 436 E 149th St., Bronx, www.operahousehotel.com. **Luxus in der Bronx:** in der ehemaligen Oper im Viertel SoBro untergebrachtes Boutiquehotel. Gemütliche Zimmer mit allen modernen Annehmlichkeiten.

🏨 **282** [D4] **Wingate by Wyndham Bronx/ Haven Park** $$, 2568 Park Ave, Bronx, Tel. 929 5265900, www.wyndhamhotels.com/wingate/bronx-new-york/wingate-bronx-haven-park/overview. **Boutiquehotel nahe Subway:** In der Nähe der historischen Viertel Mott Haven und Port Morris. Zimmer recht klein, aber clever ausgestattet, Frühstück inklusive.

Jugendherbergen und Hostels

🏨 **283** [D17] **Freehand Hotel** $-$$, 23 Lexington Ave., Tel. 212 4751920, https://freehandhotels.com/new-york. **Jung, vibrierend, umtriebig, bunt:** Mix aus Hotel und Hostel mit praktisch eingerichteten, kleinen Zimmern verschiedener Kategorien (1–4 Betten). Angesagt ist die Rooftop-Bar Broken Shaker, es gibt außerdem ein Café, ein Restaurant und ein Fitnessstudio.

🏨 **284** [B8] **Hostelling International New York** $, 891 Amsterdam Ave./W 103rd St., Tel. 212 9322300, www.hiusa.org/find-hostels/new-york/new-york-891-amsterdam-ave. **Klassische Jugendherberge:** 624 Betten in Schlafsälen und Zimmern (4–12 Pers.), mit Cafeteria und Küche. Jugendherbergsausweis oder Tagesmitgliedschaft nötig.

🏨 **285** [B10] **International Student Center** $, 38 W 88th St., Tel. 212 7877706, www.nystudentcenter.org. **Schlichte, preiswerte Herberge:** 18- bis 30-Jährige können nahe dem Central Park in einem historischen Bau im Schlafsaal nächtigen.

🏨 **286** [D15] **YMCA Vanderbilt Hotel** $-$$, 224 E 47th St., https://ymcanyc.org, Tel. 212 9122500. **Eine der besten Herbergen:** im UN-Viertel mit 371 Zimmern, Gemeinschaftsbädern, TV-Raum, Cafeteria, Pool und Fitnesscenter.

Verhaltenstipps und Umgangsformen

Auch wenn die New Yorker einen eher schlechten Ruf haben, was Umgangsformen angeht, sind Freundlichkeit,

▷ *Das Freehand Hotel bietet gleich mehrere Bars und Lokale, u. a. den Broken Shaker*

Verkehrsmittel

Hilfsbereitschaft, Diskretion und Disziplin in New York üblich.

Dos und Don'ts – amerikanische Besonderheiten

› **Trinkgeld** *(tipp/gratuity)* ist nicht inklusive und die Löhne im Dienstleistungsgewerbe sind gering. Im Restaurant, inzwischen aber auch in Coffeeshops oder bei Selbstbedienung, werden 20 % vom Rechnungsbetrag erwartet. Auch Taxifahrer und Zimmermädchen erhoffen sich ein Trinkgeld.
› Bei einer „suggested admission" in **Museen** gilt es als unhöflich, die vorgeschlagene Summe nicht zu bezahlen.
› **Alkohol** darf nicht an Personen unter 21 Jahren verkauft, ausgeschenkt und nicht in der Öffentlichkeit konsumiert werden.
› Bei offiziellen **Einladungen** oder auch bei Restaurantbesuchen sollte man sich nach den Kleidervorschriften erkundigen: *formal* („elegant") oder *casual* („leger") bzw. *business casual* als Zwischenform.
› **Händeschütteln** ist bei der Begrüßung eher unüblich, dafür werden altersunabhängig schnell die Vornamen benutzt.
› Eine Wissenschaft für sich ist der Gebrauch der weiblichen **Anredeformen:** Mrs. (meist verheiratet/verwitwet, älter) steht „Miss" als altersunabhängige universale Anredeform – geschrieben noch neutraler „Ms." – gegenüber.
› Amerikanische **Tischsitten** unterscheiden sich im Hinblick auf das Hantieren mit Besteck von den europäischen: Amerikaner schneiden mit dem Messer vor und benutzen dann nur noch die Gabel. Es würde keinem Amerikaner einfallen, Pizza oder Meeresfrüchte mit Messer und Gabel zu essen. Selbst in Toplokalen kann man sich Essensreste einpacken lassen.
› **Toiletten** nennt man nie *toilet,* sondern immer *restroom, ladies'/men's room, bathroom* oder *powder room.*

Verkehrsmittel

Subway und Busse

Die Nahverkehrsbetriebe **MTA (Metropolitan Transit Authority)** unterhalten Busse und U-Bahnen. Die **Subway,** der sogenannte *train,* verfügt über die größte U-Bahn-Flotte der Welt. Die meisten Linien verkehren rund um die Uhr. Es handelt sich um ein schnelles, sicheres und preiswertes Verkehrsmittel. Auch wenn Pannen und Bauarbeiten an der Tagesordnung sind, lässt sich ein New Yorker davon nicht aus der Ruhe bringen.

U-Bahnen fahren in Manhattan entweder **„Uptown"** (nach Norden) oder Richtung **„Downtown"** (nach Süden) und sind mit **Buchstaben** oder **Nummern** sowie mit der **Endstation** gekennzeichnet. **Busse** sind wesentlich stärker verkehrsabhängig und erfordern mehr Geduld und bessere Ortskenntnis. Auf Bussen wird die **Endhaltestelle** angegeben. Sie verkehren entlang den Avenues in **Nord-Süd-Richtung** und etwa jede 10. Straße ist das Umsteigen in „Crosstown-Busse" – in **West-Ost-Richtung** – möglich.

Bei Bussen und U-Bahnen wird zwischen **„Express"** und **„Local"** unterschieden. Erstere halten nicht überall und sind schneller (und im Fall der Busse teurer).

An **Wochenenden** verkehren weniger U-Bahnen und es kann wegen Bauarbeiten zu Routenänderungen und zu Ausfällen kommen. Aushänge an den Bahnhöfen oder die **MTA-App** (s. S. 121) informieren.

Preise

Alle Tickets gibt es in Subway-Stationen und an vielen Bushaltestellen an **Automaten** oder **Schaltern** zu kaufen. Der streckenunabhängige Einheitspreis für ein **Einzelticket** („Single-Ride") beträgt $ 3,25 (Expressbusse $ 7), Kinder unter 1,12 m Größe fahren gratis. Bei Bezahlung bar im Bus (nur mit Münzen!) oder mit einer aufladbaren MetroCard bzw. OMNY-System sind nur $ 2,90 fällig. **MetroCards** sind ab $ 5,80 Wert erhältlich, der Fahrpreis wird an einer Schranke automatisch abgebucht. Die Karte kostet einmalig $ 1 und kann von mehreren Personen gleichzeitig benutzt werden. Umsteigen in ein anderes Verkehrsmittel ist in einem Zeitraum von 2 Stunden möglich. Für Besucher empfehlenswert sind **Zeitkarten** („MetroCard Unlimited Ride") für beliebig viele Fahrten, vor allem die **Wochenkarte** für $ 34.

Neu eingeführt wurde das kontaktlose Bezahlsystem **OMNY**, nutzbar mit der „Tap&Go-Card" (einer Plastikkarte), mittels Smartphone oder mit Kreditkarte. Entscheidet man sich für eine dieser Varianten, sind pro Woche zwölf Trips zahlungspflichtig, danach sind die Fahrten frei. So ergibt sich ein nur minimal höherer Preis als mit Wochenkarte und es entfällt das nicht immer auf Anhieb funktionierende Durchziehen der Karte an der Schranke (https://omny.info/how-omny-works).

› **Metropolitan Transit Authority,**
Tel. 511 (mehrsprachig), https://new.mta.info (mit Fahrplänen und Karten).

Taxis und Fahrdienste

Abseits von Sammelpunkten wie Bahnhöfen werden Taxis in Manhattan auf der Straße in der gewünschten Fahrtrichtung per **Handzeichen** angehalten *(to hail a taxi),* Taxistände sind unbekannt. Auf dem Dach des Taxis zeigt ein **erleuchtetes Schild** mit einer Nummer an, dass das Fahrzeug frei ist. Ein Taxi nimmt auch mehrere Passagiere in etwa gleicher Fahrtrichtung auf (jeder zahlt separat), ansonsten werden bis zu vier zusammenreisende Personen zu einem Fahrpreis transportiert. Bezahlt werden kann mit **Kreditkarte** und man sitzt immer auf der **Rückbank,** die von den Vordersitzen durch Plexiglas abgetrennt ist. Nur in offizielle **gelbe Taxis** (bzw. außerhalb Manhattans **apfelgrüne „Boro Taxis"**), die mit Taxameter, Foto des Fahrers und Lizenznummer ausgestattet sind, einsteigen und ans Trinkgeld (15–20 %) denken!

› **Taxipreise:** Grundgebühr $ 3 plus 70 c für jede Fünftel Meile (ca. 300 m) bzw. pro Min. langsamer Fahrt. $ 2,50 Stau-Aufschlag und Aufschläge z. B. von 20 bis 6 Uhr bzw. für besondere Fahrten.

› **Beschwerden und Fundstelle:**
Tel. 311 bzw. https://portal.311.nyc.gov („Transportation")

Auch die Dienste **Uber** (www.uber.com) und **Lyft** (www.lyft.com) sind in New York vertreten, allerdings sind in Manhattan und für kurze Fahrten immer noch Taxis das Verkehrsmittel der Wahl.

Ein Kuriosum sind **Fahrradtaxis** (Rikschas), die sich todesmutig durch den stinkenden Großstadtverkehr (bzw. den Central Park) schlängeln.

› **Infos:** https://newyorkpedicabservices.com oder www.centralparktoursnyc.com/central-park-bike-taxi-tours

Fähren

Die Hauptanlegestellen für Fähren sind: Pier 15 (South Street Seaport), Pier 11 (Wall St.), Staten Island Ferry Terminal (Whitehall St.), Battery Park (Slip 6, vor Castle Clinton ❹), World Financial Center ❸, Pier 83 (Circle Line). Tickets gibt es an Automaten an den Anlegestellen.

> **Staten Island Ferry,** Whitehall Terminal, Whitehall/South St., https://siferry.com. Gratisfahrten nach Staten Island, vorbei an der Statue of Liberty und mit Blick auf Manhattans Skyline (s. S. 13).
> **Governors Island Ferry,** Battery Maritime Building, neben dem Hafen der Staten Island Ferry, s. S. 34
> **NYC Ferry,** www.ferry.nyc. Mehrere Routen auf dem East River, zahlreiche Stopps in Manhattan, der Bronx, Queens, Brooklyn sowie auf Staten und Governors Island. Abfahrt z. B. von Pier 11/Wall St. (Manhattan) bzw. auch E 34th St., hohe Frequenz, $ 4.
> **NY Waterway,** mehrere Stopps, www.nywaterway.com. Fährverkehr auf dem Hudson River, ab 39th St./Pier 79, Pier 11/Wall St. und von anderen Punkten nach New Jersey.

Versicherungen

Eine private **Auslandskrankenversicherung** ist in den USA unverzichtbar. Da die Kosten für eine Behandlung von den gesetzlichen Krankenversicherungen in Deutschland und Österreich (Schweizer nachfragen!) nicht übernommen werden, können im Zweifel hohe Kosten anfallen. Am günstigsten sind Jahres- bzw. Familienkrankenversicherungen. Zur Erstattung der Kosten zu Hause benötigt man ausführliche Quittungen.

Reiserücktritts-, Gepäck-, Reisehaftpflicht- oder **Reiseunfallversicherung** enthalten viele Ausschlussklauseln und zudem sind gewisse Schäden und Verluste auch durch normale Privathaftpflicht- oder Unfallversicherungen abgedeckt. Auch in manchen Kreditkartenverträgen sind bestimmte Versicherungen enthalten.

Wetter und Reisezeit

Für New York gibt es weder preislich noch wettertechnisch eine richtige Nebensaison. Die **jährlichen Klimaschwankungen** sind stärker als in Europa. Sehr heißen und feuchten Sommern stehen kalte und schneereiche Winter gegenüber. Im **Sommer** finden zwar die meisten Freiluftveranstaltungen statt, die Hitze in der Stadt kann aber unerträglich werden, fehlende Luftzirkulation und Luftverschmutzung verstärken den Effekt. Es empfiehlt sich leichte (Baumwoll-)Kleidung, erkältungsanfällige Personen sollten wegen der Klimaanlagen Pullover oder Jacke dabei haben. Regenschutz ist immer sinnvoll. **Beste Reisezeiten** sind Herbst (v. a. Sept./Anf. Okt.) und – bei schnelleren Wetterwechseln und mehr Regenschauern – Frühjahr bzw. Frühsommer (Mai/Juni).

Durch-schnitt	Wetter in New York											
Maximale Temperatur	3°	5°	10°	16°	22°	27°	30°	29°	25°	19°	12°	6°
Minimale Temperatur	–4°	–3°	2°	7°	12°	17°	20°	20°	16°	10°	5°	–1°
Regentage	8	7	8	8	9	9	8	8	7	6	8	8
	Jan	Febr	März	Apr	Mai	Juni	Juli	Aug	Sept	Okt	Nov	Dez

ANHANG

Kleine Sprachhilfe Amerikanisch

Für einen tieferen Einstieg in die Sprache sei an dieser Stelle der Reisesprachführer „Amerikanisch – Wort für Wort" (Kauderwelsch-Band 143) empfohlen. Eine interessante Ergänzung ist der Band „American Slang" (Kauderwelsch 29). Beide sind im REISE KNOW-HOW Verlag erschienen.

Begrüßung und Höflichkeit

Guten Morgen	*Good morning* (bis mittags)
Guten Tag	*Good afternoon* (ab mittags)
Guten Abend	*Good evening*
Gute Nacht	*Good night*
Auf Wiedersehen	*Goodbye/Bye-bye/ See you* (umgangssprachlich)
Willkommen!	*Welcome!*
Mein Name ist ...	*My name is ...*
Wie heißen Sie?	*What's your name?*
Schön Sie/Dich kennenzulernen/zu sehen.	*Nice/Good to see you.*
Entschuldigen Sie ...	*Excuse me, please, ...* (bei Fragen)
Verzeihung!	*Sorry/Pardon me!*
Bitte	*Please* (bei Fragen, Bitten)
Danke	*Thank you/Thanks*
Bitte, gern geschehen	*You are (very) welcome*
Könnten Sie mir bitte sagen ...	*Could you, please, tell me ...*

Allgemeine Fragen und Wendungen

Ich bin/Wir sind ...	*I am .../We are ...*
Das ist/sind ...	*This is/These are ....*
Wo ist/sind ...?	*Where is/are ...?*
Wo kann ich ... bekommen?	*Where can I get ...?*
Was ist das?	*What's that?*
Haben Sie ...?	*Have you got ...? I am looking for ...*
Wie viel kostet ...?	*How much is ...?*
Ich verstehe nicht.	*I don't understand.*
Sprechen Sie Deutsch?	*Do you speak German?*
Wie heißt das auf Englisch?	*What's that in English?*
vielleicht	*perhaps, maybe*
wahrscheinlich	*probably*
Ist es möglich ...?	*Is it/Would it be possible ...?*
Wer?	*Who?*
Was?	*What?*
Wie?	*How?*
Wie viel(e)?	*How much?* (Menge) *How many?* (Anzahl)

+++ Die wichtigsten Wörter mit dem Bonus-Audiotrack des Kauderwelsch-

Zeit

Wie spät ist es?	What time is it?
Es ist 10 Uhr	It's 10 a.m. (ante meridiem)
Es ist 22 Uhr	It's 10 p.m. (post meridiem)
Mittag/Mitternacht	noon/midnight
heute	today
morgen	tomorrow
gestern	yesterday
morgens	in the morning
nachmittags	in the afternoon
abends	in the evening
früh/früher	early/earlier
spät/später	late/later

Wochentage

Montag	Monday	Freitag	Friday
Dienstag	Tuesday	Samstag	Saturday
Mittwoch	Wednesday	Sonntag	Sunday
Donnerstag	Thursday	Feiertag	holiday

Geldangelegenheiten

Geld, Kleingeld, Bargeld	money, change, cash
1 Dollar ($)	„buck"
1/5/10/25 Cent (c.)	penny/nickel/dime/quarter
Tausender	grand
Geldautomat	ATM (automated teller machine)
Kreditkarte	credit card
Ausweis	ID (identification papers/card), passport
Steuer	tax
Gebühr	fee

Unterwegs

Wie weit ist es bis …?	How far is it to …?
Ist das der richtige Weg nach …?	Is this the right way to …?
Nord, Süd, Ost, West	north, south, east, west
links, rechts	left, right
geradeaus, zurück	straight (ahead), back (to)
Ampel, Kreuzung	traffic light(s), junction
Auto/Mietwagen	car, vehicle/rental car
Autovermietung	car rental station

AusspracheTrainers auf PC oder Smartphone lernen (siehe Umschlag hinten) +++

Kleine Sprachhilfe Amerikanisch

Lastwagen	truck
Motorrad	motorcycle, bike
Benzin	gas
Tankstelle	gas station
Führerschein	driver's license
Panne/Pannenhilfe	breakdown/roadside assistance

Öffentliche Verkehrsmittel

Fahrkarte	ticket
Tageskarte	day pass
einfache Fahrt	one-way trip
hin und zurück	round trip
Schienenverkehr (Tram, U-/S-Bahn)	light rail
Straßenbahn	tram, streetcar
U-Bahn	subway, metro
(Bus-)Bahnhof/-Haltestelle	(bus) station/stop
Zug/Bahnhof	train/train station, railroad station
Schiff/Fähre	boat/ferry

Unterkunft

Haben Sie ein Zimmer frei?	Any vacancy? Do you have a room available?
Zimmer frei/besetzt (Schilder)	Vacancy/No vacancy
Reservierung	reservation
Einzel-/Doppelzimmer	single/double room
... mit einem Bett/	... with one (king-size)/
... mit zwei Betten	... with two (queen-size) beds
... mit Frühstück	... with breakfast included
Badezimmer	bathroom
Dusche, Badewanne	shower, bathtub
WC	bathroom, restroom, ladies'/men's room
behindertengerecht	handicapped accessible/ handicap-accessible
Aufzug, Treppe, Rolltreppe	elevator, stairs, escalator
Stockwerk	floor
Parterre/erster Stock	ground floor oder first floor/second floor

Essen und Trinken

Speisekarte	menu
Ich möchte ... bestellen	I would like (to order) .../I will take ...

Rechnung	check	Mittagessen	lunch
Tagesgericht	daily special	Abendessen	dinner/supper
Vorspeise	appetizer	Bedienung (m/w)	waiter/waitress
Hauptgericht	entree/entrée	Trinkgeld	tip, gratuity
Nachspeise	dessert	essen	to eat
Frühstück	breakfast	trinken	to drink

Register

7 Train 10
9/11 104
9/11 Memorial
  and Museum 28
9/11 Museum
  Workshop 72
24/7-Shops 94

A
Abkürzungen 154
Abyssinian
  Baptist Church 63
AKC Museum of the Dog 72
Alice Tully Hall 60
American
  Folk Art Museum 60, 72
American
  LGBTQ+ Museum 123
American Museum
  of Natural History 61
Amtrak 115
Annual Radio City
  Christmas Spectacular 98
Anreise 114
Apollo Theater 62
Apotheken 125
Apps 61, 121
Architektur 41, 42,
  108, 111
Armstrong, Louis 68
Arthur Avenue Market 92
Ärzte 125
Astor Place 42
Autofahren 116

B
Bäckereien 82
Bahn 115
Bank of America 112
Barrierefreies Reisen 116
Bars 85
Battery Park 31
Behinderte 116
Belvedere Castle 56
Blues 62
Bootsrundfahrten 131

Boroughs 100
Botschaften 117
Bowery 38
Broadway 49
Bronx 100
Bronx Week 97
Bronx Zoo 70
Brookfield Place 30
Brooklyn 67, 100
Brooklyn Botanic Garden 68
Brooklyn Bridge 64
Brooklyn Bridge Park 66
Brooklyn Heights 65
Brooklyn Heights
  Promenade 64
Brooklyn Museum 68
Brooklyns
  Neighborhoods 67
Brownstone-Häuser 65
Bryant Park 48
Bücher 91
Buchungsportale 133
Busse 115, 138

C
Cafés 83
Carnegie Hall 53, 87
Cast Iron District 41
Castle Clinton 31
Cathedral of St. John
  the Divine 63
Central Park 55
Charles A. Dana
  Discovery Center 56
Charlie Parker
  Jazz Festival 97
Children's Museum
  of Manhattan 126
Chinatown 38
Chinese New Year's
  Celebration 96
Christopher Street 42
Chrysler Building 50
CitiField 70
City Climb 45
City Hall Park 37
City Parks Summer Stage 56
CityPASS 120

Clinton Community
  Garden 96
Cloisters 75
Clubs 84
Columbus Circle 59
Community
  gardens 96, 111
Coney Island 69
Coney Island Museum 69
Conservatory Garden 56
Cooper-Hewitt National
  Design Museum 72

D
Dakota Building 60
Datumsangabe 132
David Geffen Hall 60
David H. Koch Plaza 58
David H. Koch Theater 59
David Rubenstein Atrium 60
Debitkarte 119, 126
DeBlasio, Bill 105
Delacorte Theater 56
Delis 82
Deutsche Bank Center 59
Dinosaurier 61
Diplomatische
  Vertretungen 117
Discos 84
Downtown Brooklyn 67
Downtown Manhattan 28

E
Easter Parade/Easter
  Bonnet Festival 96
East River Greenway 95
East River Park 95
East River Waterfront
  Esplanade 37
East Village 42
EC-Karte 119, 126
Einkaufen 89
Einreisebestimmungen 117
Einwohner 104
Eislaufen 51, 128
Electronic System for Travel
  Authorization (ESTA) 117
Elektrizität 118

Ellis Island 33
Ellis Island Immigration
   Museum 34
Empire Outlets 70
Empire State Building 46
Empire State Building
   Run-Up 97
Englisch 130
Essen 76

F
Facility Fee 133
Fahrdienste 139
Fähren 13, 34, 139
Fahrkarten 138
Fahrrad 128
Fahrradtaxis 139
Far Rockaway 96
Federal Hall National
   Monument 35
Feiertage 98
Fifth Avenue 54
Film 88
Finanzmetropole 105
Flatiron Building 46
Flughäfen 114
Food Halls 81
Fotografiska New York 72
Freiheitsstatue 32
Fremdenverkehrsamt 121
Frick Collection 72
Fulton Market Building 37
Fundbüros 127
Fußgängerzonen 49, 110

G
Galerien 75
Gansevoort Peninsula 44
Gärten 94
Gastronomie 76
Geld 119
German-American
   Steuben Parade 98
Geschichte 101
Getränke 85
Gewichte 124
Gilder Center 62
Girocard 119, 126

GMA Summer
   Concert Series 97
Goldman Sachs
   Headquarters 111
Governors Island 34
Graffiti 107
Grand Central Terminal 50
Gratiskonzerte 87
Great Lawn 56
Greenmarkets 89
Greenwich Village 42
Guggenheim Bandshell 59
Guggenheim Museum 58

H
Hallett Nature Sanctuary 56
Handy 131
Hannukah 98
Harlem 62, 135
Harlem Meer
   Performance Festival 56
Harlem Week
   Celebration 97
Haughwout Building 41
HBO Bryant Park
   Summer Film Festival 97
Hearst Magazine
   Building 111
Hearst Tower 59
High Line Park 43, 110
Hip Hop Museum 107
Historic Flatiron District 46
Homosexuelle 42, 123
Hotels 133
Hudson River Park 44
Hudson Yards 45
Hunde 95

I
Imbisse 80
Independence Day 97
Industry City 67
Informationsstellen 121
International Center
   of Photography 72
Internet 124, 131
Intrepid Sea, Air &
   Space Museum 49

J
Jackie Robinson
   Museum 72
Jacqueline Kennedy
   Onassis Reservoir 56
Jamaica Bay
   Wildlife Refuge 96
Jazz 62
Jefferson Market Garden 96
Jewish Museum 72
Jüdische Einwohner 39
Juilliard School 60

K
Kaffeeröstereien 83
Kartensperrung 126
Kaufhäuser 90
Kinder 117, 125
Kino 88
Konzerte 86
Krankenhaus 125
Kreditkarte 119, 126
Kunst 106

L
Lebensmittel 92
LEED (Leadership in Energy
   and Environmental
   Design) 111
Lennon, John 56, 60
LES 38
Lesben 42, 123
LGBT+ 42, 123
Liberty Park 30
Lincoln Center for
   the Performing Arts 59
Lincoln Center Theater 60
LinkNYC-Terminals 132
Literaturtipps 122
Little Germany 57
Little Island 44
Little Italy 38
Livemusik 84
Lokale 77
Louis Armstrong House 68
Lower East Side 38
Lower East Side
   Tenement Museum 40

Register

M
Macy's Fourth of July Fireworks 97
Macy's Thanksgiving Day Parade 98
Madison Square Garden 47
Manhattan 100
Manhattan Waterfront Greenway 95, 110
Maße 124
Meatpacking District 43
Medien 123
Medizinische Versorgung 125
Mehrwertsteuer 91
Memorial Day Weekend 97
Met Cloisters 64, 75
MetroCard 139
Metropolitan Museum of Art 57
Metropolitan Opera House 59
Midtown 46
Mode 91
MoCA 73
MoMA 53
MoMA PS1 73
Moynihan Connector 45
Moynihan Train Hall 47
Murals 107
Museen 72
Museo del Barrio 73
Museum for German and Austrian Art 74
Museum Mile 58
Museum of Arts & Design 59, 73
Museum of Broadway 73
Museum of Chinese in America 73
Museum of Ice Cream 126
Museum of Jewish Heritage 73
Museum of Modern Art 53
Museum of Sex 74
Museum of the City of New York 74

N
Nachtleben 83
National 9/11 Memorial and Museum 28
National Jazz Museum Harlem 74
National Museum of the American Indian 74
Naumburg Bandshell 56
Naumburg Orchestral Concerts 56
NBC Studios 51
NBC Today City Concert Series 97
Neighborhoods 101
Neue Galerie 74
New Era Building 41
New Museum 40
New Year's Eve Celebration & Ball Drop 98
New York Aquarium 69
New York Botanical Garden 70
New York City Ballet at Lincoln Center 98
New York City Marathon 98
New York CityPASS 120
New-York Historical Society 74
New York International Auto Show 96
New York Mets 70
New York Philharmonic Orchestra 60
New York Public Library for the Performing Arts 60
New York Stock Exchange 35
New York Times Building 48, 111
New York Transit Museum 50, 67, 74
New York Yankees 70
Notfälle 126
Notruf 126
NYC Pride 123

O
Oculus 30
Öffnungszeiten 127
OMNY 139
One World Observatory 29
One World Trade Center 29
openhousenewyork 98

P
Parks 94
Penn Station 47
Polizei 128
Post 127
Postcards Memorial 70
Preisniveau 120
PrideWeek 97
Prospect Park 68
Pubs 85
Puerto Rican Day Parade 97
Pushcarts 9

Q, R
Queens 68, 100
Radfahren 128
Radio City Music Hall 52, 87
Rainbow Room 51
Rauchen 86
Reisepass 117
Reisezeit 140
Resort Fee 133
Restaurants 77
Richard Gilder Center 62
RiseNY 75
River to River Festival 97
Rockaway Beach 96
Rockefeller Center 51
Rockettes 98
Roosevelt Island 57
Rumsey Playfield 56, 97
Rundgang 15

S
Sales Tax 91
Schermerhorn Row 37
Schiff 115
Schifffahrten 131
Schlittschuh- laufen 51, 55, 128

Register

Schomburg Center for Research in Black Culture 75
Schwule 42, 123
Shakespeare Garden 56
Shakespeare In The Park 56
Sheep Meadow 55
Sheridan Square 42
Shopping 89
Sicherheit 128
Singer Building 41
Skyscraper 108
Skyscraper Museum 75
Smartphone 132
SoHo 41
Solomon R. Guggenheim Museum 58
South Street Seaport 36
South Street Seaport Museum 37
Spartipps 120
Speisen 76
Sperrnotruf 127
Sport 128
Sprache 130, 142
Stadtbezirke 100
Stadtspaziergänge 15
Stadttouren 65, 130
Staten Island 70, 101
Staten Island 9/11 Memorial 70
Staten Island Ferry 13
Staten Island Promenade 70
Statue of Liberty 32
St. Mark's Historic District 42
Stonewall National Monument Visitor Center 123
Stonewall Riots 42
St. Patrick's Cathedral 54
St. Patrick's Day 96
Strand 96
Strawberry Fields 56
Stromspannung 118
Studio Museum of Harlem 75
Subway 10, 138

Sugar Hill 63
Summer Stage 56
SUMMIT One Vanderbilt 49
Sunken Plaza 51
Swedish Cottage Marionette Theatre 126

T

Taxis 139
Telefonieren 131
Termine 96
The Africa Center 75
Theater 86
Theater District 48
The Brooklyn Academy of Music (BAM) 67, 87
The Dairy 55
The Edge 45
The Great Hill 56
The Met Cloisters 64, 75
The Met Fifth Avenue 57
The Morgan Library and Museum 48
The Paley Center for Media 75
The Shed 45
The Village 42
Tickets 88
Times Square 48
Times Square New Year's Eve Celebration 98
Tin Building 36
Titanic Memorial 37
Titanic Park 37
Top of the Rock 52
Tourismus 105
Touristeninformation 121
Tree Lightning Celebrations 98
TriBeCa 38
Trinity Church 35
Trinken 85
Trinkgeld 77, 138
Trinkwasser 77
Trump International Hotel & Tower 59
Turnstile Tours 131

U

Uferpromenaden 94
Uhrzeit 132
Umweltschutz 111
Union Square 43
UN-Komplex 51
Unterkunft 132
Upper Manhattan 62
Uptown 55
US Open 97

V

Veganer 80
Vegetarier 80
Veranstaltungen 56, 96
Vereinte Nationen 51
Verkehrsmittel 138
Visa Waiver Program 117
Vorwahlen 132

W

Waldorf Astoria 52
Wall Street 35
Washington Inaugural Gallery 36
Washington Square 42
Wasser 77
Wave Hill 70
Wetter 140
Whitney Museum of American Art 43
Wifi 132
WLAN 132
Wochenmärkte 89
Wolkenkratzer 108
Wollman Rink 55
Woolworth Building 38
World Trade Center 29
WTC Site 29

Y

Yankee Stadium 70

Z

Zeit 132
Zoll 118

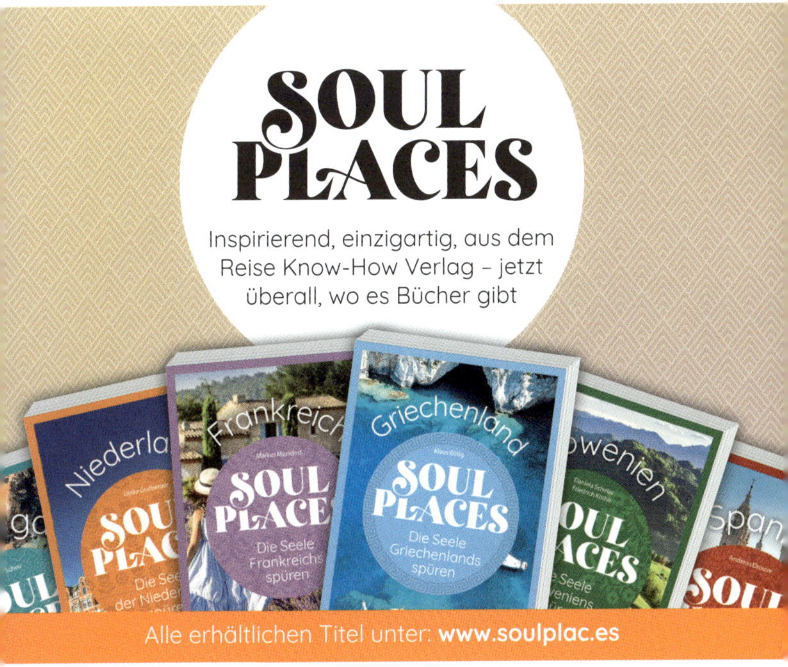

SOUL PLACES

Inspirierend, einzigartig, aus dem Reise Know-How Verlag – jetzt überall, wo es Bücher gibt

Alle erhältlichen Titel unter: **www.soulplac.es**

Impressum

Margit Brinke, Peter Kränzle

CityTrip New York

© Reise Know-How Verlag
Peter Rump GmbH
9., neu bearbeitete und
aktualisierte Auflage 2024

Alle Rechte vorbehalten.

ISBN 978-3-8317-3820-5

Druck und Bindung:
mediaprint solutions GmbH, Paderborn

Herausgeber: Klaus Werner
Layout: amundo media GmbH (Umschlag, Inhalt), Peter Rump (Umschlag)
Lektorat: amundo media GmbH
Karten: Ingenieurbüro K. Wendler, amundo media GmbH
Anzeigenvertrieb: KV Kommunalverlag GmbH & Co. KG, Alte Landstraße 23, 85521 Ottobrunn, Tel. 089 928096-0, info@kommunal-verlag.de
Kontakt: Osnabrücker Str. 79, 33649 Bielefeld, info@reise-know-how.de

Alle Angaben in diesem Buch sind gewissenhaft geprüft. Preise, Öffnungszeiten usw. können sich jedoch schnell ändern. Für eventuelle Fehler übernehmen Verlag wie Autoren keine Haftung.

Bildnachweis

Umschlagvorderseite: ©dell, stock.adobe.com | Umschlagrückseite: ©deberarr, stock.adobe.com
Umschlagklappe rechts: ©Malcolm_Brown, NYC Tourism + Conventions | Seite 5: Margit Brinke
Soweit ihre Namen nicht vollständig am Bild vermerkt sind, stehen die Kürzel an den Abbildungen für die folgenden Fotografen, Firmen und Einrichtungen. Margit Brinke: mb | MSTCreativePR: mst | NYC Tourism + Conventions: nyct

Liste der Karteneinträge

- ❶ [C22] 9/11 Memorial and Museum S. 28
- ❷ [C22] One World Observatory und die WTC Site S. 29
- ❸ [C22] Brookfield Place S. 30
- ❹ [D23] Battery Park und Castle Clinton S. 31
- ❺ [B27] Statue of Liberty S. 32
- ❻ [B25] Ellis Island S. 33
- ❼ [D25] Governors Island S. 34
- ❽ [D23] Trinity Church S. 35
- ❾ [D23] Wall Street mit Federal Hall National Monument S. 35
- ❿ [E22] South Street Seaport S. 36
- ⓫ [D22] City Hall Park S. 37
- ⓬ [E20] Lower East Side (LES) S. 38
- ⓭ [E20] New Museum S. 40
- ⓮ [E20] Lower East Side Tenement Museum S. 40
- ⓯ [D20] SoHo (Cast Iron District) S. 41
- ⓰ [B19/E19] The Village S. 42
- ⓱ [D18] Union Square S. 43
- ⓲ [B18] Whitney Museum of American Art S. 43
- ⓳ [B17] High Line Park S. 43
- ⓴ [A16] Hudson Yards S. 45
- ㉑ [D17] Flatiron Building S. 46
- ㉒ [C16] Empire State Building S. 46
- ㉓ [B16] Madison Square Garden/Penn Station S. 47
- ㉔ [D16] The Morgan Library and Museum S. 48
- ㉕ [C15] Times Square – Theater District S. 48
- ㉖ [A15] Intrepid Sea, Air & Space Museum S. 49
- ㉗ [D15] SUMMIT One Vanderbilt S. 49
- ㉘ [D15] Grand Central Terminal S. 50
- ㉙ [D15] Chrysler Building S. 50
- ㉚ [C14] Rockefeller Center S. 51
- ㉛ [C14] Museum of Modern Art (MoMA) S. 53
- ㉜ [D14] St. Patrick's Cathedral S. 54
- ㉝ [C14] Fifth Avenue S. 54
- ㉞ [C10] Central Park S. 55
- ㉟ [C11] Metropolitan Museum of Art (The Met Fifth Avenue) S. 57
- ㊱ [D10] Solomon R. Guggenheim Museum S. 58
- ㊲ [B13] Columbus Circle S. 59
- ㊳ [B13] Lincoln Center for the Performing Arts S. 59
- ㊴ [B12] Dakota Building S. 60
- ㊵ [B11] American Museum of Natural History S. 61
- ㊶ [C6] Harlem S. 62
- ㊷ [B7] Cathedral of St. John the Divine S. 63
- ㊸ [F23] Brooklyn Bridge und Brooklyn Heights Promenade S. 64
- ㊹ [F23] Brooklyn Bridge Park S. 66
- ㊺ [G24] Downtown Brooklyn/New York Transit Museum S. 67
- ㊻ [ck] Brooklyn Museum S. 68
- ㊼ [S. 1] Coney Island S. 69
- ㊽ [S. 1] Staten Island S. 70
- ㊾ [C2] Yankee Stadium S. 70

- 🍴1 [C6] Sylvia's S. 63
- 🍴2 [C7] Amy Ruth's S. 63
- 🏛3 [G24] New York Transit Museum S. 68
- ●10 [D24] Staten Island Ferry S. 13
- ★11 [A18] Little Island S. 44
- 🏛12 [B18] 9/11 Museum Workshop S. 72
- 🏛13 [D15] AKC Museum of the Dog S. 72
- 🏛14 [B13] American Folk Art Museum S. 72
- 🏛15 [D10] Cooper-Hewitt National Design Museum S. 72
- 🏛16 [D17] Fotografiska New York S. 72
- 🏛17 [D12] Frick Collection S. 72
- 🏛18 [D20] International Center of Photography (ICP) S. 72
- 🏛19 [C20] Jackie Robinson Museum S. 72
- 🏛20 [D10] Jewish Museum S. 72
- 🏛21 [G14] MoMA PS1 S. 73
- 🏛22 [D8] Museo del Barrio S. 73

Liste der Karteneinträge

- 🏛 23 [B13] Museum of Arts & Design S. 73
- 🏛 24 [C15] Museum of Broadway S. 73
- 🏛 25 [D20] Museum of Chinese in America (MoCA) S. 73
- 🏛 26 [C23] Museum of Jewish Heritage – A Living Memorial to the Holocaust S. 73
- 🏛 27 [D17] Museum of Sex S. 74
- 🏛 28 [D8] Museum of the City of New York S. 74
- 🏛 29 [C6] National Jazz Museum Harlem S. 74
- 🏛 30 [D23] National Museum of the American Indian S. 74
- 🏛 31 [D10] Neue Galerie, Museum for German and Austrian Art S. 74
- 🏛 32 [B11] New-York Historical Society Museum S. 74
- 🏛 33 [C15] RiseNY S. 75
- 🏛 34 [C5] Schomburg Center for Research in Black Culture S. 75
- 🏛 35 [C23] Skyscraper Museum S. 75
- 🏛 36 [C6] Studio Museum of Harlem S. 75
- 🏛 37 [D8] The Africa Center S. 75
- 🏛 39 [C14] The Paley Center for Media S. 75
- 🖼 40 [C13] Galerie Marian Goodman S. 75
- 🖼 41 [C13] Hirschl & Adler S. 75
- 🖼 42 [D11] Leo Castelli S. 75
- 🖼 43 [A17] Pace Gallery S. 75
- 🍴 44 [D17] Gramercy Tavern S. 77
- 🍴 45 [H20] Peter Luger Steak House S. 77
- 🍴 46 [B7] BLVD Bistro S. 77
- 🍴 47 [B16] Butcher & Banker S. 78
- 🍴 48 [E21] Dimes NYC S. 78
- 🍴 49 [E20] Dudley's S. 78
- 🍴 51 [D14] Pasta Corner S. 78
- 🍴 52 [H24] Atti S. 78
- 🍴 53 [E20] Gugu Room S. 78
- 🍴 54 [E21] Joe's Shanghai S. 78
- 🍴 55 [G25] Rua Thai S. 79
- 🍴 56 [E19] Soogil S. 79
- 🍴 57 [D21] Tasty Dumpling S. 79
- 🍴 58 [B17] aRoqa S. 79
- 🍴 59 [G24] Boutros S. 79
- 🍴 60 [E20] Café Katja S. 79
- 🍴 61 [C7] Archer & Goat S. 79
- 🍴 62 [E20] 87 Ludlow S. 79
- 🍴 63 [E19] Café Mogador S. 80
- 🍴 64 [B7] Silvana S. 80
- 🍴 65 [E21] Buddha Bodai S. 80
- 🍴 66 [B14] P.S. Kitchen S. 80
- 🍴 67 [E19] Seasoned Vegan Real Quick S. 80
- 🍴 68 [D18] TLK S. 80
- 🍴 69 [B4] Charles Country Pan-Fried Chicken S. 80
- 🍴 70 [B17] Empire Diner S. 80
- 🍴 71 [D21] Canal St. Market S. 81
- 🍴 72 [B18] Gansevoort Liberty Market S. 81
- 🍴 73 [H23] Gotham Market@The Ashland S. 81
- 🍴 74 [F22] Time Out Market S. 81
- 🍴 75 [B13] Turnstyle Underground Market S. 81
- 🍴 76 [D15] Urbanspace Vanderbilt S. 81
- 🍴 77 [E19] Ray's Candy Store S. 81
- 🍴 78 [D20] Rintintin S. 81
- 🍴 79 [G24] Smith's Gourmet Deli S. 81
- 🍴 80 [B16] Tick Tock Diner S. 81
- 🍴 81 [A7] Tom's Restaurant S. 81
- 🍴 82 [C14] R Lounge at Two Times Square S. 81
- 🍴 83 [F22] The River Café S. 81
- 🍴 84 [B10] Barney Greengrass S. 82
- 🍴 85 [E19] Katz's Delicatessen S. 82
- 🍴 86 [C18] Murray's Bagels S. 82
- 🍴 87 [D16] Second Avenue Deli S. 82
- 🍴 88 [A11] Zabar's S. 82
- 🍰 89 [G24] Bien Cuit S. 82
- 🍰 90 [F22] Butler Bake Shop S. 82
- 🍰 91 [E21] Chinatown Icecream Factory S. 82
- 🍰 92 [C20] Dominique Ansel Bakery S. 82
- 🍰 93 [D20] Ferrara Bakery & Café S. 82
- 🍰 94 [F22] Jacques Torres S. 82
- 🍰 95 [D20] Little Cupcake Bakeshop S. 82
- 🍰 96 [D19] Morgenstern's Finest Icecream S. 82

Liste der Karteneinträge

- ○97 [H19] Odd Fellows Ice Cream & Coffee S. 82
- ○98 [G24] One Girl Cookies S. 83
- ○99 [E20] Petee's Pie Company S. 83
- ○100 [G23] Brooklyn Roasting Co S. 83
- ○101 [F22] FEED Shop & Café S. 83
- ○102 [D18] Irving Farm New York S. 83
- ○103 [E20] Roasting Plant S. 83
- ❶104 [C14] LIFE Rooftop S. 84
- ❶105 [D22] Manhatta S. 84
- ❶106 [C14] Salon de Ning S. 84
- ❶107 [A14] The Press Lounge S. 84
- ❶108 [D14] Upstairs S. 84
- ❷109 [B17] Marquee New York S. 84
- ❷110 [C17] Somewhere Nowhere NYC S. 84
- ❷111 [C5] Bill's Place Harlem S. 84
- ❷112 [B15] Birdland S. 84
- ❷113 [C19] Blue Note S. 84
- ❷114 [E20] Bowery Ballroom S. 84
- ❷115 [A6] Cotton Club S. 84
- ❷116 [B13] Dizzy's Club Coca Cola S. 84
- ❷117 [C19] Live at Smalls S. 84
- ❷118 [C6] Red Rooster Harlem S. 85
- ❷119 [C5] SHRINE S. 85
- ❷120 [D19] The Bitter End S. 85
- ❷121 [D18] Webster Hall S. 85
- ❶122 [C19] Analogue S. 85
- ❶123 [D11] Bemelmans Bar S. 85
- ❶124 [E19] Death & Co S. 85
- ❶125 [E19] Down & Out NYC S. 85
- ○126 [C5] Harlem Hops S. 85
- ○127 [ci] KCBC (Kings County Brewers Collective) S. 86
- ❶128 [E19] Mayamezcal S. 86
- ○129 [D19] McSorley's Old Ale House S. 86
- ❶130 [D20] Mother's Ruin S. 86
- ❶131 [E19] Please Don't Tell/PDT S. 86
- ❶132 [E20] Ten Bells S. 86
- ○133 [C20] Torch & Crown Brewery S. 86
- ○134 [E20] Whiskey Ward S. 86
- ❶135 [B19] White Horse Tavern S. 86
- ❷136 [B6] Apollo Theater S. 86
- ∎137 [D20] Mulberry Street Cigars S. 86
- ❶138 [C20] SOHO Cigar Bar S. 86
- ❷139 [ch] Brooklyn Steel S. 87
- ❷140 [C14] Carnegie Hall S. 87
- ❷141 [B13] Jazz at Lincoln Center S. 87
- ❷142 [C22] Perelman Performing Arts Center (PAC NYC) S. 87
- ❷143 [C14] Radio City Music Hall S. 87
- ❷144 [bj] The Brooklyn Academy of Music (BAM) S. 87
- ○145 [C15] Booth Theater S. 88
- ○146 [C19] Cherry Lane Theatre S. 88
- ○147 [C19] Lucille Lortel Theatre S. 88
- ○148 [C15] New Amsterdam Theatre S. 88
- ○149 [E19] Orpheum Theater S. 88
- ○150 [C19] Players Theatre S. 88
- ○151 [D19] Public Theater S. 88
- ○152 [B14] Samuel J. Friedman Theatre S. 88
- ○153 [B15] Signature Theatre Company S. 88
- ○154 [E18] Theater for the New City S. 88
- •155 [C15] TKTS S. 88
- ∎156 [D23] Bowling Green Greenmarket S. 89
- ∎157 [D22] City Hall Park S. 89
- ∎158 [C14] Greenmarket at Rockefeller Center S. 90
- ∎159 [D22] Greenmarket at the Oculus S. 90
- ∎160 [E19] Greenmarket at Tompkins Square S. 90
- ∎161 [D18] Greenmarket at Union Square S. 90
- ∎164 [A5] Uptown Night Market (Harlem), S. 90
- ∎165 [D13] Bloomingdale's S. 90
- ∎166 [D22] Century 21 S. 90
- ∎167 [H23] City Point Center S. 90
- ∎169 [C16] Macy's S. 91
- ∎170 [B16] The Shops & Restaurants at Hudson Yards S. 91
- ∎171 [B13] The Shops at Columbus Circle S. 91
- ∎172 [D22] Westfield World Trade Center S. 91
- ∎173 [D6] Harlem Underground Clothing Company S. 91
- ∎174 [B13] Nordstrom Men's Store S. 91
- ∎175 [G24] Rag & Bone S. 91

Liste der Karteneinträge

- **176** [D20] Uniqlo S. 91
- **177** [C18] Academy Records & CDs S. 91
- **178** [D18] Barnes & Noble S. 91
- **179** [E19] Book Club S. 91
- **180** [D9] Kitchen Arts and Letters S. 91
- **181** [D20] McNally Jackson Books S. 91
- **182** [C15] Midtown Comics S. 91
- **183** [D18] Strand Books S. 92
- **184** [E20] Sweet Pickle Books S. 92
- **185** [D22] The Mysterious Bookshop S. 92
- **186** [C19] Three Lives & Company S. 92
- **188** [D19] Astor Wines & Spirits S. 92
- **189** [B18] Chelsea Market S. 92
- **190** [C17] Eataly S. 92
- **191** [E20] Essex Market S. 92
- **192** [E22] Fulton Stall Market S. 92
- **193** [D20] Gourmet Garage S. 92
- **194** [D16] Kalustyan's S. 92
- **195** [C19] Murray's Cheese S. 92
- **196** [E19] Russ & Daughters S. 92
- **197** [G24] Sahadi's S. 92
- **198** [B11] Sarabeth's S. 92
- **199** [D19] Wegmans S. 93
- **200** [D13] Apple Store S. 93
- **201** [B16] B&H Photo – Video – Pro Audio S. 93
- **202** [D20] Converse Store S. 93
- **203** [D15] NBA Store S. 93
- **204** [D21] New Kam Man S. 93
- **205** [B16] NHL Store S. 93
- **206** [E20] Extrabutter S. 93
- **207** [D18] Flightclub NYC S. 93
- **208** [D19] HypeClub NY S. 93
- **209** [D19] Looks Vintage S. 93
- **210** [D20] Stadium Goods S. 93
- **211** [E20] Supreme S. 93
- **212** [D19] Yankeekicks NYC S. 93
- **213** [D20] Pearl River Mart S. 94
- **214** [E21] Yunhong Chopsticks Shop S. 94
- **215** [F22] Brooklyn Flea DUMBO S. 94
- **216** [C17] Chelsea Flea Market S. 94
- **217** [B11] Grand Bazaar NYC S. 94
- **218** [D18] 7Eleven S. 94
- **219** [D19] Morton Williams S. 94
- **220** [D18] Westside Market NYC S. 94
- **221** [D12] Austrian Consulate General S. 117
- **222** [D15] Consulate General of Switzerland S. 117
- **223** [E14] German Consulate General S. 117
- **224** [C16] Macy's Visitor Information Center S. 121
- **225** [D22] Downtown Alliance (1) S. 121
- **226** [D23] Downtown Alliance (2) S. 121
- **227** [C23] Downtown Alliance (3) S. 121
- **228** [D21] Explore Chinatown Info Kiosk S. 121
- **229** [E20] Bluestockings Bookstore S. 124
- **230** [B18] Chelsea Pines Inn S. 124
- **231** [B18] Gym Sportsbar S. 124
- **232** [C19] Henrietta Hudson S. 124
- **233** [D20] Leslie-Lohman Museum of Art S. 124
- **234** [C19] Stonewall Inn S. 124
- **235** [C19] The Monster S. 124
- **236** [B13] City MD S. 125
- **237** [D11] travelMD S. 125
- **238** [D18] Emergency Dentist NYC S. 125
- **239** [B14] Duane Reade S. 125
- **240** [B11] Children's Museum of Manhattan S. 126
- **241** [D20] Museum of Ice Cream S. 126
- **242** [C11] Swedish Cottage Marionette Theatre S. 126
- **243** [D20] Rice to Riches S. 126
- **244** [D13] Serendipity 3 S. 126
- **245** [C14] American Girl S. 126
- **246** [E20] Economy Candy S. 126
- **247** [D18] Forbidden Planet S. 126
- **248** [D17] Harry Potter Flagship Store S. 126
- **249** [C14] LEGO Store Fifth Avenue S. 126
- **250** [C14] Nintendo NY S. 126

Zeichenerklärung

✉ **251** [B16] Farley Post Office (Hauptpostamt) S. 127
S255 [bj] Brooklyn Nets S. 129
🏨 **258** [E20] citizenM New York Bowery Hotel S. 133
🏨 **259** [E21] Hotel 50 Bowery S. 133
🏨 **260** [D23] Hyatt Centric Wall Street S. 133
🏨 **261** [D22] Millennium Downtown New York S. 134
🏨 **262** [D22] The Beekman – A Thompson Hotel S. 134
🏨 **263** [C22] World Center Hotel S. 134
🏨 **264** [C17] Chelsea Savoy Hotel S. 134
🏨 **265** [E20] Sohotel Bowery S. 134
🏨 **266** [B18] Standard Hotel S. 134
🏨 **267** [C19] Washington Square Hotel S. 134
🏨 **268** [C14] Ameritania Hotel S. 134
🏨 **269** [B15] Arlo Midtown S. 134
🛏 **270** [B4] Sugar Hill House S. 135
🛏 **271** [B5] Easyliving Harlem S. 135
🏨 **272** [D14] Bernic Hotel S. 136
🏨 **273** [C14] New York Hilton Midtown S. 136
🏨 **274** [D14] Pod 51 Hotel S. 136
🏨 **275** [B15] YOTEL S. 136
🏨 **276** [B13] Empire Hotel S. 136
🏨 **277** [ae] Radio Hotel S. 136
🏨 **278** [C8] The Central Park North S. 136
🏨 **280** [G24] Nu Hotel S. 136
🏨 **281** [be] Opera House Hotel S. 136
🏨 **282** [D4] Wingate by Wyndham Bronx/Haven Park S. 137
🏩 **283** [D17] Freehand Hotel S. 137
🏩 **284** [B8] Hostelling International New York S. 137
🏩 **285** [B10] International Student Center S. 137
🏩 **286** [D15] YMCA Vanderbilt Hotel S. 137

Hier nicht aufgeführte Nummern liegen außerhalb der abgebildeten Karten. Ihre Lage kann aber wie die von allen Ortsmarken im Buch mithilfe der Web-App angezeigt werden (s. S. 155).

Zeichenerklärung

⑫	Hauptsehenswürdigkeit
⊕	Arzt, Apotheke, Krankenhaus
ⓥ	Bar, Bistro, Club, Treffpunkt
ⓑ	Bed and Breakfast
ⓒ	Biergarten, Pub, Kneipe
ⓒ	Café
ⓖ	Galerie
🛍	Geschäft, Kaufhaus, Markt
🏨	Hotel, Unterkunft
ⓘ	Imbiss
ⓘ	Informationsstelle
🏩	Jugendherberge, Hostel
🏛	Museum
ⓜ	Musikszene, Disco
✉	Post
ⓡ	Restaurant
★	Sehenswürdigkeit
S	Sport-/Spieleinrichtung
•	Sonstiges
ⓣ	Theater
ⓥ	Vegetarisches Restaurant
ⓦ	Weinlokal
⚓	Anlegestelle Fähre
6	Terminal (Endhaltestelle Subway)
⑥	Local Stop (Subway)
Ⓐ	Express Stop (Subway)
—	Stadtspaziergänge (s. S. 15, S. 18, S. 22 und S. 25)
⬭	Shoppingareale
⬭	Gastro- und Nightlife-Areale

Abgesehen von den bekannten **Abkürzungen** für Tage, Monate etc. wurden in diesem Buch folgende verwendet:
› E (East), W (West)
› St. (Street)
› Rd. (Road)
› Sq. (Square)
› Ave. (Avenue)
› bei Adressangaben:
„/" für „Ecke" und „-" für „zwischen"

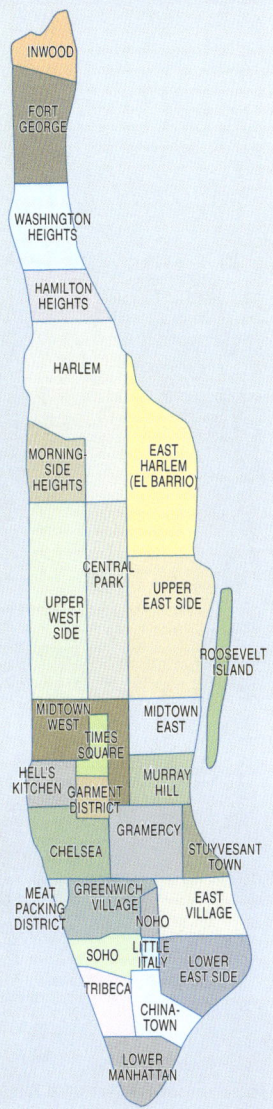

Manhattan, Stadtbezirke

© Reise Know-How 2024

New York mit PC, Smartphone & Co.

QR-Code auf dem Umschlag scannen oder **www.reise-know-how.de/citytrip/newyork24** eingeben und die **kostenlose Web-App** aufrufen (Internetverbindung zur Nutzung nötig)!

★ **Anzeige der Lage und Satellitenansicht aller** beschriebenen Sehenswürdigkeiten und weiteren Orte
★ **Routenführung** vom aktuellen Standort zum gewünschten Ziel
★ **Exakter Verlauf** der empfohlenen Stadtspaziergänge
★ **Audiotrainer** der wichtigsten Wörter und Redewendungen
★ **Updates** nach Redaktionsschluss

GPS-Daten zum Download
Die GPS-Daten aller Ortsmarken und Spaziergänge stehen auf der Produktseite des Titels auf www.reise-know-how.de zum Download zur Verfügung.

Die Information über und die Bereitstellung von digitalen Zusatzinhalten (z. B. Web-App, Links, GPS-Tracks o. Ä.) ist eine freiwillige Zusatzleistung des Verlages, auf die kein Anspruch besteht und für deren Richtigkeit aufgrund der Veränderlichkeit solcher Informationen auch nicht gehaftet werden kann. Insbesondere behält sich der Verlag deshalb vor, die Bereitstellung und die Zugriffsmöglichkeit zeitlich zu befristen und den Zugriff hierauf auch vorfristig abzuschalten.

156 Übersicht und Subway-Plan